U0459781

Wenhua Chuangyi Chanye Ronghe He
Chengshi Fazhan

文化创意、产业融合和城市发展

——2014年长江文化创意设计与相关产业融合发展学术研讨会文集

傅才武 许启彤 主编

中国社会科学出版社

图书在版编目(CIP)数据

文化创意、产业融合和城市发展：2014 年长江文化创意设计与相关产业融合发展学术研讨会文集／傅才武、许启彤主编 . —北京：中国社会科学出版社，2015. 3

ISBN 978 - 7 - 5161 - 5613 - 1

Ⅰ. ①文… Ⅱ. ①傅…②许… Ⅲ. ①文化产业—产业发展—中国—学术会议—文集 Ⅳ. ①G124 - 53

中国版本图书馆 CIP 数据核字(2015)第 037456 号

出 版 人 赵剑英
责任编辑 田 文
特约编辑 陈 琳
责任校对 张爱华
责任印制 王 超

出 版 中国社会科学出版社
社 址 北京鼓楼西大街甲 158 号（邮编 100720）
网 址 http://www.csspw.cn
中文域名:中国社科网 010 - 64070619
发 行 部 010 - 84083685
门 市 部 010 - 84029450
经 销 新华书店及其他书店

印 刷 北京君升印刷有限公司
装 订 廊坊市广阳区广增装订厂
版 次 2015 年 3 月第 1 版
印 次 2015 年 3 月第 1 次印刷

开 本 710 × 1000 1/16
印 张 17.25
插 页 2
字 数 292 千字
定 价 56.00 元

《文化创意、产业融合和城市发展》
编 委 会

前　言

2014年2月，国务院印发《关于推进文化创意和设计服务与相关产业融合发展的若干意见》；3月，李克强总理在政府工作报告中明确提出，要以建设长江经济带作为推动发展的战略支撑；4月，李克强总理在重庆主持召开座谈会，研究依托黄金水道建设长江经济带，为中国经济持续发展提供重要支撑。

位于长江中游的武汉拥有丰富的历史文化资源和科技教育资源。科技与教育综合实力仅次于京、沪。湖北省、武汉市确立了依托长江经济带领衔建设长江中游城市群的区域发展战略。作为长江中游的特大城市，武汉在工程设计领域和文化创意设计领域具有独特的优势。武汉在大坝、特高压、高铁等设计领域跻身国际顶尖行列；桥梁、海底隧道、水利、铁路设计领域居全国第一、世界一流；冶金、化工、医药、电力、公路、水运设计领域国内一流。全国三分之一的重点工程设计出自武汉。

在文化创意设计领域，武汉已形成以设计创意与科技创意领军的主导产业优势，现有创意设计机构500余家，创意产业园45家，文化创意产业企业近万家。其中武汉市委、市政府引入文化创意产业复合发展概念，在传统的文化产业结构上进行深度延伸，将版权、内容、设计、科技创意、时尚消费、网络传媒等一系列产业领域纳入文化创意产业的整体框架，制定一系列配套金融与产业发展政策，打造创意城市、设计之都、数字武汉、智慧之都，全面构建立体多层的文化创意产业体系，初步形成了以文化创意、艺术设计、科技创新为主导的特色创意产业集群。

2014年7月4日，首届“长江文化创意设计与相关产业融合发展学术研讨会”在武汉举行。本届研讨会由武汉大学主办，武汉大学国家文化创新研究中心和武汉市武昌区文体旅游广电局承办。

举办本次研讨会就是为了抓住国家长江经济带发展的重大战略机遇，贯彻落实国务院《关于推进文化创意和设计服务与相关产业融合发展的若干意见》，围绕湖北省“构建中部崛起战略支点”与武汉市“建设国家中心城市”的战略目标，探索和研讨利用武汉市文化、科技、教育、人才及学术等资源，发挥产业集聚优势，推动设计产业园区空间布局与文化创意产业分布一体化规划发展，建成具有现代文化产业链条、文化创意和设计特色鲜明的融合性文化产业示范区，打造有国际影响力的“设计之都”。

来自文化部文化产业司、湖北省文化厅、武汉市文化局、武昌区委区政府等政府机关和中国社会科学院、国家行政学院、北京大学、清华大学、上海交通大学、中国人民大学、南京大学、山东大学和武汉大学等高校科研机构以及卓尔集团、香港国际城市设计有限公司（UDI）、武汉新港集团、武汉设计产业联盟等国内文化产业领域的著名专家、学者及文化企业家等70余人参与讨论。研讨会期间，与会专家前往湖北日报传媒集团楚天181文化创意产业园（泛亚光电、大楚网）、昙华林和楚河汉街展示中心等文化企业和文化街区，对武汉市武昌区范围具有代表性的文化创意产业项目进行了实地考察并继续展开讨论。

与会专家学者在深入研讨如何贯彻落实《国务院关于推进文化创意和设计服务与相关产业融合发展的若干意见》，积极响应李克强总理关于建设“长江经济带”战略构想的基础上，结合湖北省委、省政府提出打造文化大省和武汉市提出建设世界“设计之都”构想的背景，围绕“长江文明：引领21世纪中华文明发展走向的支点”、“我国文化产业发展的阶段性转型”、“文化创意设计产业与长江文明的协同发展”等议题进行了讨论。各位专家学者分别从不同角度对长江文化创意设计与相关产业融合问题发表了自己的看法。

与会专家认为，长江文明和长江经济带战略在武汉市发展的过程中具有极其重要的引领作用，湖北省武汉市在发挥高校智力资源密集的优势、借力文化创意设计产业引领经济转型发展的战略机遇的过程中，走在前列，形成先发优势。文化创意和设计服务是具有蓬勃生命力的朝阳产业，是推动文化产业转型升级的重要力量。以文化创意和设计服务为引擎，将为打造中国经济升级版提供强大的动力；推动文化创意和设计服务发展要充分尊重市场作用和文化企业市场主体地位，避免盲目投资和重复建设；科学规划，顶层设计，避免再走上传统工业化和现代化的老路。当前，我国文化产业发展已经进入重要的历史转折时期，由原来的改革牵引转向市场驱动的新型发展阶段，文化创意和设计服务与相关产业的融合发展则是推动新时期文化产业加速发展的内生动力。

本届研讨会之后，武汉大学国家文化创新研究中心将大部分参加研讨会专家的论文和相关材料收集、整理并汇编成册。由于时间仓促，难免出现疏漏，敬请指正。

编　者

2014 年 9 月

目　录

序　言

作为长江文明枢纽的武汉前景刍议(代序) …………………… 冯天瑜(3)
画意城市(代序) ……………………………………………… 徐勇民(12)

理论创新篇

互联网思维:科技革命时代的范式变革 …………………… 金元浦(17)
论政府与文化市场的关系
　　——基于国家文化治理的思考 …………………………… 胡惠林(29)
城市化进程中社区文化与创意产业融合发展的理论
　　思考 ………………………………………………… 胡智锋　杨乘虎(39)
文化创意和设计服务与相关产业融合的实践和路径研究 …… 祁述裕(49)
基于产业价值链的长三角地区创意产业融合创新模式与
　　对策研究 …………………………… 顾　江　张苏秋　陈　广(60)
文化创意推动传统产业升级的机理及路径 ………… 李向民　韩顺法(70)
以跨界融合推动文化产业业态革新 ……………… 李凤亮　宗祖盼(84)
中国文化产业发展的结构性特征 …………………… 魏鹏举　管　理(92)
文化创意设计:特点与功能 …………………………………… 李康化(100)
我国区域文化产业技术效率及其影响因素研究
　　——基于随机前沿模型的分析 ……………… 赵　阳　魏　建(123)
国际创意经济与中国当代文化产业发展 …………………… 意　娜(142)

行业创新篇

顺应数字内容产业发展的企业经营对策研究 ……………… 陈少峰(153)
生活美学:科技与民族工艺的融合发展
空间 ……………………………… 李 炎 王 佳 何继想(162)
财务困境与表演艺术的创新发展 ………………… 辛 纳 魏 建(174)
文化和科技融合 助推数字内容产业发展 ………………… 曾繁文(189)

产业案例篇

强化服务意识 完善产业政策 奋力推进湖北动漫产业
提档升级 …………………………………………………… 陶宏家(201)
促进武汉文化产业转型升级的路径与措施 ………………… 王国华(207)
陆江统筹视野下长江文化产业发展对策研究
——以发展武汉长江文化产业为例 ……………………… 薛永武(222)
试论文化创意产业对台湾制造业转型的推动
作用 ……………………………………………… 张胜冰 王 璠(232)
文化科技创新融合语境下的科技园区转型路径
——基于中关村科技园区的案例研究 ……… 向 勇 陈娴颖(243)

结 语

打造“长江文化产业带” 促进文创设计产业与长江
文明协同发展 ………………………………………… 傅才武(259)

序　言

作为长江文明枢纽的武汉前景刍议（代序）

冯天瑜*

法国年鉴学派代表学者布罗代尔（1902—1985）提出区域研究“三时段说”（长时段［地理时段］，可称之“结构”；中时段［社会时段］，可称之“局势”；短时段［个体时段］，可称之“事件”）。参酌其说，在探讨区域发展问题时，不仅应该注意夺人耳目的事变，还要重视局势指示的趋向，尤须考析结构性要素的基础性作用，通过长时段—中时段—短时段的交并观照、在必然性与偶然性的统一上作辩证考析，这或许有助于我们获得关于武汉发展战略的深解。

一　结构性观照：武汉居于长江文明的枢纽地位

武汉地处亚热带北沿，人类文明发生线——北纬30度线横贯市南，而此纬线通过的几大人类文明发生地（印度河流域，两河流域、尼罗河流域）因副高压控制，多是气候干热的沙漠地带（其文明全凭江河灌溉，故有“埃及是尼罗河赠礼”之说），而武汉所处的长江流域得大自然眷顾，亚洲大陆中部隆起的青藏高原和横断山脉阻挡来自太平洋季风的水汽，使长江流域水资源充沛，适宜人类生存发展，是中国乃至世界自然禀赋优越、发展潜力巨大的地域，而武汉恰值长江流域条件最好的区段，其优胜处可归结为“水”—“通”—“中”三字。

---

* 冯天瑜，武汉大学历史系资深教授，专门史中国文化史方向博士生导师，武汉大学中国传统文化中心主任，主要从事中国文化生态、中外文化互动等研究。

（一）淡水富集区

水（主要指淡水）是生命源泉，是文化生发与周流的必要条件。

世界诸文化都赋予水以神圣意义：基督教的洗礼、印度教的恒河崇拜，皆昭显水的生命功能，中国先哲老子“上善若水”，更为至论！

地球表面水占3/4，故地球又称水球，但淡水仅占总水量的2.5%，其大部分又固着在南极洲、格陵兰岛及北冰洋冰层中，存于江河、湖泊的不及0.1%。淡水至关重要而又极其珍贵。武汉有幸了！中国第一、世界第三大河长江与其最长支流汉水在此交汇，这里是古云梦泽遗存，湖泊众多，湿地广大，有中国最大的城中湖东湖，是“第一资源”——淡水的富集区。如果说，20世纪称之“石油世纪”，那么，21世纪随着非矿物能源（水能、风能、太阳能等）的广为开发，石油的战略意义逐渐降低，而淡水作为不可替代的第一资源，其战略地位进一步提升。

武汉拥有充沛而优质的淡水，是这座城市最令人羡慕的自然特色和发展的最大优势。在武汉所有的称号中，最确切、最值得永久珍视的便是“江城”（李白诗云“黄鹤楼中吹玉笛，江城五月落梅花”）。江城武汉应当认真保护、合理利用淡水资源，发展与水相关的产业，充分发挥并整合长办、长航、武大水电专业的科技—人文力量，做好水文章。此乃武汉发展的一大题旨。

（二）九省通衢

武汉是九省总汇之通衢、水陆交通枢纽。九省通衢的含义因时而变，古时及近代指此处是川、黔、陕、豫、鄂、湘、赣、皖、苏等长江流域省份的物流中心，清民之际汉口港的外贸额“驾乎津门，直追沪上”即为明证。当代情况发生变化，我们不能躺在古代和近代的老观念上讲“九省通衢”，而必须从工业化晚期、后工业文明初兴的新形势下，重整“九省通衢”雄风（水陆空几纵几横交通枢纽、现代信息中心，等等）。这是武汉发展战略的又一重大题旨。改革开放初期武汉大学李崇淮教授提出武汉“两通起飞”，有其深意在。当然，制造业也应特别重视。

（三）经济—人文中心

如果说中国的自然地理中心在甘肃兰州，那么武汉则是人文地理中心、经济地理中心、人口地理中心。以武汉为圆心，1000 公里为半径画圆圈，中国主要大都会及经济繁荣区皆在圆周近旁。居中可南北呼应、东西会通。发挥居中优势，是武汉发展战略的第三个大题旨。

对于武汉的形胜之优、战略地位之重，古今中外有历史眼光的论者多有阐述——

清代历史地理学家顾祖禹（1613—1692）在《读史方舆纪要》中论及全国形胜之地时说：

> 以天下言之，则重在襄阳；以东南言之，则重在武昌；以湖广言之，则重在荆州。

近代杰出的政治家宋教仁（1882—1913）1911 年 10 月撰《湖北形势地理说》，袭用顾祖禹句式，另有发挥：

> 吾则谓今日之形势，以天下言之，则重在武昌；以东南言之，则重在金陵。

日本驻汉口总领事水野幸吉（1873—1914）所撰《汉口：中央支那事情》曰：

> 汉口为长江之眼目，清国之中枢。
>
> 今也位于清国要港之二，将进而摩上海之垒，使观察者艳称为东洋之芝加哥。

与此说类似，美国《竖琴》杂志 1918 年刊载魏尔·瓦尔特《中国的芝加哥》一文。自日、美人士倡其说，汉口为“东方芝加哥”之名播扬海内外（芝加哥在美国的地位，继纽约、洛杉矶后，位居第三）。

时至当代，武汉的形胜之优赢得更高的美誉度。未来学家麦金利·康韦在《未来学家》杂志 1999 年 6—7 月号发表《未来的超级城市》一文，预言武汉将进入“21 世纪全球十大超级城市”之列，武汉因“淡水资源丰富、腹地市场广阔、科教实力雄厚”而名列全球“第二超级城市”（所列“21 世纪全球十大超级城市”依次为：印度的班加罗尔、中国的武汉、土耳其的伊斯坦布尔、中国的上海、泰国的曼谷、美国的丹佛、美国的亚特兰大、墨西哥的昆坎—图卢姆、西班牙的马德里、加拿大的温哥华）。

总之，古今中外杰士多将武汉视作天下枢纽。1907 年，张之洞离开总督 18 年的湖北入阁拜相，行前在武昌蛇山临江处题写楹联曰：

昔贤整顿乾坤，缔造多从江汉起；
今日交通文轨，登临不觉亚欧遥。

张文襄公充分意识到“江汉”交汇处（武汉）的全局性战略地位，在这里创建空前伟业。我们今天驻足黄鹤楼，放眼“江汉朝宗”胜景，也由衷发出浩叹：不能辜负这片上苍赐予的天下枢机之地。

二 局势性观照：武汉已然具备成为特大都会的历史趋向

湖北是古人类（郧县人、郧西人）栖息地、稻作文明（屈家岭文化等）发祥地之一。

以湖北为中心地段及设都处的楚国，历史与周朝等长（800 年），战国时拥有半壁江山，楚与秦同为最有力量统一全国的诸侯。

楚地是商周首要战略物资青铜的重要产区（大冶铜绿山等），这是楚国强盛、楚文化繁荣的重要物质基础（武汉的城市起始——3500 年前的盘龙城的兴建与商王朝掌控长江中游的青铜资源有关）。

楚文化发达（哲学上的老—庄，文学上的庄—骚，等等），与中原文化（齐鲁、三晋）二元耦合，并驾齐驱，文、哲、艺、技可与希腊、罗马一较短长。

秦汉时期，湖北相对沉寂。

东晋、中晚唐、南宋，文明重心南移，初至江浙，渐向两湖推移，推移线路略如锐角三角形的两边，故宋有“苏湖熟，天下足”之说，明有“湖广熟，天下足”之谚。明清以来，汉口为“四大聚”之一、“四大名镇”之首。英国人 1850 年称，汉口作为商业都会，世界上仅伦敦、江户可比（此时湖北尚未对外开放）。

武汉开放始于第二次鸦片战争之后。由“汉口开埠”、“张之洞督鄂”两大契机，武汉从深处堂奥的内地城市迅速崛起，成为中国近代工业、近代文教发祥地之一，成为辛亥首义之区。章太炎等定都武昌的倡议，孙中山“一都（武汉）四京（北京、南京［广州］、东京［南京］、西京［重庆］）说”，皆是从地理条件和文明积淀之综合，对武汉作出的估量。

三　就事件层面而论，武汉多次领受战略支点安排

后发型的中国近代化，是自上而下推进的，由官方决策与主导。

近代武汉在全国战略地位的突显，与清政府、慈禧的布局考量直接相关：扶植重臣张之洞，在武汉这个形胜之地、九省通衢经营第二洋务中心，制衡以天津为中心的李鸿章的淮系及北洋洋务中心。清廷和慈禧既是选中张之洞这个人，也是看中武汉这一战略形胜之地。

在督抚频繁调动的清朝，张之洞在湖广总督任上达 18 年之久，是罕见特例（另例是李鸿章任北洋大臣 22 年）。张之洞没有虚掷历史机遇，成就了轰动中外的“湖北新政”（1889—1911）。

兴实业：汉阳铁厂，亚洲第一家钢铁联合企业，清末民初占全国钢铁产量九成以上；汉阳兵工厂，中国最大的军工企业，“汉阳造”成为清末民国陆军主要枪炮来源；布纱丝麻四局，仅次于苏沪的纺织工业中心。对外贸易，汉口“驾乎津门，直追沪上”，为全国第二大外贸口岸。

练新军：使用洋械，实现“冷兵器”向“热兵器”转化，学德国、日本军制，录用知识青年，士兵文化素质高。湖北新军在几次全国性“秋操”（军事演习）中皆名列冠军，与北洋六镇同为清末最精锐陆军。

办文教：书院改制（两湖书院等）等；建新学堂（1893 年创立自强学堂；1898 年创立农务学堂；1898 年创立工业学堂），1904 年建图书局（湖北省图书馆前身），大量派遣留学生。湖北是20 世纪初年留学生最多的省份之一。

张之洞治鄂，湖北由一个中等发展水平的省份，跃升为清末新政的领先区域，辛亥首义在这个拥有近代工商业、近代文教（连同知识分子）、近代军队的区域爆发并取得空前胜利，绝非偶然。孙中山因此称张南皮为“不言革命之大革命家”，此诚画龙点睛之笔。

“湖北新政”的横空出世，当然是短时段事件，与慈禧—张之洞的

决策和运作相关，具有偶然性，而其依凭的是长时段的地理形胜、中时段的社会局势，历史人物在事件中发挥能动作用，与物质条件和时代趋势交融互动，终于成就一番事业。这是“时段理论”的一个很好的注脚，说明在先天的自然条件、历史指示的趋势之下，人的主观能动性至关重要。武汉人要学习张之洞、超过张之洞，建设卓越武汉！

四　武汉一度受现代带际战略限制，时下正是技术生产力、改革生产力和转型生产力相叠加的复合型战略机遇期

在广土众民的国度，现代文明不可能立即普遍开花，而必须有一个带际战略安排。就改革开放新时期而论，带际发展的大势是从东部沿海起步，渐次向中西部推进。武汉的发展当然不可能自外于此一带际战略。

近代武汉曾是文明领先之区，直至20世纪50年代至70年代初，仍居全国城市群第一方阵。改革开放新时期，武汉虽有进步，但发展落伍于沿海，退居二线城市。这是“潜龙勿用”段落，实为聚集能量的时期，而当下及今后，带际战略已推进到中部崛起阶段，武汉进入“见龙在田”的起飞期。展望前景，长江中游四角（武汉—合肥—南昌—长沙）将承接“珠三角”、“长三角”、“京津冀”，成为增长“第四极”，正进入发展黄金期。长江中游优越的地理形势、厚重的文明积淀，成为中国最具潜力的地区，技术进步、人力资本增长、信息化等要素升级也具有比东部更大的潜在空间。

五　武汉升腾之路

自21世纪10年代开始的几十年间，武汉恰值继张之洞督鄂之后的又一个跃升期，可望达到“飞龙在天”的佳境。对此历史机遇，武汉应有充分的文化自觉。这种自觉不仅指目标自觉，尤其需要路径自觉。

（一）志存高远，“取法乎上”，实现“弯道超越”

武汉的现实是尚处欠发展阶段。在经济流、文化流传递迅速的时代，后发区有多种选项。发达国家、国内先发地区作产业转移，武汉当

然可以有选择地承接，这是后发地区发展的一种契机，但绝不能满足于此，尤其不可拾取那些高能耗、高污染、低附加值的产业，此乃“取法乎中，仅得其下”的“下行通道”。瞄准先进，作蛙跳式跃进，才是当取之上策。用力于高端研发、高端产业、高端服务、集约型高端农业，应是武汉的追求。东湖高新区、光谷、设计之都，走的是这条超升之路。

瑞士、挪威、爱尔兰、芬兰，19 世纪都是欧洲最落后的国家，它们没有追迹英法的工业化老路，而以先进文教科技、前沿经济引领，攀援价值链高端，于 20 世纪中叶以降跃升为经济最发达、社会建设最先进的国度。武汉应效法其神，走超升之路，切勿如某些陷入中等收入陷阱国家那样在产业链低端徘徊。

武汉大学遥感测绘专业走着超升之路，王之卓、李德仁院士等从 20 世纪 70 年代末开始（那时的条件还十分简陋），就紧盯世界最前沿，经 30 年持之以恒的努力，成为国际公认的测绘科技翘楚。

社科领域，张培刚教授在 20 世纪 40 年代初研究传统农业在工业化中的作用，成为发展经济学创始人，武汉大学、华中科技大学成为国际公认的发展经济学研究重镇。人文领域，吐鲁番文书整理及研究、楚简破译及研究、辛亥革命研究、张之洞研究、中国文化史、思想史研究及国学研究等，均在国内外享有盛誉，其起始条件并不好，因志存高远，从第一手资料占有与诠释入手，理论与方法也取法乎上，经长期扎实努力，锐意进取，稳步进入学术前沿。

走“下行通道”比较轻松便捷，却无法领略高峰奇观；向上攀登，需要智慧、力量乃至牺牲精神，但光辉顶点的万千气象召唤着有志者。

（二）充分发挥高教及其科研学术优势

武汉高校云集（多在武昌），拥有百余万大学生，已然为中国乃至世界第一规模的大学聚集区，但尚需充实提升，在硬件与软件结合上，作出整体规划，把武昌建设成学术内涵丰盛、湖光山色辉映的美轮美奂的大学城。这将是武汉上升为世界级都会的一大契机。通过校地协同创新，将高教优势、科研学术优势转化为生产力优势和社会的人文素质优势。要吸纳世界先进技术和人才，把东湖高新区、光谷打造成中国的硅谷、中国的筑波、中国的班加罗尔，并带动地区的产业升级。

发展集约型高端农业，是武汉可以选择的路径。武汉人均耕地占有量低，但水热条件优厚。武汉不能走地广人稀、耕地资源丰富的加拿大、澳大利亚、俄罗斯、巴西的机械化大农业路子，而应走集约型高端农业之路，发展精耕细作的农业和养殖业，可参考荷兰、日本、以色列农业的模式。荷兰仅4万平方公里国土，1600多万人口，人均耕地面积极小，却以集约型高端农业，成为世界第一花卉出口国（占世界花卉出口总量的60%），鸡肉、猪肉、牛肉和奶品出口国。以色列国狭、水少，以滴灌等高技术农业，成为西欧菜园、果园和花卉供应地。

以色列的启示——深怀忧患，瞄准尖端，沉毅奋进。戒“浮华之风”，用心于内力修炼。以色列的都市少有高级宾馆、摩天大楼，而多设世界一流的科研院所，大学、中学外观平常，而实验室、图书馆却是世界顶尖的。700万人口的小国出诺贝尔奖得主10人。国际战略家列举中东强国，第一是以色列，以下才是土耳其、埃及、伊朗、沙特。学习以色列，励精图治，务实求精，切勿小富则安、小富则骄、小富则腐。

（三）提升市民文明水平

人是城市文化的主体。一座文明的、高水平的城市，绝非单凭高楼大厦、车水马龙所炫示，其根基和灵魂皆寓于人的文明程度之中。2049年的大武汉，当由道德淳美、守纪遵法、气度恢宏的市民决定其城市精神。孙中山制定《建国方略》，以“心理建设”列于首位，次论实业计划和民权初步，此可谓先哲之睿见。我们的2049设计，不可见物不见人，而应将新市民的锻造列为首要任务，须将学校教育、家庭教育、社会教育落到实处，促成全体市民德业双修。我们的愿景是，2049年的大武汉“天更蓝，水更清，路更通，人更雅”，这“人更雅”尤其切中要处，环境美、人文美的大武汉有赖文雅、优雅的市民建设与呵护。

（四）张扬城市特色，举“长江文明”旗帜

工业文明的一大特点是标准化、模式化，后发工业化的中国未脱此例，城市建设的同质化、“千城一面”即为突出表现。展望2049年武汉，一定要走出此一怪圈，成长为一个富于个性特色的城市。此题甚大，这里只提几个概念：江城、桥城、江湖之城，知音之城（或曰高山流水之城）、楚骚屈赋之城、白云黄鹤之城、中西文化交会之城（汉口

租界区、武昌昙华林、武汉大学老建筑等历史街区，应予保护、拓展，开掘其文化底蕴，昭显城市魅力）……“楚河汉街”是今之武汉时尚亮点，惜乎极少注入中国文化（尤其是楚文化）元素，落入移植西洋街市的窠臼，然尚有修订提升空间。

武汉的最大形胜在江汉交汇、两江四岸格局。继张之洞、赵尔巽之后出任湖广总督的陈夔龙（1855—1948）在《梦蕉亭杂记》中载曰，1909年接待乘兵舰访汉的英、美水师提督（即舰队司令），他们对武汉形胜，“兴观止之叹”：

> 游行几遍地球，水陆形势之佳，未有如兹地者，推为环球第一。

武汉形势之优，得滔滔万里的扬子江之赐，古人识此，今人更当举起“长江文明”旗帜，以之聚集力量，引领潮流。

以“缔造从江汉起”的气派，做“江汉朝宗”文章，建设活力大武汉，正逢其时，而又时不我待！

画意城市（代序）

徐勇民*

人类天生就有亲近自然的情结。在早期（如武汉发掘出3500年前盘龙城遗址）建筑居所或制作器物时，先民们就表达出对自然环境的依恋。千百年来，城市与建筑一直是人类活动的交聚点。人们总能从城市或建筑遗存中窥探出不同国族历史如何演进，解读出其文化精神，并在此过程中认识、发掘寻求有关生存、生活与生命之于“居所”的哲学命题。任何一座城市和建筑，在设计师的眼中已被赋予了“生存之道”的想象力和创造力。

我们知道，任何建筑设计都离不开对环境的依存。无论是横跨大江大河山峦群峰绵延数千公里的路桥，还是拦江大坝以及所有与人们居住劳作及出行有关的构筑物，它们以其功能造福人类的同时，提供了我们欣赏自然也欣赏自身的别样视域。这种在公共空间中显示出的创造力，千百年来一直顺从于国族的权力与文化意志。先辈们通过“法天象地”等物化了的理念，让今人去感受何为威严何为神秘何为宏大的叙事能力，以及何为自身可以创造出的种种“不可思议”。令人值得深思的是，无论人类掌握什么样的科技手段与能力，我们自认为坚固的城市，其实，在大自然面前永远是脆弱的。道法自然，顺天行道。如果逆袭，不堪一击的往往是人类自身。

我们居住的城市应该是什么样子？城市文明的精神核心又是什么？城市与艺术之间的关系又该如何构架？种种问题似乎都可以在中国传统艺术的文脉重新审视中找寻出答案。

中国古代哲学范畴中将任何人造物都表述为“器”。一方面，它是

---

* 徐勇民，国务院政府特殊津贴专家，湖北美术学院院长，教授，博士生导师，湖北美术家协会副主席。

以其功用为特征的实体；另一方面，它又是可以被视为容纳天地之“道”的精神载体而为人们所敬畏。如长城和金字塔，建造它所需时间维度的延伸和体量拓展，实际上表明了人渴望依存一种超乎寻常的构筑物来支撑人类脆弱的心理。

中国传统园林建筑是中国绘画二维表现形式的立体化显现，也是中国城市意象之美的凝聚。灰瓦白墙、茂林修竹，“一步一景”的交织是阴阳互补充实与虚无的视觉解读。图绘中的亭台楼榭、小舟栈道构筑了云游仙境的人间烟火，无所不在的画意使人文与自然相合相生。

中国古代文人提出“通自然、得天趣”，讲的是真性情，不矫揉造作，建筑与城市亦应如此。对九天的追问、对五洋的探寻，都是对“道”的追求。天人合一的自然观并非侈谈的夸口，对土地的依恋情怀也绝非是接地气的说辞。今天被誉为“公共知识分子”的建筑师或设计师，在大尺度的工程设计中，逐步将注意力更多地投射在了如何与自然环境相协调这个时代命题上。他们的作品到底是“视觉饕餮”还是“视觉暴力”，全然取决于其对“自然之道”领悟的职业素养。

自然界的和谐通过中国书画的线条再现为主观精神的显现，仅这一点，就与模拟自然的写实性绘画有很大不同。北宋王希孟《千里江山图》，在大气磅礴的山势之中，艳丽的青绿源于自然界中山水的随类赋彩，更源于画家对自然山水的敬仰与亲和。“看山是山”与“看山不是山”的中国古代哲学意蕴，在画家笔墨中幻化成了中国绘画的神奇之美。

历史上留下的中国城市建筑图像之宏大莫过于北宋张择端描绘的《清明上河图》。游目骋怀于展开的绵长绘画手卷，体会到的是画中有景、景中有境、境中生情的欣然之意，时人生活场景的美好令今人羡慕。元代黄公望笔下的《富春山居图》将人们“可游、可行、可居”的情怀游荡在大自然的山川美景之中，是气脉连贯的悠然圣境，又是画意居所经典范例。

建筑实用功能“器”与建筑艺术“道”之间的关系形成了中国审美意蕴——大象无形、大巧若拙、大直若屈“以大观小”，中国画意建筑与以探寻宇宙的“以小观大”中国艺术精神紧密结合。宗炳“澄怀观道，卧以游之”、黄公望“画不过意思而已”等生活体验与艺术表达，实际上是体现出“外师造化、中得心源”的视觉意象。

中国艺术、建筑与居所的人文情怀得益于传统文化中的哲学思想。

艺术随哲思而发展，城市也伴随哲思而兴建。“阴阳五行”，相生相克，为中国文脉之骨；“天人相应”，沟通天地，是中国文脉之筋；“中庸中和”，权衡事理，是中国文脉之肉。骨、筋、肉三者相合，构成了中国古代哲学基础。

中国佛家道家所持“和光同尘”一说，是源于生活中现象的细微观察。一缕阳光投入，深色背景前可见尘微弥漫。“挫其锐、解其纷；和其光、同其尘”，见微知著。中庸是一种通达的处世观，“大隐隐于市”是“存在”的真相。中庸不是折中，而是寻找平衡点，如同绘画构图中的均衡中和原理。量异质同，互通有无，互含彼此。

现代工业理性符号在城市建筑中充塞了人们的视野，诸如摩天大厦、地下隧道、高架环线等，将人们的目光从本应投向自然的视野中逐渐剥离。如果说，过去人们生活在大自然中，建筑只是自然的点缀，那么今天，这种情形正好相反。自然景致在城市中已变成奢侈资源，以至于人们为能在购置居所中看到依稀的湖面或是绿树的影子而心甘情愿地掏出自己所有积蓄。

我们渴望有良好的居住环境、出行方式和生存空间，就如同需要新鲜空气和优质水源一样，须臾不可分离。城市规划与建筑的设计师们，秉承的信仰已不再是先辈们心目中只可想见的神灵，而是眼里和身边活脱脱的大自然。他们当然也知道触怒表征温和的大自然会遭受难以逃避的惩罚。设计师的作品尽可坦然地面对众口赞赏或是千夫所指。但在今天，任何一座城市的规划与建设都必须直面大自然“顺者昌，逆者亡”的生态警示。画意城市——不仅是审美感知上的美好愿景，更是中国优秀传统文化居住理念在新时代的注解。

理论创新篇

互联网思维：科技革命时代的范式变革

金元浦*

习近平同志最近指出：要强化互联网思维，坚持传统媒体和新兴媒体优势互补、一体发展，坚持先进技术为支撑、内容建设为根本，推动传统媒体和新兴媒体在内容、渠道、平台、经营、管理等方面的深度融合，着力打造一批形态多样、手段先进、具有竞争力的新型主流媒体，建成几家拥有强大实力和传播力、公信力、影响力的新型媒体集团，形成立体多样、融合发展的现代传播体系。

那么，什么是互联网思维？

搞清互联网思维的内涵和外延，这是当前我国社会和学术界共同关注的重要的实践和理论课题。

当前，关于国内外互联网思维的观点蜂拥而起，百家争鸣，相互辩难，争讼不已。肯定者有之，反对者有之，阐扬者有之，批评者有之。① 互联网思维成了一个近年来开放性的文化科技事件，一个讨论文化变革的平台。

笔者认为：互联网思维是第三次工业革命的先导理念，是当代高科技与文化创意跨界融合实践的新思维方式，是科技革命中范式转换

---

* 金元浦，中国人民大学文学院教授，博士生导师，上海交通大学特聘教授。中国人民大学文化创意产业研究所所长，主要从事文化理论、文化创意产业等相关研究。

① 网上公认，互联网思维是百度老总李彦宏首次提出的。2013 年 11 月 8 日，马化腾在一次发言当中，以互联网思维这个词为结语："互联网已经改变了音乐、游戏、媒体、零售和金融等行业，未来互联网精神将改变每一个行业，传统企业即使还想不出怎么去结合互联网，但一定要具备互联网思维。"也有大量不同意见：许小年说，没有什么"互联网思维"；王健林说，不存在互联网思维，我觉得互联网思维这个词完全是错误的，不存在。黑马会教育培训行业副会长兼秘书长快乐学习创始人张浩说，根本没有什么互联网思维，互联网思维是伪命题。

的必然成果。它拥有自身独特的性质与运作方式，在现实科技发展的条件下重新阐释了哲学关于一切社会生活中的普遍联系的最高准则。它预示着一种更新的思维方式的酝酿与形成，将带给未来社会更为巨大的变革。

互联网思维是第三次工业革命的先导理念

每一个时代的发展总是以当时生产力的发展水平为标志的，特别是以先进工具的发明和创造引发全面变革的。两次工业革命都是这样的，以互联网等高新科技为代表的第三次工业革命更是无可争议地启动并实践着这一原理。杰里米·里夫金在其新著《第三次工业革命》中提出：

第一次工业革命使19世纪的世界发生了翻天覆地的变化；

第二次工业革命为20世纪的人们开创了新的世界；

第三次工业革命同样也将在21世纪从根本上改变人们的生活和工作。

我们正处于第二次工业革命和石油世纪的最后阶段。这是一个令人难以接受的严峻现实，因为这一现实将迫使人类迅速过渡到一个全新的能源体制和工业模式。否则，人类文明就有消失的危险。

作者敏锐地发现，历史上数次重大的经济革命都是在新的通信技术和新的能源系统结合之际发生的。新的通信技术和新的能源系统结合将再次出现——互联网技术和可再生能源的新世纪。

纵观当下世界，电子计算机特别是互联网的产生与发展，自动化与人类智力的解放，各种“人—机控制系统”的形成，“三A”革命（生产的自动化、办公的自动化和家庭生活的自动化）的来临，特别是信息时代的全球信息联通与共享，是人类历史上一次更加深刻而伟大的科学技术革命。它将把人类历史上的工业革命推向以自动化为主要标志的第三次工业革命。它对人类历史发展的影响将远远超越第一次和第二次工业革命。

另一位十余年潜心研究数据科学的技术权威，数据科学家、《大数据时代》的作者维克托·迈尔·舍恩伯格（Viktor Mayer-Schönberger），最早洞见大数据时代人类社会科学和信息发展的大趋势。作为最受人尊敬的权威发言人之一，他曾先后任教于世界最著名的几大互联网研究学府。现任牛津大学网络学院互联网治理与监管专业教授，曾任哈佛大学肯尼迪学院信息监管科研项目负责人，哈佛国家电子商务研究中心网络监管项目负责人。他指出，大数据带来的信息风暴正在变革我们的生活、工作和思维，大数据开启了一次重大的时代转型，他讲述了大数据时代的变革首先是思维变革，继而影响商业变革和管理变革。

维克托最具洞见之处在于，他明确指出，大数据时代最大的转变就是，放弃对因果关系的渴求，而取而代之关注相关关系。也就是说只要知道“是什么”，而不需要知道“为什么”。这就颠覆了千百年来人类的思维惯性，对人类的认知和与世界交流的方式提出了全新的挑战。他认为大数据的核心就是预测。大数据将为人类的生活创造前所未有的可量化的维度。大数据已经成为新发明和新服务的源泉，而更多的改变正蓄势待发。他在书中展示了谷歌、微软、亚马逊、IBM、苹果、Facebook、Twitter、VISA 等大数据先锋们最具价值的应用案例。

从另一个角度看，生产力中工具的革命，实际上彰显了创造和掌握这些工具的人的思维的超前革命。也就是说，正是那些在互联网革命中敢于创新，敢于试错的先知先觉者，正在创造奇迹，书写历史。

互联网思维是当代高科技与文化创意跨界融合的新创造

与英国工业革命以来的产业、行业和学科细分的大趋势不同，当代社会最重大的变革是高新科技背景下的产业融合与学术融合。从哲学思维的角度讲，21 世纪以来的最重要的思维变革之一是跨界思维。首先是跨越产业、行业，跨越不同领域的新技术、新方式引起的新思维，推动了跨越知识、跨越学科边界的新业态。

互联网思维是真正的“跨界融合”的思维。

跨界融合是第二产业与第三产业的融合；是第三产业内部各行业之间的融合；是文化与科技的融合，是文化产业与金融（投融资）的融合，是传统媒体与新媒体的融合；是线上与线下的融合，也是全球化与本土化的融合。当然也是相关学科之间的融合，人文学科、社会学科与经济学科的融合，文化产业与政治学、艺术学、美学、伦理学、管理学、商品学、消费学的融合。

跨界融合是第二产业与第三产业的融合。2014 年 2 月，国务院发布 10 号文件《关于推进文化创意和设计服务与相关产业融合发展的若干意见》，文件明确指出：随着我国新型工业化、信息化、城镇化和农业现代化进程的加快，文化创意和设计服务已贯穿于经济社会各领域各行业，呈现出多领域交互融合态势。文件明确了我国文化创意产业跨界融合的总体方向：统筹各类资源，加强协调配合，着力推进文化软件服务、建筑设计服务、专业设计服务、广告服务等文化创意和设计服务与装备制造业、消费品工业、建筑业、信息业、旅游业、农业和体育产业等重点领域融合发展。

正是在互联网高度发展的条件下，有了跨界融合思维的飞跃，文化创意产业才能突破原有藩篱，跨越领域与部门边界，成为支撑第二产业甚至农业升级换代的重要推动力量，也是提升文创产业中低端形态向高端形态升级的动力源。

O2O 电子商务是互联网思维指引的重要实践。O2O 电子商务即 Online 线上网店 Offline 线下消费，商家通过免费开网店将商家信息、商品信息等展现给消费者，消费者通过线上筛选服务，线下比较、体验后有选择地消费，在线下进行支付。这样既能极大地满足消费者个性化的需求，也节省了消费者因在线支付而没有去消费的费用。商家通过网店信息传播得更快、更远、更广，可以瞬间聚集强大的消费能力。该模式的主要特点是商家和消费者都通过 O2O 电子商务满足了双方的需要。

其实跨界融合的思潮自世纪之交以来，已多有萌动，且渐成大势。朱丽·汤普森·克莱恩在其总汇型的著作《跨越边界——知识、学科、学科互涉》中详细描述了跨越边界与边界作业的情形。书中回顾了美国的创新发展："从科技领域看，美国物理勘查委员会总结道，最近几十年来，几乎所有的重大研究进展都发生在已有领域之间的'学科互涉边界地带'。"最突出的成果中包括获得巨大成果的计算机相关科学的发展。①

在 20 世纪 80 年代，以跨界融合为目标的"学科互涉"在美国科学技术创新中获得高度认可。当时美国经济滑坡，强化了促进知识与发明在学科、产业、政府边界之间流动的需求。经济压力以及科学研究的当前趋势，使学科互涉与竞争成为国内科技政策争论的新的关键词，1988 年美国自然科学学会西格玛·西出版了《摒除边界：跨学科研究视角》

① ［美］朱丽·汤普森·克莱恩：《跨越边界——知识、学科、学科互涉》，南京大学出版社 2005 年版，第 251 页。

一书，全面推动学科的跨界融合。这些研究推动了美国国会、联邦政府执行部门、基金署和咨询机构的认可。①

近年以来，跨界思维更是在实践中受到关注。如巴菲特的合伙人查理芒格，就一直推崇跨界思维，他认为跨界思维是一种“普世智慧”。他将跨界思维誉为“锤子”，而将创新研究比作“钉子”，认为“对于一个拿着锤子的人来说，所有的问题看起来像一个钉子”，有了跨界思维的锤子，就会立刻砸向现实中不同产业、行业的壁垒，在更宽广视野中寻找能够“链接”的思维灵感。

互联网思维是科技革命中范式转换的必然成果

世界上任何一次伟大的变革，总是在突变的发展范式的巨大转折中实现的。科学哲学家托马斯·库恩在《科学哲学的结构》中描述了这一过程。

范式，英文为 Paradigm，该字源出于希腊文，含有“共同显示”之意。由此引出模式、模型、范例等义。库恩认为，任何一种常规科学都是一种模式，“这是任何一个科学部门达到成熟的标志”。库恩所说的范式，是指特定的科学共同体从事某一类科学活动所共同掌握并必须遵守的一般原理、模型和范例。它包括四方面要素：（1）范式是一定时期内科学共同体的“看问题的方式”，包括思维原则、方法论和价值观。（2）范式是科学共同体一致接受的某一专业学科的基本理论和取得的重大科学成就，包括可以进行逻辑和数学演算的符号概括系统。不同的学科部门各有自己的范式，每一学科在发展的不同阶段，也会有不同的范式。（3）科学共同体拥有的仪器设备和操作运演方式。（4）每一范式均拥有的自己的范例是根据公认的科学成就做出的典型的具体题解。每一科学共同体成员必须通过范例的学习，才能掌握范式，学会解决同类问题的方法。

按照库恩的科学革命的理论，在某一范式指导下的常规科学发展后期，科学研究中不断发现和揭示出“意料之外的新现象”。这些新的发明和新的理论与实践成果，已无法纳入原有的思维范式之中，原范式在

---

① ［美］朱丽·汤普森·克莱恩：《跨越边界——知识、学科、学科互涉》，南京大学出版社 2005 年版，第 229 页。

创新变革的实践中已十分不适应，失去了惯常的指导地位，这就形成了“反常”，反常逐渐积累，增大到一定程度便发生科学范式的“危机”。正是在这种危机中，现实实践催生的新思维、新概念、新范式就会应运而生。

按照库恩的科学革命理论，科学技术的发展，遵循一条这样的规律：

> 前科学时期——形成范式——常规运演阶段——反常——危机（非常态）时期——范式变革转换（新范式取代旧范式）——新常规运演时期……

在常规科学的范式运作时期，科学技术发展是科学共同体在既定范式指导下的“解难题的活动”，是一种“高度确定的”往往是肯定有解的活动，两次工业革命的实践特别是制造业的实践，都证实了这一规律。它的特点是在长期不变的思维与工作模式下生产定型产品，在流水线上进行重复的简单劳动。

而今天我们所处的时期，是第三次工业革命影响的范式转换与变革的时期。这是一个非常态运营的时期，各种新鲜的、独特的、前所未有的设计，不断变换的创意、策划，特别是整体思维方式的变革，作为力图整合传统范式的新范式预备形态，历史性地出场了。

显然，第三次科技革命不仅带来了物的现代化，引起劳动方式和生活方式的变革，而且随着云计算、云应用、电子商务、物联网、大数据、智慧城市、虚拟技术和3D打印技术的发明和应用，也造就了全新的生产方式、产业业态、商业模式和管理模式的变革。

同时与之相适应，它将改变人类的存在方式和生活方式，从而改变人类的观念、思维方式和行为方式。

互联网思维就是在这种变革的时代产生的，它是科学革命的必然成果，更是人类生存方式、生活方式变革的必然产物。它是在新的历史条件下，依照现实实践的变革，以企业家为主的主体群对市场变革，对新业态与新产业链，对企业价值，对服务对象进行总结和重新审视的结果。

在未来若干年，新技术革命的大规模变革结束，人类科技进入一个相对稳定的常态运营时期，新的主导范式会给予我们更多的确定性和稳定性，那就是另一个时代的开始。

思维的变革是更为根本的变革

如前所述，范式，是指特定的科学共同体从事某一类科学活动所共同掌握并必须遵守的一般原理、模型和范例。它是一定时期内科学共同体总的“看问题的方式”，包括思维原则、方法论和价值观。作为一种新的人类文化科技发展的新范式，互联网思维是一种互联网时代的新价值观、新世界观。

与传统的哲学思维、科技思维、产业思维和商业思维不同，互联网思维有自身的特点。360 周鸿祎提出了互联网思维的几个关键词①，小米的雷军发明了互联网思维七字诀：专注、极致、口碑、快。②

国内首家以互联网思维进行创意交易改革的 BAB 精准撮合平台——创成在线 CEO 陈建雄在总结众多运用互联网思维成功的企业经验的基础上，提出了互联网思维的七大特征：

第一，快速的反应能力。运用互联网思维的企业，一个显著特征就是快。快主要表现在决策要快、产品推出要快、行动要快、产品迭代要快、创新速度要快、变革要快和具有快速的市场反应能力。

第二，极致的用户体验。在互联网时代，用户在供求关系中成为主导者，成功运用互联网思维的企业，无不是为客户提供超过客户期望的产品或服务，无不是为客户提供完美的客户体验，追求简单极致，客户体验成为企业市场制胜的决定性因素。星巴克就是为客户提供良好体验从而将竞争对手远远抛在身后。

第三，运用平台思维。经济发展的最高境界，不是做产品，不是重质量，也不是搞标准，而是打造平台。运用互联网思维的最大特征是必须运用平台的思想，通过平台规则、平台运营机制的创新，聚合双边或多边市场规模，打造有关利益方共赢的商业生态圈，实现平台模式的

---

① 360 周鸿祎提出了互联网思维的几个关键词：1. 用户至上，体验为王；2. 互联网赚钱的三种模式：A. 利用互联网卖东西：卖真实的东西，叫电子商务；卖基金、理财，叫互联网金融；卖虚拟服务，卖餐馆打折券，即为 O2O；B. 广告：用户足够多，卖广告；C. 增值服务：例如网游，收增值服务费。免费是互联网的精神。

② 雷军发明了互联网思维七字诀：专注、极致、口碑、快。1. 专注。少就是多，大道至简——只做一部手机：小米手机，学苹果制作一个。2. 极致。做到自己能力的极限：小米创业第一次就做了全球首款双核 1.5G 的高端 WCDMA 智能手机。3. 口碑。超越用户预期，米粉口口相传。4. 快。天下武功，唯快不破：MIUI 坚持每周迭代。

变革。

第四，具有创新精神。创新是互联网的精髓、灵魂与精神，也是企业持续发展的核心动力，创新也是互联网思维的重要内容。创新思维不仅仅是产品创新、技术创新，更多的还包括商业模式创新、平台模式创新、服务模式创新、盈利模式创新、机制创新、文化创新和运营模式创新，更重要的是观念创新。

第五，免费的商业模式。互联网思维首先强调的不是收入，而是用户规模和用户流量（如 PV 等），没有规模和流量商业模式难以成功。因为若互联网应用要收费，用户都可以找到同质化的免费产品，免费模式是众多互联网公司成功的关键。

第六，坚持开放性。开放是互联网经济的重要特征。运用互联网思维的企业都具有开放性，不仅对内部全员开放，更重要的是对外部开放。开放的最终目的就是有效整合内外部资源，打造良好的生态环境，提高企业的竞争力。

第七，比别人更专注。专注是运用互联网思维企业的一大特征，也是企业成功的关键要素。互联网是一个蓬勃发展的行业，孕育无限商机，没有一个企业能满足所有的需求，在自己细分的领域做到比别人更专注，才能有所成就。[①]

房地产行业也选出了他们关注的互联网思维关键词[②]，其中最为精到并形式化的是赵大伟总结的互联网九大思维 20 条法则：

---

① 中国电信上海研究院的胡世良概括了互联网思维的十大特征：第一，有强烈的危机感；第二，快速；第三，客户至上；第四，追求极致的客户体验；第五，平台思维；第六，创新精神；第七，坚持开放性；第八，免费的商业模式；第九，专注精神；第十，组织更加敏捷、灵活和柔性。

② 房地产行业也选出了他们关注的互联网思维关键词：（1）用户至上。互联网上的很多东西都不要钱，还把质量做得特别好，甚至倒贴钱欢迎人们去用，崇尚的是“用户是上帝”，即只要用你的产品或服务，那就是上帝。（2）颠覆式创新。颠覆式创新是指把一个过去很复杂的事变得很简单或者把原来很贵的东西的成本降得特别低，甚至能把原来收费的东西变得免费，比如淘宝、微信、360 等。（3）体验为王。互联网时代，消费者变得越来越有主动权和话语权，今天所有的产品高度同质化，胜出的决定要素就是用户体验。如果你的产品或者服务做得好到超出他们的预期，消费者也会愿意免费为你做广告。（4）定制。如天虹引入私人定制，顾客可在手机上随时随地订阅喜欢的品牌、商品，做到一人一店；而且摇一摇手机可以获得各种优惠券，实现了在线一对一导购服务。（5）免费。互联网经济首先强调的是如何获取用户，其商业模式有电子商务、广告和增值服务，但这三种模式都基于“巨大并且免费的客户群”这样一个前提，这样才能产生足够的收入。（6）利益体。互联网思维代表了三种不同的利益体，从消费者、商家、开发商的角度来说，分别是主权思维、全渠道思维和流量思维。

一、用户思维

法则1：得屌丝者得天下

法则2：兜售参与感

法则3：用户体验至上；

二、简约思维（对产品规划、产品设计的理解）

法则4：专注、少即是多

法则5：简约即是美；

三、极致思维（对产品/服务、用户体验的理解）

法则6：打造让用户尖叫的产品

法则7：服务即营销；

四、迭代思维（对创新流程的理解）

法则8：小处着眼，微创新

法则9：精益创业、迅速迭代；

五、流量思维（对经营模式的理解）

法则10：免费是为了更好地收费

法则11：坚持到质变的“临界点”

六、社会化思维（对关系链、传播链的理解）

法则12：利用社会化媒体，口碑营销

法则13：利用社会化网络，众包协作；

七、大数据思维（对企业资产、竞争力的理解）

法则14：数据资产成为关键竞争力

法则15：你的用户不是一类人，而是每个人；

八、平台思维（对商业模式、组织形态的理解）

法则16：打造多方共赢的生态圈

法则17：善用现有平台

法则18：把企业打造成员工的平台；

九、跨界思维（对产业边界、产业链的理解）

法则19：挟“用户”以令诸侯

法则20：用互联网思维，大胆颠覆式创新。

这些对互联网思维的总结都有其独到之处。也触到了互联网的“内部神经”系统。这些概括和总结大多从产业、企业的运营出发，有其自身切入的角度。但互联网思维并不是简单的技术思维、电商思维或营销思维，是远远超越操作层面的思想方式。严格地说，思维是更具形而上含义的概念，是所谓在表象、概念的基础上进行更高分析、判断、综合、推理的认识活动，具有哲学体系和方法论的意义。而以上相关的"互联网思维"则更多的是商业运行的思路、方法、规范与途径。比如用户思维、迭代思维、流量思维，就是操作性层级的思考或工作方式；平台思维与跨界思维，就是较高一级的商业战略或策略层级的谋略性考虑；而社会化思维、大数据思维则是将影响世界和全球的综合性社会政治经济大思维框架。相对比较，简约思维、极致思维倒很有哲学的和方法论的思维的高度。

互联网思维是广泛联系对话沟通时代的新思维，它相对先前思维的最重要的特征就是"互联互通"，它之所以可以上升为"思维"，就是因为在现实科技发展的条件下重新阐释了哲学上一切社会生活中的普遍联系的最高准则，因为人类链接在一个巨大的社会网络上。而跨界思维就成为它范式革命时期的最有力的"锤子"。雷军道出了小米成功的最大秘密：小米销售的是参与感。这就是生产者与消费者的角色转换和互联互通的实践案例。互联互通背后是利益共享共赢。因为互联网思维链接并融合兼顾三种不同的利益体，从消费者、商家、开发商的角度来说，互联网思维分别是主权思维、全渠道思维和流量思维。

互联网思维是"创新革命"的思维。开创性颠覆性创新，是互联网时代的首要原则——创意为王。所谓"在互联网时代，哪怕做一个错误的决定，也比不做决定要好"。互联网思维的迭代思维，就是讲互联网时代的产品每时每刻都在更新换代，每年迭代，每季迭代，每月迭代，甚至每周迭代。

互联网思维是大数据思维。大数据时代最大的转变是，放弃对因果关系的渴求，大数据是全数据，全维度，这带来了观察和分析事物的视野扩张与视角变化。相对于传统 IT 系统数据，大数据强调了数据的外部性和实时性。这两个特性也使得基于社会真正现实的分析而不是抽样、选本成为可能。也就是说只要知道"是什么"，而不需要知道"为什么"。这颠覆了千百年来人类的思维惯例，对人类的认知和与世界交流的方式提出了全新的挑战。

大数据带来了一系列思维的变化：（1）不是随机样本，而是全体数据；（2）不是精确性，而是混杂性，尤其是大数据的简单算法比小数据的复杂算法有效;(3)不是因果关系,而是相互关系。这些是维克托·尔耶·舍恩伯格在《大数据时代:生活、工作与思维的大变革》中的最大洞见。

互联网企业的大数据思维肇源于对企业资产、竞争力的理解:在未来的互联网发展中,数据资产将成为关键竞争力,谁拥有或运用更多数据,谁就拥有最大资本、资源、资产。数据就是互联网轻资产中最重的资产,因为你的用户不是一类人,不是二八铁律控制的商业规则,不是盯紧主流,忽略小众,而是服务于每一个人。

互联网思维是商业民主化时代的产物。是市场化时代消费为王、用户至上的思维。所以,用户思维被放到互联网思维的首位,展示了一个商业民主化时代的商业运营的新特点。它精准的对象选择与设置,“得屌丝者得天下”;它的全新的服务意识,追求为着“米粉”的极致体验(小米);它的产品设计目标为真正够“屌”,每每让用户尖叫;特别是免费的商业思维,真正颠覆千百年以来的商业“一手钱,一手货”的“天条”。

审视国内外大型的互联网公司,我们会发现,它们的出发点都是为了服务于网民、观众、听众。它们的存在,就是为了为广大网民提供最新、最快、最全的信息;Google、百度等的诞生是为了让网民能够更快地检索到自己希望了解的信息;腾讯的强大,是始于它为网友提供了一个更加方便的交流工具;淘宝的强大,同样是因为它为商品的流通提供了一个更加便捷的方式;还有Facebook,它最初的诞生也只不过是为了给校友们提供一个交流的平台。从这些互联网公司的诞生和发展中,我们能够很清晰地看到,它们始终都是以“为网民提供最佳服务”为宗旨的。

这些思维特点的总结,无疑是当下范式变革时代实践的产物,比如大家都有共识的“比快”的思维,雷军说,天下武功,唯快不破,几乎所有的互联网行业都遵奉这一圭臬。这是因为范式转换时期,各种不同的预备范式大量涌现,思维的超前性和行动的迅捷性在时间上具有影响整体发展趋向和占领市场制高点的多重意义。

当然也不绝对,丁磊就认为“快”不是特别重要的互联网思维,丁磊的经验是以慢制胜。他透露,现在网易利润已超小米、360、京东利润之和。他做产品的思路是后来居上,他说,你根本不要看竞争对手怎么快,竞争对手犯错误的时间是大把的,关键是你的产品够“屌”。但是毋庸讳言，互联网时代，产品出来晚就没机会了，比如当年他在QQ之后做的网易泡泡，结果就失败了。现在后做易信，要与微信抗衡，会否有新奇迹？

对互联网思维的认识也存在误区。一种认识的误区为，互联网思维一定是依托于互联网才发生的，是一定发生于互联网之中的。如前所论，一旦互联网思维上升为一种思维形态，一种影响时代的科学范式，它就具有一种普遍的认识论意义，就会对所处时代的经济政治文化社会实践提供一种全新的阐释，并发生重大影响。比如，当今正在蓬勃兴起的物联网、能源互联网、智能交通互联网，以及智慧城市，就是互联网思维运用的广阔领域和实践案例。

参考文献

[1]［美］杰里米·里夫金：《第三次工业革命——新经济模式如何改变世界》，张体伟、孙豫宁译，中信出版社2012年版。

[2]［美］彼得·马什：《新工业革命》，赛迪研究院专家组译，中信出版社2013年版。

[3]［英］维克托·迈尔·舍恩伯格：《大数据时代》，盛杨燕、周涛译，浙江人民出版社2013年版。

[4]［美］尼古拉斯·克里斯塔斯基、詹姆斯·富勒：《大连接》，简学译，中国人民大学出版社2013年版。

[5]［美］朱丽·汤普森·克莱恩：《跨越边界——知识、学科、学科互涉》，南京大学出版社2005年版。

[6]［美］库恩：《科学革命的结构》，金吾伦、胡新和译，北京大学出版社2012年版。

论政府与文化市场的关系
——基于国家文化治理的思考

胡惠林*

政府与文化市场的关系，是政府与市场关系在文化领域里的表现。它既存在政府与市场的一般性关系，同时也存在有政府与其他市场没有的特殊性关系。正确认识与处理这些关系，不仅对文化市场具有特别重要的意义，而且对其他市场也具有特别重大的文化政策价值。也就是说，能够科学地处理好政府与文化市场的关系，一般来说也就解决了政府与市场的关系。因而具有特殊的规律性价值。

一　政府与市场:人类社会的二元结构

政府与市场既是两种不同的力量形态，同时也是两种不同的制度形态，都给市场以深刻影响，并且分别以不同的力量形态对文化资源配置起决定性作用。政府作为国家机器的运作机制在某种程度上是由需求产生的，它是由一种对规则性的需求发展演变而来的，而这种规则性需求很大的一部分是由交换——即市场行为产生的。市场具有无政府主义特性，当这种无政府主义特性被利用成为一种垄断的和剥夺他人合法交易行为，直接侵犯个人正当权利和利益的时候，通过架构一种能够凌驾于市场之上的力量约束市场的无政府主义的另一种力量形态——政府——便作为市场发育的一种产物诞生了，进而成为一种市场的异己力量影响和干预市场的行为方式，从而构成了人类社会的二元结构：政府—市

* 胡惠林，文学博士，上海交通大学二级教授，博士研究生导师，国家文化产业创新与发展研究基地首席专家，中国文化发展指数研究中心主任，《中国文化产业评论》（CSSCI）主编，主要从事文化战略与管理、文化产业理论与政策、国家文化安全、文化政策与制度等研究。

场，由此推动了人类社会的进步和发展。行会、商会、帮会等基于对自身利益的维护和对市场的干预机制建立起来的非政府组织，在相当大的程度上，都具有“次国家”行为特征：强制惩戒性。这一类非政府组织的跨地域、跨区域程度越大，他们的“次国家”政府行为越强。尤其是国际间的非政府组织，例如世界贸易组织等，都是干预和影响市场运动和市场行为的重要力量形态。因此，一般意义上否定国家对市场的干预，或者取消政府对市场的管制没有意义。

政府与市场是人的经济活动行为建构起来的一种社会生态系统，其主要功能是调节人的经济活动行为和关系。二者之间并非是一种对立关系，而是彼此协调的有机整体，彼此双方为存在依据，缺少了任何一方的存在，人的经济活动行为都是有缺陷的和无法进行的。无论是市场还是政府，都是由人建构起来，并且为人的发展服务的。政府—市场这一二元结构公式，并不代表两者就是对立的。“看不见的手”和“看得见的手”生动形象地描绘了二者之间的功能关系，宛如人的左手和右手。谁也没有见过一个人的左手与右手是对立的，而是左右两手在人的一切用手的活动中的配合与协调。

文化领域里的政府与市场关系是经济领域里的政府与市场关系的一种延伸，构成了政府与市场关系的重要组成部分。由于人的精神活动行为远比经济活动行为复杂得多，因此，在文化领域里的政府与市场关系也更加复杂。但是，作为一种人与社会精神关系，它依然反映了二元结构这一基本特征。人们的精神生产需要自由，但是，一个人的精神生产自由又不能以损害他人和集体精神生产自由为前提，那么，谁来为这种自由的权利实现提供保护呢？那就是政府——公权力。于是，在文化领域里的政府与市场关系便产生了。于是便产生了一系列关于政府与文化市场关系之间的矛盾运动：管制——放松管制，周而复始，不到人类社会终结而不会结束。

二　政府是市场发展不可替代的力量

对于一个无论是政府力量，还是市场力量都不发达的时期，如何有效地建立比较稳定的市场保护机制，以最大限度地实现社会稳定和经济发展，毫无疑问会成为一个不发达的政府的首要职责。当不能有效地维护市场秩序的稳定和发展便不能有效地发挥市场在资源配置中的决定性作用的时候，政府的积极干预对恢复市场功能，健全市场机制是至关重要的，甚至在某些条件下是起决定性作用的。例如在二战以后对欧洲战后经济秩序的恢复，马歇尔计划就发挥了某种程度上的决定性作用。因为，二战几乎摧毁了欧洲的全部经济体系，仅靠欧洲无法在短时间内恢复生产能力，在这种情况下，政府间的积极干预，主要是美国对欧洲的大规模援助计划就成为市场不可替代的力量。二战后欧洲文化市场的复苏，在很大程度上也是由政府尤其是美国政府推动的。在这一点上，无论是《文化冷战与中央情报局》①，还是《战后欧洲史》②，对此都有清晰的叙述。

由于任何市场都是制度下的市场，都是由制度建构的市场，因此，无论是计划经济还是市场经济，无论是结构主义还是新自由主义，只要市场本身是一种制度形态，那就必然建有由这种制度形态所需要的市场制度和规则。不论主观意愿怎样，任何这样的制度和规则的建立总是以自身利益最大化为原则的，而不是以他者利益最大化为原则的。从这个意义上说，任何市场都是保守的，而不是开放的。正因为如此，也才有开放市场的要求。仅仅由一个市场去要求另一个市场开放是很困难的。由于市场是制度的产物，因此，制度的问题就需要制度去解决。于是便产生了政府间的经济交往、经济合作与经济发展等一系列协议，以及由这一系列协议所构成的制度约束。市场的问题如果没有政府的干预，仅靠市场有时候是很难解决的。战争是解决市场问题的一种机制和方式。资产阶级打开世界市场主要的就是通过大炮打开的。但是，没有资产阶级政府作为最后起作用的力量，仅靠资本是无法实现资本的全球扩张的。发生在近代中国市场的鸦片战争就是一个典型案例。即便是在全球化条件下，全球市场体系的建立，依然有赖于国家间和政府间的有效合作。仅以20世纪80年代为例，有不少国家的市场对外开放，并不是市场自然选择的结果，而是以美国为首的西方发达国家干预的结果。制裁往往是这些国家政府干预其他国家和政府决策的重要手段。同样，为了替本国企业打开国际市场，政府也往往是这些国家的产品打开国际市场的主要力量。没有政府的干预，一个国家对另一个国家的市场是不会自动打开的。从这个意义上说，政府对市场的干预本身就是市场发展的一

① ［英］桑德斯：《文化冷战与中央情报局》，国际文化出版公司2002年出版。

② ［美］托尼·朱特：《战后欧洲史》，新星出版社2010年出版。

个重要力量。政府在市场开拓中的作用，就在于为本国产品寻求市场、寻找市场和引入市场。不仅一般意义上的市场是如此，文化市场也是如此。美国政府利用 WTO 的相关条款，强行要求他国对美国文化产品开放市场，否则就对其进行经济制裁乃至政治干预就是一个最典型的案例。

三　政府的目的是创造和维持一个文化市场安全运行的环境

文化管制是最重要的政府与文化市场关系。政府与文化市场的关系并不在于政府要不要干预文化市场和要不要文化管制，而是如何干预、怎样管制。完全对文化行为不加干预和不加管制的文化市场是不存在的。只要文化市场存在着国内的欺行霸市和外敌的侵犯，保护和维护个人文化权利神圣不可侵犯和国家文化权利神圣不可侵犯，就成为政府不可推卸的国家责任。因此，政府运用国家机器，并通过国家机器干预市场的唯一目的，是为了惩罚和防止那些破坏市场无碍运行的行动，保护个人财产免受侵犯，创造和维持一种能够使市场经济安全运行的环境，也就成为政府与文化市场最根本的关系。在这样一个关系性基础上，作为现代国家的一个基本构成内容就是对文化市场准入制度的建制。

"官营"、"公营"、"国营" 是有关经济组织资产属性或所有制性质的企业性质称谓，现对于 "民营"、"私营"、"合营" 而言。这只是对市场主体性质的一种划分或区分，并不表示 "官营"、"公营" 和 "国营" 可以代表政府或以政府的名义干预市场，也并不构成政府与市场的关系。这些不同于其他市场主体所有制性质的文化企业组织与其他文化企业组织以平等的市场主体身份参与公平的市场竞争，并不拥有文化市场的 "特别定价权"。它们应该正确地以自己的市场行为反映政府在文化资源配置中公平、公正行为，而不是扭曲政府干预文化市场的信号。甚至在某种程度上，当文化市场的信号被某种力量所扭曲的时候，例如出现了某种文化商品价格的垄断，国营或公营文化企业则可以通过自己积极的市场行为有效地以市场经济的方式，建立文化市场的 "良序"，从而有效地维护文化市场的健康发展。

对涉及国家安全的战略性资源市场的垄断与管制，几乎是自古以来政府在资源配置中起决定性作用的铁律。例如自汉代起对盐铁市场的垄断与管制，以及在文化上对涉及国家文化安全的资源实行“国家文化专营”，如广播电视传输机构，都是世界上许多法治国家的文化政策。尽管在有些国家都还有“民营”传输机构，但在现阶段，中国普遍实行的是对广播电视实行国家专营，民间机构以及社会文化生产者可以从事广播电视场频和节目的生产与制作，但是并不具有播出职能。当某种思想文化成为一个国家在一个历史时期内的战略资源，那么对于这个市场的管制与开放型程度也是以国家安全为准绳的。例如法国与欧盟的“文化例外”制度、美国对互联网根服务器的垄断都是全球化时代政府与文化战略资源市场关系最典型表现。因此，政府与文化市场的关系并不只是指国内文化市场在文化资源配置中的关系，而应该同时也包括与国际文化市场在资源配置中的关系。从这个意义上说，任何一种形态的文化市场开放都是相对的，文化市场保护则是绝对的。区别仅仅是程度上的差异而已。一般来说，在文化市场的资源配置上处在强势地位一方的市场主体，总是要求弱势一方无条件开放文化市场，而对它自己来说，文化服务市场的贸易保护主义则是它们不变的文化政策。这就是在文化市场领域里的政府与文化市场关系的“双重标准”。

四　文化市场对政府行为的干预和影响

政府干预市场，市场并不就是无动于衷和无所作为的。甚至在很多情况下，政府干预市场只是市场行为的另一个结果——“负面影响”，是市场导致政府干预。在几乎所有的关于政府干预机制的正当性研究中，一个最普遍的理论就是“市场失灵”。

市场失灵是市场运动的内在规律，是市场自我调节机制出现的外部表现，是一种自我循环系统调整与改善。政府干预只是帮助它改善。由于市场与政府都是人的本质力量的对象化，因此作为一个有机整体，所谓失灵与干预都应该看作是功能的自我完善。是一种规律性反映。无论是对于“市场失灵”还是“政府干预”都不要做过度反应。从这个意义上说，并不存在使市场在资源之中起决定性作用的特殊规律。使市场在资源配置中起决定性作用，主体还是政府。就国家而言，它只是一项经济政策，旨在进一步解放社会生产力，把原来管得过多、统得过死的经济行为和经济活动，还给其他市场主体，改善和调节政府作为经济主体和市场主体在整个经济行为和经济活动中和其他经济与市场主体的关系，从而进一步实现社会资源配置的效益最大化。因此，必须特别重视市场在对政府行为过程中的巨大干预作用和影响力。

（一）国际文化市场对国内文化市场影响与干预

国际文化市场涉及国与国之间的国际文化关系和国际政治关系，同时也涉及国家间的经济贸易关系。超越于国家间正常的文化交流所构成的对文化市场的影响，国际文化市场中的文化利益集团和国际文化资本市场对一个国家文化市场的影响与干预是很大的，有的时候甚至影响和左右一个国家对本国文化市场政策制定和制度建构。由于资本在本质上是扩张的，而且这种扩张是以利润最大化为原则的，因此，只要某个文化市场存在着可实现的资本价值实现的最大化，那么，这一资本以及由这一资本组成的巨大文化利益集团就会利用这个利益集团以及这个利益集团所代表的强大的资本利益，通过合理运用一切合法与非法的手段乃至国际规制迫使一个国家开放它的文化市场，进而改变国际文化市场资本格局和利益格局。在这个过程中，通过国家和国际手段干涉另一个国家强行改变它的国家文化市场制度设计，是国际文化市场对国内文化市场干预最主要的途径和手段，而最终打开一个国家的国内文化市场就是国际文化市场力量通过对政府行为的干预实现的。在加入世界贸易组织（WTO）的过程中，美国之所以在和许多国家和地区的谈判中文化市场准入始终是一个反复较量的领域，这就不只是一个文化市场对另一个文化市场的关系，而且还是一个国家政府对另一个国家政府的关系，是国际文化市场对国内文化市场的关系。在表面的文化市场开放和竞争的背后是两种不同文化市场制度的竞争与博弈。

（二）强文化市场和弱文化市场

强弱是事物的两极，只要存在着竞争，就必然存在强弱两种不同的力量形态。文化市场也是如此。根据沃勒斯坦的现代世界体系理论，现代国家体系是由核心、相关和边缘国家组成的。核心层往往是由那些政治、经济文化等各个方面都比较强大的国家组成的，在世界事务中拥有话语权和决策权，具有对其他国家的影响力和国际规则的制定权，而其他国家和国家集团一般来说是受它们支配的，尤其是那些所谓边缘国家，一般来说在国际事务中很少有发言权。那些最不发达的国家甚至连它的政府的正常运转都依靠国际社会援助，一般来说，这种国家的市场和文化市场是缺乏竞争力和影响力的。面对那些处在核心层的国家市场和国家文化市场的强势力量而言，处在边缘的国家的市场和文化市场就只能是弱势文化市场。对于处在弱势地位的那些国家文化市场如果不加以保护，甚至国际保护，那么，在强势文化市场面前，不仅很难生存，而且很难仅靠自己的文化力量形成有效的国家文化市场，并使其在文化发展中对文化资源配置中起决定性作用。因此，处在弱势地位的那些国家的文化市场就不可避免地要遭遇国家文化安全问题。正是基于这一考虑，所以，世界贸易组织章程在涉及这一问题时，特别对处于弱势地位的国家文化市场对外开放作出“文化例外”的规定，以保护世界文化多样性。

（三）主权文化市场与非主权文化市场

所谓主权文化市场主要是指主权国家间的文化市场，这些文化市场的一个最显著的特征就是，文化商品与服务的交易是自由的，但是必须遵循所在国关于文化市场的法律和法令。所谓非主权文化市场主要是指由不同关税区形成的文化市场。中国香港和中国台湾与中国大陆分别属于不同的关税区，并且实行不同的文化市场制度，但是，它们之间不是国与国之间的关系，而是一个中国内的不同关税区的关系，它们之间形成和构成的文化市场关系，就不属于主权文化市场关系，而是属于非主权文化市场关系。因此，中国大陆和中国的港澳台地区的文化市场关系上就形成一种“特殊贸易安排”制度。这种制度只适用于中国大陆和中国港澳台地区文化市场的交易行为，而不适用于其他国家和地区。这种文化市场关系既存在竞争性市场关系，也存在非竞争性市场关系，即一个国家内基于实行不同文化制度而建立的互惠关系。属于港澳文化市场建设与发展的内部事务，中央政府不予干预。这可以看作是文化市场对政府文化治理行为干预和影响的一个案例。

五　政府对文化市场干预的形式

政府对文化市场的干预形式与干预机制在不同的国家和地区存在着很大的差异。就文化市场民族属性而言，有单一民族文化市场和多民族文化市场形态；就文化市场洲际属性而言，有亚洲文化市场、欧洲文化市场、非洲文化市场、北美文化市场和南美文化市场之分。由于文化传统和政治信仰以及意识形态的差异，政府干预文化市场的形式与机制是不一样的。就其普遍性来看，政府对文化市场的干预大体有以下几种类型：主动干预与被动干预；直接干预与间接干预；制度性干预与非制度性干预。

（一）主动干预与被动干预

主动干预也称为积极干预，是指政府通过议程设置和制度建构主动地为文化市场行为建立行为方式和预警机制，从而使人们的社会文化精神生产活动既满足实现个人自由的需要，又不妨碍他人和集体的文化自由，从而为整个文化市场提供一个保障系统。这种干预更多的是从宏观文化治理需求出发，通过制定一系列文化法律来实现。由于国家文化法律必须经由国家立法机关的讨论、审议和投票表决的机制，以彰显程序公正，因此，这样的文化法律一旦被通过，就对任一文化市场主体的文化活动行为具有约束力，进而实现主动干预文化市场的目的。被动干预也称消极干预，是指政府事先对某种文化市场可能发生的文化事件缺乏制度设计和预警机制，而在事件发生之后所采取的“亡羊补牢”。这种状况比较多地集中在新兴文化市场出现的过程中。往往与人们对文化事物的复杂性及其可能对社会精神秩序造成的巨大冲击估计不足密切相关。

（二）直接干预与间接干预

直接干预是指政府通过强制性行政手段对文化市场行为的干预。例如在中国强制实行的城乡电影放映轮次票价制就属于这一类型。同一部电影在城乡不同地区，尤其是在城乡实行差别票价，其目的就是依据城乡居民人均不同的可供支配收入之间的差异，确保农村居民也能够享受与城里人同样的文化消费权利，包括对中小学教材实行国家统一定价机制，以确保广大老少边穷地区以及低收入家庭的子女享受义务教育的权利。这也是在许多福利国家普遍实行的国家干预机制。

间接干预是指政府并不直接干预价格，而是运用税收、信贷以及其他政策性工具影响文化市场经营主体行为，从而调节文化市场发展的政府行为。例如国家对文化出口产品实施免征增值税，对图书批发、零售免征增值税等就属此类。国家通过让利于民，减轻文化企业税负，提高文化产品的市场流通性来促进文化市场繁荣。通过遏制行政铺张奢华政策达到间接调节文化市场服务导向。2013 年 8 月中央和国家机关五部委联合发出《关于制止豪华铺张、提倡节俭办晚会的通知》以及关于改进会风的“八项规定”，各大电视台和社会机构落实中央通知要求，停办和取消了属于此类范畴的晚会和节会庆典演出，直接导致国内演艺市场收入下降。2013 年较之 2012 年仅国有演艺集团的总收入下降 2/3。北京市演出行业协会发布的《2013 年北京市演出市场统计与分析报告》则显示，2013 年北京市全市 123 家营业性演出场所各类营业性演出场次共计 23155 场，观众总人数达 1014 万人次，比上一年同期下降 7.8%，票房总收入 14.42 亿元，比上一年同期下降 5%。①

（三）制度性干预和非制度性干预

制度性干预是指政府通过建构国家文化制度而对文化市场进行的干预。书报检查制度、电影分级制度都属于这一类干预，具有长期性、不可抗性等特点，非等到对这一制度的修正而不会变动。非制度性干预比较多地体现和表现为“突发性”和“临时性”国家事件。例如对战时实行新闻检查、因突发公共卫生事件而对局部地区甚至全国实行文化市场关闭均属于这一类。在非典时期，我国对大部分地区实施文化市场公共卫生管制就属于这一类。同样也是国际社会通行惯例。

言论自由与文化管制，在某种程度上构成了政府与文化市场最核心的关系。如何处理好二者之间的关系，不仅是中国，而且是世界性难题。1973 年 12 月美国经济学学会召开了一次以“第一修正案的经济学”为主题的年度会议，美国经济学家罗纳德·H. 科斯向会议提交了《商品市场与思想市场》，从政府对这两个不同市场实行差别管制出发，揭示了这背后存在着不合理的原因，从而从法律经济学的角度提出：应当摒弃对政府在两个市场上的表现所持有的矛盾态度，即商品市场实行政府管制原则，而思想市场实行言论自由原则。科斯认为：思想市场和商品市场并没有根本差异，因此，在决定与之有关的公共政策时，必须考虑到相同的因素。也就是说，在制定公共政策时，应该采用相同的方法来对待所有的市场，而不是互相矛盾的。实际上，科斯在这里不仅提出了思想自由的实现与思想自由实现的市场机制的合理化问题，而且还

---

① 《“节俭风”劲吹　国有演艺公司 2/3 收入泡汤》，《第一财经日报》2014 年 1 月 15 日。

进一步提出了如何正确处理已经形成的作为商品的市场和当思想作为商品进入市场竞争与交易的合法性问题，这两个问题不仅存在于美国第一修正案与美国其他关于市场法案的冲突，而且这种冲突也表现在英国关于 BBC 的政府管制与市场自由的悖论之中。[①] 从而也使政府与文化市场的关系问题成为一个世界性难题。

① ［美］罗纳德·H．科斯：《商品市场与思想市场》，《论经济学和经济学家》，上海人民出版社 2010 年版，第 78—90 页。

城市化进程中社区文化与创意产业融合发展的理论思考[*]

胡智锋　杨乘虎[**]

1887年，德国社会学家滕尼斯在学术层面提出“community”这一概念。半个世纪后，中国社会学的开拓者费孝通先生将“community”译为“社区”引入中国。然而，在现代意义层面对中国社区文化的建设与发展予以关注与重视，并加以深入而广泛的实践与研究，却只有十余年的光景。

21世纪以来，中国社区文化建设经历了怎样的发展历程，应该如何认识与思考当前社区文化建设进程中的现实问题？未来推动社区文化建设的思路与方向何在？对于社区文化的回顾、反思与展望，无论在学理层面，还是在实践层面，无疑都具有多方面的重要意义与价值。值得关注的是，在多重考量的视角与维度中，城市化进程的推动与影响，是一个具有决定意义的语境与框架。本文试图在城市化进程这一总体进程中，通过国家公共文化服务体系建设与文化创意产业发展的双重视域，体察、认知中国社区文化的运行轨迹与发展走势，开启城市化进程中社区文化与文化创意产业融合发展的新视界。

需要说明的是，完整意义上的社区概念无所谓城乡之别，然而本文所指的社区文化主要以当前中国城市为基本范畴，以村落作为社区主导构成方式的农村地区未涉及，当然，城市化进程对后者的文化影响也是显而易见的。

---

* 本文系国家社科基金重大招标项目“中国影视文化软实力提升的战略与策略研究”（课题编号14ZDA055）与国家社科基金艺术学项目“文化产业发展与公共文化服务体系建设研究”（项目编号10CG103）的阶段性成果。

** 胡智锋，长江学者特聘教授，中国传媒大学传媒艺术与文化研究中心主任，《现代传播》主编；杨乘虎，研究员，中国传媒大学传媒艺术与文化研究中心执行主任。

一 城市化进程对社区文化的多维影响与现实问题

中国改革开放30年来经济发展的主线，是以第一产业为主逐步转型到以第二、第三产业为主导的格局，这一发展主线直接推动了中国城市化沿着“工业型——消费型——生态型”的路线行进。在直观的城市规模与人口急剧上升的城市化进程中，中国城市化逐渐彰显出一些基本特征与趋势。第一，城市发展从单一的规模扩张逐步向内涵功能建设转型，以人为本、生态宜居、环境友好的理念不断强化。第二，城市边界不断扩容，农村城镇化进程提速，多年来城市与农村分类指导与治理发展的方式被城乡一体化的发展方向所取代，更加注重缩小城乡差异，追求均衡发展。第三，城市产业格局出现重大转型，房地产业的井喷式发展，第三产业快速崛起，推动了城市化由工业型向消费型转变。第四，城市多元化特色意识逐渐苏醒，在东西南北中大的区域格局和文化风格中，发掘城市文化内涵，塑造城市形象，已经成为共识与方向。

（一）城市化进程对社区文化的历时性影响

现代意义上中国社区的转型与重构，正是在上述城市化进程中获得驱动力与方向感。

第一，现代化的社区空间重构。在新中国成立后的数十年间，中国城市的社区一直维持着稳定的业缘格局，即以单位为单元建构的“企业小社会”。社区架构基本依托的是单位的家属院、机关大院、部队大院等“大院”形制，与农村地区依然以传统的血缘家族架构社区不同的是，城市社区居民主要是以业缘为主集聚。相应于此，社区文化不可避免地体现出鲜明的企业院落文化特点、行业文化色彩。但是，伴随着企业改革，城市住房分配制度实施了历时性的改制，自购的商品房成为中国城市居民近20年尤其是近十余年来的主要居所。“2013年，全国房地产开发投资86013亿元，比上年名义增长19.8%（扣除价格因素实际增长19.4%），增速比1—11月份提高0.3个百分点，比2012年提高3.6个百分点。其中，住宅投资58951亿元，增长19.4%，增速比1—

11 月份提高 0.3 个百分点，占房地产开发投资的比重为 68.5%。”① 数据有力地说明，中国房地产业庞大体量直接推动了中国城市人口居住空间的重新布局，形成了以“社区空间”为单元框架的城市空间的现代化重构。

第二，多元取向的社区文化诉求。城市化从工业型向消费型的转型，以及产业结构的调整带动了城乡人口的大量流动。虽然机关大院、部队大院、校园社区依然存在，但是，越来越多的社区突破血缘、业缘的结构要素，以多地域、多职业、多阶层居民为主体的现代社区空间基本形成。与此同时，地段与房价使得社区成为当代中国社会阶层划分的一个重要标准，出现了经济适用房社区、平民社区、白领社区、富人社区等；这进而成为社会身份、文化品位的标签。因此，多元化的社区人口结构与社区类型使得社区文化的文化兴趣、需求与主张日益多元，形成各具特点、多样化的文化群落。社区文化真正脱离了传统的“企业院落文化”，重组成为多元取向的文化空间、文化形态与文化生态。

（二）当前社区文化建设存在的共时性问题

尽管中国东西区域城市化进程不一，但是当前社区文化建设发展存在的一些问题却具有跨地域的普遍性。

第一，社区文化行政或商业色彩浓厚。目前社区主要的文化活动主要由政府供给，由基层管理机构组织开展，常常由居委会、物业主办，或者成为企业商业活动的衍生品，带有鲜明的由上而下、由外而内的行政或商业色彩，某种程度上成为居委会文化、物业文化、商业文化的替代品。

第二，社区文化内容形式单一、吸引力不足，社区成员参与度偏低。纵观国内社区的文化活动，同质化严重，类型单一，活动雷同。其内容主要是书画歌咏等各种文体比赛，其形式基本上是广场活动，或小群体封闭活动，特色与活力不足，导致了社区文化基本上成为老人文化、小众文化。

第三，文化设施建设规划不合理，便利性不足。传统城区与新建社区，文化设施依然按照行政区划配置资源，建设场馆，形成了人均文化设施资源的严重失衡，社区群众就近享有文化服务的便利性不足。建、

---

① http：//www.china-consulting.cn/data/20140122/d10760.html

用、管之间存在着不同程度的脱节，导致有设施无服务，已有设施在功能与服务上比较欠缺，影响了社区文化的品质。

第四，社区文化的管理体制不顺，缺乏政策、法规的保障。在社区文化的建设与管理方面，主体并不明晰，居委会、物业、业主委员会多主体混杂，缺乏有力的政策法规保障，长效机制尚未建立。

第五，社区文化专业人才缺乏。谁来组织与开展社区文化，目前没有一支专业队伍，志愿者的扶持机制尚未建立，社区文化缺乏专业人才的指导，其质量与水平提升存在着较大的难度。

上述问题的出现，首先是认识方面的错位。将社区文化简单理解为是物业文化、居委会文化、街道文化，是一种狭隘的、带有行政色彩的理解。将社区文化视为商业文化的新阵地，则是对社区文化的庸俗化理解。其实，社区文化营造的空间是一个具有相对完整空间概念的现实平台与心理空间，既是一种公共文化场所，也带有浓厚的家园气息，因此社区文化实质上是一种精神家园的构建。其次是主体的错位。单纯地被组织、被服务不仅体现出内容供需的错位，而且也说明社区文化主体的错位。一方面政府对于社区文化建设的投入未能收到实效；另一方面社区群众文化需求没有得到满足。

二　社区文化的文化身份及其基本特征

回答现实的困惑与问题，固然需要切实有效的良策，但是，其前提必须建立在深刻地认识社区文化的本质及其基本特征基础上。

（一）社区文化的文化身份

作为一种重要的文化样态，社区文化与主流文化、精英文化、大众文化和民间文化等文化样态之间存在着既交叉融合又有差异的特点。

第一，主流文化与社区文化之间的“官方与民间”关系。主流文化是一个社会官方主导并推动的一种文化样态，体现出鲜明意识形态色彩和主流价值取向。作为主流文化的重要延伸渠道，社区文化组织得力，有利于主流文化的传播与推广；反之则不利于主流文化的接受与认同。二者的差异在于主流文化更倾向于自上而下的宣传教育，而社区文化更强调自下而上的参与和体验。

第二，精英文化与社区文化之间的“高雅与通俗”关系。精英文化是一个社会高端的、专业的、以知识分子价值取向为主的文化样态。社区文化是精英文化土壤和基础之一，精英文化对于社区文化有着重要的提升作用。不论是内容还是形式，二者的差异在于社区文化常常追求通俗性、草根性，强调的是娱乐和普及；而精英文化则强调艺术性，专业化、职业化，强调的是批判性和独立性。简而言之，社区文化整体上偏俗，精英文化则偏雅，二者之间是“雅与俗”关系。

第三，大众文化与社区文化之间的“功利与公益”关系。大众文化是伴随着文化的市场化、产业化而出现的文化样态，社区文化与大众文化在接受主体上有相当的重合，都强调草根的广泛参与和娱乐。社区文化的活跃有利于大众文化的推进，大众文化的发展也会极大地影响社区文化的内容和形式。二者的差异在于社区文化更强调公益性和无功利性，而大众文化更强调商业性和功利性；社区文化更倾向于精神参与，大众文化则更倾向于文化消费。

第四，社区文化与民间文化之间的“自主与自为”关系。民间文化是一种来自于非官方的因技艺与技能积淀与传承的文化样态。社区文化与民间文化在创造主体上有相当的重合性，都来自普通大众和草根。二者的差异在于，社区文化相对而言更具组织化特点和公益性色彩；而民间文化更强调个人或群体的技艺和技能，以及这种技艺和技能的实用价值。当前，非物质文化遗产保护的广泛推入，往往使民间文化依靠某种技艺或者技能获得较高的市场回报。

可以说，社区文化是在上述几种文化形态的交集上，具有自己独特内涵的一种群众文化。不能将社区文化主观地理解为主流文化、精英文化、大众文化、民间文化等某一种文化的延伸，或是几种文化的拼贴。当然，将社区文化简单地界定为广场文化、街头文化，也是粗浅与狭隘的认识。

（二）社区文化的基本特征

社区文化，从内容上看，既有各类宣传品，也有各类群众原创的作品，还有具有一定商业价值的产品。从形式上看，既有自下而上的演艺表演，也有互动性的参与体验，还有自上而下的竞赛培训；从品种类型上看，则涉及了歌舞、戏剧、美术、设计、影像创作及各类娱乐性竞技表演等；从活动载体和空间上看，则有室外、室内、公共场所（各类文化广场）和特定场所（军营、院校）等。这就形成了社区文化所具有的自发性、组织性和娱乐性的基本特点。所谓自发性，主要强调的是作为社区文化主体的“社区群众”的主动性、积极性、创造性。所谓组织性，与自发性并不矛盾，意味着来自群众同时又面向群众，是有组织有规模的文化艺术活动。所谓娱乐性，强调的是群众群体参与，有一定娱乐功能的活动效果。

社区文化的开展离不开特定的载体，世界各国在社区文化的组织运行上常常通过设立专门的机构来予以展开，这种机构在中国称为“文化馆”，在日本称为“文化会馆”或公民馆，在新加坡称为“民众联络所”，在中国香港特区称为“文化中心”、“艺术中心”或“社区文娱活动中心”。但是，无论何种组织形式，社区文化的主体都是社区居民，社区文化是以社区群众为主体的，在社区群众文化艺术自发创作的基础之上的，有组织的文化娱乐活动。

所以，社区文化的核心力量，不是物业，不是居委会等一级行政机构，而应是社区文化的培育文化团体，包括文化馆等公共文化机构在内的文化组织，这样，才能有利于社区文化葆有它的活力。确认并培育社区文化的真正主体，引导社区文化回归它的本质，这是关键所在。

三 推动社区文化建设与创意产业融合发展的理论思考

社区文化在汇聚多种文化形态，实现社会沟通、心理凝聚、行为规范、价值导向、文化传承、协调发展等多种功能方面，具有不可替代的意义与价值。在城市化进程不均衡规律的作用下，当前中国社区文化建设存在着较大的区域差异与水平差距。采取一种发展模式，试图一刀切的简单思维方式难免遭遇现实瓶颈，逐步建立以需求为导向，分类指导，因地制宜，因人制宜，体现特色的社区文化发展道路，方是可取之道。

（一）深刻理解社区文化与文化创意产业融合发展的辩证关系

基于以上思考，城市化进程中社区文化的健康发展应该正确处理好两对辩证关系：

第一，公共文化服务与文化创意产业融合发展的辩证关系。

作为群众文化的典型样态，社区文化是公共文化服务与文化创意产业的交叉地带，具有兼容性，既是国家公共文化体系的基础构成，也是文化创意产业不能忽视的基础平台。显然，在推进社区文化建设进程中，仅仅依靠公共文化服务体系的基本保障是不够的，社区文化应该在公共文化服务与文化创意产业的双轮驱动下获得持续的繁荣与发展。一方面，作为国家公共文化服务体系的最后一环，社区文化的基础设施建设由政府主导投入，基本文化资源由政府主导供给；另一方面，投资建设设施、以政府为主导进行资源配置。

第二，社区文化的群众主体性与组织保障之间的辩证关系。

社区文化的生命力和活力来自于社区群众主体性的高扬，任何"送"和"给"都不能替代群众自发的草根的主体性的力量。只有尊重来自于社区居民自发的草根的文化艺术创造，群众唱戏，群众搭台，群众参与，才能保证社区文化的生命力；只有不断地激发和保护来自于群众自身的、主体的文化艺术想象力和创造力，才能保证社区文化的活力。社区文化的水平、程度与质量的提升有赖于有效的组织保障。如果仅仅停留在自发的状态，而不是有效地、有规模地、自觉地组织，同样会使社区文化处于自生自灭的状态，也难以使社区文化从普及走向提高，从自发走向自觉。只有有效地、有规模地组织，才能使社区文化上水平、提质量，可持续性地发挥作用。

上述两点应当是社区文化健康发展的要义所在，社区文化的发展繁荣，一方面不能丢失社区群众的主体性，丢失这一主体性也就失去了群众自发的想象力和创造力支撑，成为变味的形式主义的"作秀"；另一方面也不能丢失社区文化的组织性，听之任之，不管不问，任其自然，缺乏有效的组织，社区文化难以获得发展的平台和空间，也更谈不上水平、质量的提高与可持续发展。

（二）积极探索社区文化与文化创意产业融合发展的创新之路

社区文化与文化创意产业融合发展道路的核心是创新。其内涵包括：以理念创新为指引，坚持主流价值引领的发展方向；以内容创新为主体，培育推出具有群众文化特色的文化品牌；以体制改革机制创新为动力，积极制定与完善各项有利于社区文化发展的扶持激励政策；以科技创新为带动，适应三网融合进程中高新科技发展趋势，实现社区资源配置与服务方式的创新；最终，使社区文化拥有结构合理、门类齐全、科技含量高、富有创意、品质优良、竞争力强的文化资源与内容。

第一，明确两个价值取向——参与性·满意度。

社区文化与文化创意产业融合发展还体现在以参与性与满意度为价值取向。参与性的价值取向意味着社区文化不只是技术信号覆盖的简单平等传输，而是一种具有内容意义与情感诉求的文化共享，没有广泛参与、深度参与的社区文化难以葆有活力。所以，除了需要注重开展面向未成年人、残疾人、老年人、弱势群体的对象化文化活动与服务外，还要注重吸引更为广泛的社区群众，彰显社区文化的社会责任与公益形象。满意度的价值取向意味着社区文化的一种价值转型，不是将社区文化简单理解为自上而下的文化权力赋予，而是从获得政府认可的政绩价值起点向社会广大受众认可的"满意度"价值取向转变。可见，参与性与满意度都蕴含着"以人为本"的理念，按照人性化、对象化、主体化的方式创新服务，贴近生活、贴近实际、贴近群众，既提供雅俗共赏的普适性内容，也提供雅俗分赏的对象化内容。

第二，强化三个内涵——特色·功能·方式。

社区文化与文化创意产业融合发展的创新之路也包含着提升体系特色、文化功能、发展方式等三个层次的内涵。

——彰显三种特色。一是时代特色，社区文化应把握时代发展趋势，应用最新科学技术，与现代传播体系相对接。二是区域特色，社区文化应立足本土，聚焦社区，致力于凝练富有地域特色的活动与内容要素。三是文化特色，社区文化立足中国丰富的历史文化资源，塑造具有传统文化与时代文明相融汇的文化形象与文化气质。

——提升三种功能。一是提升文化品位，增强社区文化的吸引力，以富有时代内涵与科学发展理念的发展定位塑造健康有益的文化形象。二是提升文化品质，增强文化竞争力，打造社区群众喜闻乐见的原创文化内容，增强满意度。三是提升文化品格，增强影响力，将服务定位、主流价值、普世价值观相契合，融会贯通，实现主流文化价值的有效传播与积极传播。

——协调三种方式。一是巩固社区文化体系内已有文化资源，促使创意、制作的现有资源总量最大化利用。二是整合相关文化行业资源，吸纳到公共文化服务的体系格局中，优化组合，盘活存量。三是创造新生资源，发挥文化创意产业配置资源的市场功能，借助文化创意产业的产业链，纵向贯通，横向增容，拓展空间，实现供给主体的增容与市场化供给。

第三，凸显四个重点——城乡一体化·服务标准化·网络数字化·监管长效化。

社区文化与文化创意产业融合发展的重点举措应包括城乡一体化、服务标准化、网络数字化、监管长效化。

——城乡一体化。推进城乡一体化是社区文化体系发展的重要任务，也是国家公共文化服务体系建设的一大难题。随着城市空间从城市核心功能区向城市功能拓展区、生态涵养发展区、城市新区扩展，传统的农村包围城市的空间格局被打破，因此，城乡统筹、协调发展变得至关重要。城乡一体化的重点是保障农村，提高农村社区文化体系的水平，实现城市反哺农村，城乡基本社区文化相对持平。

——服务标准化。标准化建设是社区文化从粗放走向精细化的重要途径，以基础设施与网络建设、服务半径、服务人口、服务内容为基础指标，以发展规模（覆盖人口、机构总数）、资金投入、社会参与、满意度为核心指标。通过资源配置标准、服务技术标准、绩效评估标准，量化广大受众享有社区文化的基本文化权益，确立社区文化最低保障线，可以实现对社区文化建设与运营的调控，保障社会效益的有机产出。

——网络数字化。应用最新的数字化技术，不仅是适应三网融合、信息化建设进程的必然选择，而且可以提速社区文化的人性化、智能化、网络化、信息化水平，加快解决困扰传统发展方式的均等化、高效能的问题。网络数字化还有利于加强数字文化资源的整合与统筹、丰富数字文化服务内容。高新科学技术的不断应用，为打造《国务院关于推进文化创意和设计服务与相关产业融合发展的若干意见》中要求的“智慧社区”提供重要的技术支撑，推动社区文化进入数字化时代。

——监管长效化。建立健全科学发展、和谐发展、可持续发展的长效机制是社区文化发展的重要保障，具体包括：积极的政策推动。社区文化的发展繁荣需要政策推动，各级政府应当像重视产业发展一样重视社区文化。某种意义上讲，社区文化是一种文化民生，政策的推动有利于将社区文化这一文化民生从软指标变成硬指标，进而获得发展的机遇。有力的组织保障。意味着在人力、物力、财力上有组织地进行投入。这既包括扶持资金的到位，又包括组织社区文化的专业人员到位，还包括从事社区文化设施的建设布局到位，只有在保证社区文化开展的人力、物力、财力组织到位的前提下才能使社区文化获得持续发展的平台与空间。科学的评价机制。应该充分发挥政府部门、大众传媒和社会组织的力量，建立充分多样的评价渠道和方式，既能保证社区文化的主体性，又能体现社区文化的组织性，使社区文化不仅得到展示与发挥，而且获得引导和引领。

家庭，曾被誉为社会的细胞；如今，社区成为对于社会更具有建构意义的单元，尤其在城市化进程中，社区文化对于城市文化的建构起着举足轻重的作用。随着全国城镇化的进程，不同规模的城市群正在快速崛起，社区文化的发展被赋予了更为“见微知著”的意义。引入新的观念，开拓新的路径，社区文化与文化创意产业的融合发展，必将为公共文化服务与文化产业的联动与互通，提供有益的探索与实践。

文化创意和设计服务与相关产业融合的实践和路径研究

祁述裕*

创意设计的特点是一种感性文化的设计，是指创造具有一定的文化内涵和使用价值、能够激发消费需求的新形象或新形式。

世纪之交，许多发达国家提出以创意为核心的经济发展战略。如英国的“世界创意中心”计划，澳大利亚的“创意产业21世纪发展”战略、“创意澳大利亚”发展理念，欧盟的“创意欧洲”计划，新加坡的“创意产业发展战略”，等等。从我国经济发展趋势看，近年来，一方面，实体经济向附加值更高的产业链两端发展趋势明显；另一方面，实体经济涉足文化创意领域的步伐加快。以上市公司为例，2014年上半年，有两家实体经济的上市公司宣布向文化创意类领域转型。一家是从事餐饮业的著名企业湘鄂情。该公司在2014年5月，推出一笔高达36亿元的融资计划，所筹资金主要用于投资互联网媒体。同时，该公司还收购两家影视公司，开始将企业的发展重点转向文化内容生产和大数据，形成文化内容、大数据、餐饮三足鼎立的格局。另一家是著名的烟花生产企业熊猫烟花，2014年3月收购了几家文化创意类企业，也开始将主营业务向文化创意类领域转型。这都预示着文化创意领域成为经济转型升级的重要领域。

顺应国际国内经济发展趋势，2014年3月国务院出台了《关于推动文化创意和设计服务与相关产业融合发展的若干意见》（以下简称《若干意见》）。本文从新型城镇化建设、提升产业附加值、促进创意设计与相关产业融合需要形成合力三个方面，探讨文化创意和设计服务与

---

* 祁述裕，国家行政学院社会和文化教研部主任、二级教授、博士生导师，主要从事文化产业、公共文化服务、文化体制改革等研究。

相关产业融合的实践和路径。

一 建筑使城市巨大，文化使城市伟大

林立的建筑，繁华的商业区，现代化的设施是多数城市建设的必备元素，但城市文化和特色的缺失，往往使城市陷入单调、浮华的氛围之中。在当下的城镇化建设中，创建一个城市、产业和文化一体化协调发展的环境成为促进可持续发展的关键。2014 年 3 月，党中央、国务院出台的《国家新型城镇化规划（2014—2020 年）》，其中一个基本原则是文化传承，彰显特色。要求根据不同地区的自然历史文化禀赋，体现区域差异性，提倡形态多样性，防止千城一面。以文化和创意为媒介，促进现代人居环境和新型城镇化建设，是提升城市品位、彰显城市特色、提升城市竞争力很好的切入点。发达国家和地区城市建设的成功实践表明，通过地方传统文化和特色资源的利用，能很好地将特色文化和城市建设融合起来。

（一）创意推动工业城市转型

据统计，我国资源性城市 118 座，占城市数量的 18%，总人口 1.54 亿。资源枯竭型城市不断涌现，至今被认定为资源枯竭型城市的共 69 座，资源型城市转型发展的需求迫切，任务艰巨。2013 年 12 月，国务院印发了《全国资源型城市可持续发展规划（2013—2020 年）》（以下简称《规划》）。《规划》指出，要结合资源型城市各自特点，发展现代服务业。新的社会经济发展阶段迫使很多老牌工业型、资源型城市开始谋求新的发展方向，而通过挖掘城市文化资源，以创意促进工业城市重新焕发活力，成为国内外众多工业历史悠久的城市寻求转型的重要方式。唐山开滦煤矿作为一个具有百年历史的资源型发展区域，被称为“中国煤矿工业的源头”。随着煤矿资源的枯竭，开滦煤矿着眼于发展以工业旅游为主的现代服务业来推动转型。2009 年，依托开滦丰厚的矿业文化底蕴，开滦煤矿建设了一个由主题博物馆、典型遗址保护、公共休憩空间、文化创意园组成的，集旅游休闲、历史文化、科普展示、旅游地产开发于一体的新型工业旅游项目——开滦国家矿山公园，目前已成为国家 4A 级旅游景区。在《国务院全国资源型城市可持续发展规划（2013—2020 年）》中，开滦国家矿山公园也被列为首个“资源型城市重点旅游区”。

（二）艺术活化工业资源

20世纪六七十年代开始，产业结构的转型升级使得城市内部工业区逐步衰落，相当一部分工业城市出现了空心化问题，迫使城市老工业区开始转型。利用城市老工业区靠近城市中心的区位优势，以及较为廉价的租用成本，很多老工业区成为艺术家集聚的地区，并逐步发展成为艺术区。国内城市老工业区的转型大致始于20世纪八九十年代，如北京的798艺术区，798艺术区的前身是“一五”时期苏联和德国援建从事电子工业的“718联合厂”。2001年，眼光独到的艺术家看中工业区独特的德国包豪斯建筑风格，稍加修饰将其变成极具特色的艺术创造和展示空间。从此，该片区域不断有艺术家和文化机构入驻，成规模地租用和改造空置的老厂房，使得该片区域逐步发展成为集画廊、艺术工作室、艺术展示、演出、出版、创意设计企业以及餐饮酒吧等各种艺术行业的集聚空间，形成了独具特色的艺术聚落。随着艺术名人和文化企业的扎堆入驻，该区域已经成功转型成为集新潮艺术试验场、公共艺术展示地、旅游目的地为一体的艺术集聚区，成为北京的一张文化名片。

（三）节事文化活动是城市经济发展的重要平台

各地区的传统节庆活动由来已久，但是20世纪上半叶，西方国家才开始有意识地支持节庆经济的发展。20世纪上半叶，西方城市有影响力的国际节日不断涌现，如法国戛纳电影节、爱丁堡国际艺术节、威尼斯国际电影节、维也纳国际音乐节、法兰克福书展等，节庆、展览成为创造城市消费需求，带动城市经济发展的重要引擎。国内也不乏以发展节庆活动带动城市经济发展的成功案例，如山西平遥国际摄影节，自2001年首次创办以来，一直秉承国内与国际互动、传统与现代联合的原则，使得平遥古城独特的风貌和人文与摄影活动互动发展，对平遥的国际知名度提升和社会经济发展都起到了很大的促进作用，在国内外产生了出于意料的轰动效应。

（四）特色文化资源实现在地城镇化

我国特色文化资源种类丰富，特别是传统文化和民间艺术源远流长、特色鲜明。截至2014年9月1日，全国重点文物保护单位4295

处，世界遗产45处，国家级历史文化名城113处，国家级历史文化名镇181处，国家级历史文化名村169处，国家级非物质文化遗产1219项。它们不仅是经济社会发展的物质文化财富，更是实现乡村经济转型的重要基础，也是中小城镇获得竞争力和影响力的有效途径。特别是西部地区，作为民族特色文化资源集聚区，近年来，在以差异化、个性化的特色文化产业推动在地城镇化的过程中成效显著。以大理市鹤庆县新华村为例，新华村作为传统的银铜器工艺村，不仅具有良好的自然环境，更是白族居民的集聚地。新华村将民族旅游、民族工艺结合发展，通过保留传统白族建筑风貌，建设国内首家银器博物馆，打造全国知名的银铜工艺品展销旅游集散地等措施，基本形成了“农户+企业+协会+旅游”的发展方式。在特色文化产业的发展过程中，一方面作为传统文化持有者的农户，成为推动新华村特色文化产业发展和受益的主体；另一方面，旅游业也促进了当地居民的“文化自觉”，注重民族文化的保护和传承，使得新华村成为农户、政府、企业合力推进在地城镇化的典型。

二　感性文化的创意和设计是产业发展的核心竞争力

我国经济已经到了转型升级的关键时期。需要从主要依靠要素投入向更多依靠创新驱动转变。而促进文化创意和设计服务与相关产业融合发展，不仅是将创新要素整合进入实体经济，促进传统产业转型发展的重要方式，也是充分发挥文化创意和设计等创新要素，开辟经济发展新空间的内在要求。

（一）以创意设计提升制造业竞争力

从制造业发展来看，中国虽然号称“世界工厂”，但“中国制造”往往被冠以“廉价低质”的标签。根据研究显示，中国制造业增加值率仅为26.23%，与美、日、德相比分别低22.99、22.21、11.69个百分点。这说明我国的制造业虽然遍及全球，但多是劳动密集型、技术含量低的产品，而高附加值的工业制品匮乏。且随着我国人力成本的上升，我国加工制造业的竞争优势在减弱。要提高我国制造业竞争优势，迫切需要强化创意设计，增加制造业产品的附加值，实现由“中国制造”向“中国创造”转变。

一是以创意设计提升工业制品的竞争力。首先，以创意设计提高工业制品的文化附加值。以广东东莞唯美陶瓷有限公司为例，该公司通过被艺术界称为“中国刀笔书法第一人”的陈复澄教授以刀为笔、以陶为纸，将具有中国传统文化内涵的雕刻与陶瓷相结合，创新出一种被称作马可波罗手制砖的陶瓷产品。使普通的瓷砖变成了高雅的艺术品和家居装饰装修的新材料。目前，马可波罗品牌已成为建筑陶瓷行业的强势品牌，连续多年入围中国最具品牌价值500强。其次，以创意设计形成差别化、个性化的工业制品需求。广州漫居动漫科技公司是一家从事家具设计的企业。在家具界创造性地提出“动漫 = 生活方式”的理念。通过代理国外著名动漫品牌授权，将动漫形象与儿童居家设计结合起来，成为以创意促进家具业转型升级的典型。再次，以创意设计衍生产业链，创新商业模式。广东奥飞动漫公司提出“动漫支撑玩具，玩具反哺动漫”营利模式，将上游的动漫品牌和下游的动漫衍生品制造整合起来，大大增加了玩具产品的文化含量，成功由一家单纯的玩具制造厂商转型为把动漫产品与玩具制作结合发展的创新型企业。目前，广东奥飞动漫公司成为国内最大的动漫玩具生产企业，2011 年入选“文化企业 30 强”。

二是以创意设计提升传统手工艺制品的竞争力。我国手工艺产品规模巨大，文化内涵丰富，发展前景广阔。[①] 但也普遍存在着与现代消费需求脱节等问题，有些非遗手工技艺陷入后继乏人的困境，迫切需要引入创意和设计来提升竞争力。目前各地不乏一些成功的探索。首先，以创意设计促进非遗技艺与时尚相结合。2013 年由嘉人女性幸福基金会发起，携手著名服装设计师王培沂、著名节目主持人兼乐蜂网创始人李静，以及《嘉人》主编邓立深入贵州苗绣发源地，希望用现代设计帮助苗绣发源地人均年收入不足 3000 元的村民发展苗绣产业。王培沂通过将由绣娘们一针一线辛苦完成的锡绣绣片与皮质元素完美拼接，创造出了将传统刺绣工艺与现代时尚创意完美地契合在一起的锡绣手包，受到普遍好评，成为以创意设计提升传统手工技艺的一次成功探索。其

① 以工艺美术行业为例，据统计，全国工艺美术行业有 1881 个种类，2008 年，工艺美术行业从业人员数合计 182.19 万人，企业总数达 36015 家，“十二五”期间，按年均增长 22% 计算，工艺美术行业规模以上企业将达 8000 家，规模以上、以下企业工业总产值将达 15000 亿元，同时农村加工队伍将达 2000 万人。

次，引入知名品牌推动非遗技艺与现代消费需求相结合。汶川地震后，一项旨在发动灾区妇女从事羌绣手工劳动，保护和拯救羌绣文化遗产的帮扶计划——“壹基金羌绣帮扶计划”开始实施。通过李连杰壹基金的扶持，以羌绣为代表的中国传统手工艺开始提炼特色文化元素，借助奢侈品牌，设计出受消费者青睐的产品，如羌绣在《嘉人》杂志主办的“2011 国际顶级时装设计大赏”中，一款绣着一朵朵出自四川羌绣绣娘王福荣之手的红艳花卉婚纱备受瞩目[①]，高级定制已经开始与羌绣合作，创造出一系列备受青睐的生活用品。

（二）以创意设计提升农业竞争力

很多国家和地区将创意设计元素融入传统农业，将农业发展成为集生产、生活、体验和生态为一体的现代创意农业。美国旧金山西海岸除硅谷之外，还存在一个以葡萄种植和葡萄酒生产为主业的纳帕溪谷。纳帕溪谷不仅是一个葡萄庄园，还是融合了葡萄酒制作展示、体验及艺术展览、高尔夫、乡村度假、温泉疗养等多功能的北美高端休闲体验之都，并逐渐成为相邻不远的硅谷新贵们的“后院葡萄园”，硅谷与纳帕溪谷找到了最好结合点。目前，其已经成为除迪士尼世界之外的第二大旅游目的地。国内关于创意农业也有较多的实践探索：

一是以创意设计增加农产品产业链附加值。以规模化、企业化、组织化、品牌化的运营方式，实现创意农业全景产业链的开发，成为当下创意农业的重要做法。以武川县宝坤马铃薯创意庄园为例，宝坤马铃薯创意庄园通过创意设计建立马铃薯产业链，在马铃薯上大做文化创意，让马铃薯与时尚、年轻以及健康的饮食文化成功连接，形成了良好的品牌效应。具体的做法是与洛可可设计公司合作，以土豆为核心，把农庄、种植、观光旅游、娱乐消费融于一体，提升农业的价值。并开发出 100 多种菜品的土豆宴，土豆养颜、药用功效产品，以及诸多符合现代消费时尚的土豆食品，如薯鲜升健康饮食店等。让人们在庄园里感受到轻松、健康、环保的同时，体验到现代时尚消费的乐趣。目前其已经成为内蒙古唯一一家 4A 级乡村旅游度假区。

二是将文化旅游与农业生产相结合。依托城市居民短期休闲度假的

---

① 网易：《高级定制中国下乡》（http：//money.163.com/11/0803/10/7AHAHV0L00253B0H.html），2011 年 8 月 23 日。

需求，多数城市周边的农产品种植区开发出传统观光型、都市庄园型、休闲度假型、民族风情型等各种类型的农业旅游项目。让城市居民享受回归自然的乐趣，成为农业旅游、观光旅游的普遍发展方式。如北京市近年来兴起的“市民农场”经营模式，被称为现实版的“开心农场”。京郊农民将农耕园地以一分土地年租金1200元左右的价格出租给市民种植，种什么由市民决定，市民不仅可以种植农产品，还可以养殖花草和家畜，收获的产品也归市民所有。市民可以自己体验种植，也可以请农民代为种养。这种经营模式不仅使得城市中的市民收获健康绿色的食品，而且也为全家人提供了一个体验农耕之乐的场所，成为都市居民放松心情、缓解压力、度假休闲的首选。目前，北京市此类现实版的“开心农场”，已建起20多个，每个农耕体验园的面积都在100亩到200亩之间，可满足2万到4万人种植。

三是为农业节庆活动注入更多的文化元素。农业节庆活动作为一种新型的农业产业形态和消费业态，近年来发展迅速，已经成为提升农产品品牌效应以及农产品推介销售的新途径。目前国内的农业节庆活动数量越来越多，但有影响力和知名度的农业节庆活动缺乏。以创意设计为农业节庆注入新的文化元素，不失为提升农业节庆影响力和知名度的有效方式。以北京通州台湖镇番茄节为例，起初通州台湖镇番茄节影响有限，但近几年番茄节影响越来越大，其中很重要的原因是其和北京一家设计公司进行合作，通过创意和设计的融入来增加这个农业节庆活动的文化元素，将番茄作为文化元素，设计出服装、礼品、帽子等多款极具创意的节庆产品，使得番茄节别开生面。

三　促进创意设计与相关产业融合需要形成合力

文化创意和设计服务与相关产业融合的重点不仅涉及居民社会生活领域，同时也关系到各类产业业态，其促进的是整体社会经济的转型升级和产业结构调整。因此，推进创意设计与实体经济融合不仅要在传统产业领域倡导创意引领和创新驱动，在市场方面推进跨界融合和多元并存，而且要在生活领域贯彻美学理念，在政府方面实行全方位支持，形成生产、生活、市场、政府等各个领域的合力，共同推进融合发展。

（一）创意引领和创新驱动

从产业形态和运作方式上来看，创意设计不是以内容为中心的终端文化产品，而是依附于制造业、建筑业、信息技术业、旅游等其他产业的产品和服务之上的中间环节。推进创意设计与实体经济的融合，不仅表现为终端消费品的推陈出新，还需要将创意创新引入产业链的各环节。如将创意设计与现代营销相结合，山东博兴县湾头村将电子商务与传统手工艺结合，打造出一个草编工艺品的完整产业链，创造了一个具有很强规模效应和产业协同效应的新型淘宝村，目前1700户中开淘宝店的有500多户，年销售额在100万元以上的23—30家。① 再如将创意设计与传统资源的活化相结合，遂宁市大英县对传统的卓筒井文化、盐卤文化和古老而独特的井盐资源进行创意，通过运用现代科技和结合现代旅游时尚，开发出了以体验“死海”漂浮、“死海健康盐疗”和“水上休闲娱乐”为主，并配套餐饮、度假酒店等旅游设施的大型休闲度假项目。目前“中国死海”已成为4A级旅游景区，成为四川最为火热的旅游目的地之一。

（二）跨界融合是趋势

通过艺术授权等形式，在相关领域开发出一系列具有文化内涵和使用价值的消费产品，其不仅是推进创意设计与实体经济融合的重要方式，也是实现经济效应最大化、创造新的商业模式、催生新的产业形态和形成新的产业体系的有效途径。作为全球最大的娱乐传媒帝国的美国迪士尼集团，经过精心经营产业链源头的动漫影视制作，形成各类自有动漫品牌和形象，作为其系列衍生产品的母体。再通过将动漫影视中的人物、动物形象、场景，以主题公园的形式嵌入人们的现实生活之中，进一步发挥“体验式营销”的作用，最终将深入人心的卡通人物形象版权授予家居用品、玩具、书包、服饰、游戏、书籍、电子工业等各个领域，形成了以版权转让为核心的全景产业链。其跨界融合的发展方式不仅为自身获得了多种收入来源，实现了效益的最大化，也带动了相关制造产业的转型升级。同时，以版权转让为核心的跨界融合发展方式，也催生出艺术授权业、角色产业等多种具有很大发展潜力的行业，成为

① 樊夏：《当董永遇到马云》，《商业周刊中文版》2013年9月21日。

新的经济增长点。

（三）创意设计与信息技术融合是重点

目前，我国网民人数超过6亿，手机用户超过12亿、微博用户超过5亿、微信用户超过5亿，每天信息发送量超过200亿条。电子商务年交易额超过10万亿元人民币，互联网和移动互联网对经济增长的贡献率超过10%，已经成为国民经济的最大增长点，创意设计与信息技术相融合的数字内容产业也将成为最具发展空间的领域。促进文化创意与现代科技融合，一方面是改变传统的文化产品和服务形态，以及文化消费方式；另一方面是以技术为载体，创造新的文化产品和服务的生产方式、创作方式和商业模式。以苹果公司为例，苹果以移动终端（iPhone、iPad、iMac）为基础，构建出供第三方软件开发商开发、推广、售卖产品和服务，供消费者选择各类产品和服务，供广告商投放广告的各类基础服务平台（包括App Store、iTunes、App Develop、云存储等服务平台），在此基础上形成了集成无数第三方共同开发的产品和服务生产方式，创造了利用基础服务平台收取利润分成费、营销推广费、会员费、终端销售费等多种盈利方式，并在此基础上引领和培养了消费者的数字消费习惯，成为把利用创意将内容和科技完美融合的典型。

（四）鼓励多元并存

一方面是鼓励草根文化、亚文化的创造和发展。草根文化首先具有乡村的、群众的、基层的和基础的特征，最符合大众的文化口味和需求。其次，草根文化一般产生于与大众生产生活最为接近的民间，其创造者往往是最为广泛的大众。鼓励草根文化的发展往往是激发大众创造性思维和创新动力的重要方式。最后，草根文化也具有很高的社会经济价值，往往是诸多创意的源泉。如近年来，国家大力支持的藏羌彝文化产业走廊、丝绸之路文化经济带等，都是力图以创意将民族民间草根文化活化起来，发挥其应有的社会经济价值。同样的，亚文化往往是与主流文化、大众文化相异的文化，鼓励亚文化的发展，则可以在源头上提升社会的创意氛围、创新动力。另一方面，多元并存的创意氛围往往是一个城市和地区社会经济发展的关键要素。美国学者理查德·佛罗里达认为，一个有创意和发展潜力的城市和地区，需要具备3T要素（即技术、人才、宽容度），其中宽容度作为社会经济发展的重要因素，是由于其是激发创意、吸引和留住创意人才、形成创意氛围的重要条件。

（五）倡导生活美学理念

人类早期生产、生活与艺术是融合为一体的。进入工业社会，社会分工越来越细，艺术逐渐与日常生活分离，为少数精英阶层所享受。随着工业化大生产的广泛展开，人们昔日纤细的生活感受日益丧失，审美创伤日趋严重。对此，19 世纪初，英国威廉斯·莫里斯倡导“工艺美术”运动。20 世纪上半叶，日本学界倡导的“民艺运动”，台湾地区倡导的“生活美学”，都试图纠正上述偏向。中国文化传统历来崇尚生活与美学的融合。20 世纪，社会的剧烈变革使美学与政治联系紧密，传统文化中的生活美学不受重视。当前，转变经济发展方式，扩大消费，均需要为回归生活美学原则提供支撑。只有当经济社会转型与日常生活结合，为普通民众接受，政策效用才能最大化。以生活美学为基本原则的审美规范，强调美学体现在日常生活中，体现在衣食住行的各个方面；强调每个人都是美的创造者，都是创意家、设计师。建立以生活美学为基本原则的审美规范，一是要避免审美的过度意识形态化；二是要从官本位转到审美本位；三是要从物以稀为贵到物以美为贵，提倡创意设计为美的理念。

（六）坚持市场配置资源

为了实现社会经济的协调发展，政府运用在资源配置中的优势地位，通过政策、法律、经济等手段，对各种社会资源的流向进行合理的引导，以提高社会经济运行效率。但政府过多干预社会经济发展，也会产生低效率的情况。以动漫产业为例，由于近年来政府大力扶持动漫产业发展，使得我国动漫产品不断涌现，每年的国产动画电视片分钟数不断上升。为了获得政府扶持，很多动漫企业不惜粗制滥造，使得动漫产品质量普遍不高，市场契合度不够。究其原因，还是我国动漫产业没能形成市场主导下的产业体系。反观美国之所以形成了具有很强国际竞争力的影视动漫产业，在很大程度上是完备的文化产业体系支撑的。如同工业化生产，美国的电影产业从创作、编剧、拍摄、剪辑、营销、发行、上映等各个环节都形成了高度专业化、精细化和标准化的分工，相应的其产出的产品也是受市场欢迎的。因此，中国无论是创意设计还是动漫产业的发展，必须注重生产领域的改革，依靠市场机制推动整体产业体系的建立。

（七）更好地发挥政府作用

政府作为推进创意设计和实体经济融合的重要因素，需要从加强知识产权保护、强化人才培养、支持小微企业发展，以及财税金融等方面为融合发展提供良好的环境和政策支持；首先，是加强知识产权保护。版权一方面是产业发展的核心要素，另一方面也是激发创意动力的关键要素。文化创意产业在美国被称为版权产业，一套完善的版权转让法律体系在一定程度上构建和保障了美国整个文化创意产业的基本运作框架和经营模式。版权的保护和应用是多数产业发展的基础和动力，因此政府需要在知识产权创造、运用、保护和管理各个方面进一步规范。其次，是支持小微文化企业的发展。创意设计行业属于知识密集型和轻资产型的行业，且创意设计企业多以小微企业为主，在发展初期往往具有资金匮乏、融资困难等问题，因此支持小微企业发展，为其提供优惠的政策扶持条件、创造良好的金融环境，往往是小微企业持续发展的关键。再次，是培养创意型人才。有数据统计显示，当前我国需要大约 30 万文化创意类人才，但目前从业人员仅有 3 万余人，文化创意类人才存在着巨大缺口。纵观美、日、韩等文化产业发展较好的国家，其创意设计的繁荣不仅仅是凭借多少个艺术家、企业家带动起来的，而是围绕着文化产品的策划、生产、传播、消费而建立起来的运作体系，在这样的体系中，每一个创意从产生到应用的各个环节都需要相应的人才，各类创意人才的培养也都是具有一套专业化的培养体系和标准的。因此，我国文化人才的培养在专业化、系统化和标准化等方面还是需要努力完善的。

（八）深化管理体制创新

目前，我国的文化管理体制机制与日益市场化的产业发展趋势还存在较大的不适应性。政府管理文化产业的方式，还存在着管办不分、政企不分、竖井式管理和分散化管理等问题，政府扶持文化产业的发展也多是以直接对微观企业主体的资金扶持和财税优惠为主，而在帮助建立和完善宏观产业体系方面的作用还是不够。随着创意设计和实体经济的融合发展，一方面产业融合发展的趋势，要求政府逐步建立健全国家综合性管理机构；另一方面也需要政府建立一个以文化生产单位和个人为主体、以优秀文艺作品的市场化开发为重点、以完备的产业链和完整的价值链为依托、以版权保护为保障的文化创新机制。

基于产业价值链的长三角地区创意产业融合创新模式与对策研究

顾　江　张苏秋　陈　广*

一　引言

产业融合是现阶段实现产业转型最有效途径。文化创意产业以一种新兴产业的姿态受到各方的重视，传统制造业与一般服务业都积极与文化产业融合，一些新的产业形式应运而生。长三角地区文化产业增加值占 GDP 的比重在 2008 年就已经突破 5%，也就是通常所说的达到支柱产业的水平。而从国内外相关研究看，产业融合通常发生在产业发展有一定基础、科技水平相对较高、市场经济相对发达以及整个社会文化开放度较高的地区，从全国范围看，长三角具备了这些条件。

价值链下创意产业融合同时具有内部与外部的驱动因素。内部驱动除了创意产业的飞速发展的需要，还有创意产业价值链中资源整合的需要。从提升区域竞争力的视角看，创意产业融合有利于促进区域范围的产业集聚。一方面，在产业价值链形成的过程中，不同产业或业态之间的融合就已经形成。创意产业融合从内部滋生了新兴产业业态的产生，从外部指引了文化及相关产业的集聚。另一方面，创意产业融合是一个资源整合的过程。创意产业融合既是对相关资源有效利用，又是不同产业或业态之间相互促进、取长补短的过程。因此，创意产业融合能促进区域产业升级、提高区域竞争力。

创意产业融合的外部驱动因素包括政府政策的推动、高新技术的推

* 顾江，南京大学经济学院教授，博士，博士生导师、文化部—南京大学国家文化产业研究中心常务副主任，南京大学文化产业发展研究所所长，主要从事文化产业经济与公司战略经济学等研究。张苏秋，南京大学国家文化产业研究中心文化产业管理博士生；陈广，南京大学国家文化产业研究中心文化产业管理博士生。

动以及消费者多样性文化产品需求的推动。首先，作为新兴产业，政策推动是创意产业发展的重要动力；其次，在高新技术帮助下，文化产品的多样性特征得到了实现与放大。高新技术为文化产品的生产制造提供了支持，为创意产业融合提供了条件；再者，当前经济下消费者日益增长的多样化、个性化文化需求，要求创意产业发展的同时兼顾产品的多样性与差异性，这就要求创意产业与其他产业进行融合创新。在内外部双重动力驱动下，创意产业融合的意义十分重大。

二　文献综述

产业融合第一次被提出来是在哈佛大学 1994 年举办的学术论坛上，之后，理论界进行了更深层次的探讨。随着信息通信技术的发展、新媒体的出现，许多学者对产业融合有了新的理解。William Dutton（1996）将产业融合视为技术、产品、业务、市场等多种因素的融合；Lind Jonas（2005）发现，技术革命使产业间的界线不得不重新界定。总之，产业融合的实质是在新技术的作用下出现的，不同产业之间的边界变得模糊乃至消失的现象。

在创意产业价值链方面，周莉（2012）指出创意产业价值链是文化企业内部和企业之间为生产最终交易的文化产品或文化服务所经历的增值过程，更关注纵向产业链中文化或者说是知识之间的联系。田蕾（2013）指出文化产业价值链主要由内容创意、生产制造、营销推广、传播分销、交换消费五个环节构成。文化创意是企业通过原创性产品的价值创造、价值传递和价值实现，向消费者输出创意、知识和价值观的过程。朱蓉（2014）从产业融合研究创意产业升级路径，指出产业融合推动创意产业升级的动力主要来自于内部动力和外在推力。内部动力主要来自于文化企业对于效益的追求。外在推力来自于消费需求、技术创新、政策推动等多种因素。

在科技创新与创意产业融合方面，顾江、郭新茹（2010）认为科技创新帮助文化产品和服务以丰富的形态呈现设计思路和贴近不同消费者需求的媒体形态承载文化产品信息，并通过赫芬达尔指数测算我国各创意产业和高新产业的融合程度。钟荣丙（2013）从宏观、中观、微观方面分析文化与科技融合创新发展的演进形态，认为二者的演进着力点表现为企业技术创新的文化驱动和传承，文化以理念增强科技创新能力，科技以手段表达文化创新意境。

在与其他具体产业融合方面，康嘉、杨彩云等（2012）探讨了工业遗产与文化创意产业融合模式，认为两者融合呈现出多元化趋势，两者是“自发内生型——政策导向型——复合型”逐渐转变的过程。崔向阳（2008）研究了网络经济时代创意产业与信息产业互动关系的基本理论，认为信息产业的发展从根本上改变了众多文化产品的生产、传播和消费方式，深刻影响着创意产业的发展趋势。楼屹（2010）认为创意地产是房地产业与创意产业融合的交叉产业，创意地产的业态定位在形式上应该不拘泥于传统商业模式，而是逐渐将文化艺术和娱乐消费一体化，形成以创意和设计为主的产业集聚效应乃至产业集群以及多样化的创意产业业态。另外，Qijiu Zhu、Jiang Qian（2013），吴琳（2010）探究了法中生态旅游和文化创意产业融合对城市景观与生态环境的重要性。

尽管学者们对价值链和产业融合的研究较多，但在价值链视角下，研究产业融合的还比较少，本文以长三角地区创意产业融合发展实际为基础，分析其融合模式的多样性特征，再立足创意产业价值链，对创意产业融合的创新模式作出探讨，并给出相应发展对策。

三　长三角地区创意产业融合模式特征分析

长三角作为中国最大的经济区，其经济发展一直处于全国领先水平，创意产业的发展也领先于其他地区。

（一）长三角创意产业的经济增长效应与发展特征

从长三角地区的历年创意产业增加值占其 GDP 的比重即其经济增长效应看，上海、浙江、江苏均呈现出持续的增长趋势。其中上海创意产业增加值占 GDP 的比重最高，而其增长势头较为缓慢；江苏的创意产业相较于上海、浙江，总量虽大，所占 GDP 比重较小，且增长速度最快。良好的增长趋势意味着长三角地区创意产业良好的发展趋势，但当创意产业增加值占 GDP 比重超过 5% 以后，增速就开始减缓。这说明，长三角地区创意产业在发展到一定水平后，经济体量的增加就越来越困难。这时候，创意产业各个细分行业都已经发展到一定的瓶颈期。从产业经济学的视角看，增量调整已经不是重点，重点在于如何进行结构调整。而创意产业结构调整的有效途径就是采取创意产业融合发展模式。

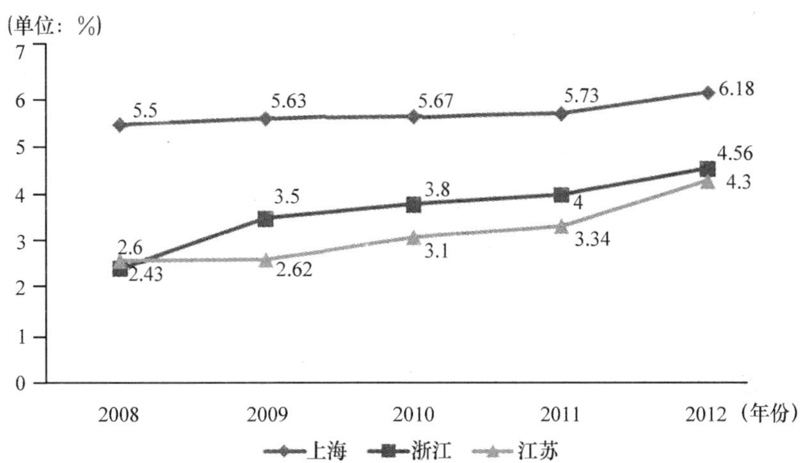

图 3－1　长三角地区历年创意产业增加值占 GDP 比重

表 3－1　长三角地区创意产业发展特征

地区	2012 年创意产业增加值（亿元）	重点产业	优势	文化品牌	主要产业融合模式
上海	1247	网络文化服务、演艺、休闲娱乐、广播影视	经济基础雄厚，文化设施完善	上海新文化传媒投资集团、松江国家创意产业示范园等	文化与金融融合、文化与科技融合、文化与旅游融合
浙江	1582	影视演艺、印刷出版、网络文化	民营资本充裕，网络科技	杭州宋城、阿里巴巴、横店影视城等	文化与科技融合、文化与旅游融合
江苏	2097	演艺娱乐、动漫游戏、出版发行	新兴业态丰富	凤凰出版传媒集团、常州恐龙园等	文化与金融融合、文化与科技融合

从长三角地区的创意产业发展特征看，江苏、上海、浙江三地的创意产业年度增加值已过千亿，经济总量庞大。而其重点产业虽有细微区别，但产业集聚效应明显，都是围绕着影视演艺、网络文化、动漫游戏

等产业。其主要的创意产业融合模式也就是文化与金融融合、文化与旅游融合、文化与科技融合三类。另外，从上海、浙江、江苏三地各自的创意产业融合特征看，与创意产业发生融合的其他相关产业，恰恰都是其本身发展较好的产业。如上海的金融业，浙江的影视、旅游业，江苏的动漫、旅游业，等等。这意味着，长三角地区作为一个完整的经济体，在创意产业发展方面，各个地区还存在明显的区域差异，文化创意产业发展还存在着一定的区域界限。

（二）长三角创意产业融合特征

从创意产业融合的发展实践及成果来看，长三角地区主要表现的三种模式特征如下。具体以上海市为例：

第一，创意产业与旅游融合。

创意产业与旅游业的融合是长三角地区创意产业融合中表现最为普遍的产业融合模式。南京的中山陵等历史景区甚至以免门票的方式吸引游客，杭州的影视城也是在影视基地的基础上开发旅游项目，打造旅游景点，以此发展旅游业。上海市推出的第一批十大文化主题之旅，将其众多文化场馆与旅游景点捆在一起，推向市场，发展旅游业。一方面，上海依托特色创意产业园区、剧场、艺术馆等文化地标，整合艺术、民俗、演艺等文化资源，在以创意产业为支撑的条件下，打造海派旅游业。特别是在国际电影节等相关节庆会展的举办中，积极推出有上海特色的旅游产品，丰富了创意产业的内涵，也促进了旅游产业的发展。2013 年，上海国际电影节吸引了来自 112 个国家和地区的 1600 多部参展影片。在创意产业与旅游业融合的过程中，主要是以创意产业已有的文化精髓或是产品、场地为依托，借助旅游业的发展，开发多样化的文化产品即旅游纪念品，同时带动餐饮、住宿等服务业的发展。因此，在实践中，除了文化与旅游融合之外，还应当更多地、主动地寻找文化和现代服务业的融合。

第二，创意产业与科技融合。

创意产业与科技融合意味着创意产业与时俱进的发展动力。即，创意产业在技术进步的推动下，实现向产业价值链更高层次的攀升。反之，对于科技产业也是一样。以广播电视产业为例，在互联网、数字电视、网络电视等媒体的创新形式的推动下，广播电视业得到了巨大的发展。传统的传媒业借助科技的力量成为具有持久生命力的新兴产业。至

2012 年底，上海的动漫游戏产业年收入超过 190 亿元，网络视听产业收入达 42 亿元，这些都得益于上海强有力的科技生产力水平。离开科技，网络动漫是不会存在的；离开创意，网络动漫又是不会创新发展的。因此，文化与科技融合是发展创意产业以及发展科技产业的重要条件。二者只有融合在一起，才能获得双赢，激发出更多的外部经济与规模经济。

第三，创意产业与金融融合。

创意产业与金融业融合，是促进创意产业迅速发展的重要动力。资本是重要的生产要素，经济的增长、产业的发展离不开资本的投入。在经济学中，生产要素包括劳动者、土地、资本以及企业家才能。土地是一定的，而长三角地区既不缺少有着熟练技能与较高层次文化水平的劳动力，也不缺少具有开拓进取精神的优秀企业家，那么，创意产业发展的瓶颈只剩下资本要素。而事实上，从江浙沪创意产业的发展实践来看，资本的支持一直是创意产业发展壮大的源泉。在此背景下，创意产业与金融的融合自然出现。作为全国的金融中心，上海创意产业类投资力度正在逐渐加大。例如，上海新文化传媒集团发起用于文化、传媒、旅游、游戏等创意产业的发展基金，首期注资规模就高达 10 亿元。

除此以外，文化企业之间的兼并收购也是屡有发生，而兼并重组加大了文化企业的规模经济。2013 年，百视通以 3. 07 亿元对视频网站风行网进行增资控股，借助金融的力量，完成了文化与金融、互联网的融合；华策影视以 1. 8 亿元收购上海最世文化发展有限公司 26% 的股权，等等。随着文化与金融的融合，创意产业得到了更加广阔的发展空间，尤其是随着金融杠杆的作用，相关文化企业正向着规模化、市场化的方向发展。

长三角地区所呈现的创意产业融合模式还显得十分有限，融合程度也不高，融合的过程更是存在资源的不合理配置与浪费。江浙沪地区的创意产业融合并没有实现全产业价值链的融合，不管是创意产业与制造业、服务业之间，还是创意产业内部各细分行业间的融合还存在着许多空白。而全面实现产业升级，创意产业融合就必须是基于价值链下的全价值链的融合，实现价值链每个环节的效益最大化。

四　创意产业融合创新模式

基于价值链的创意产业融合创新模式是指在价值链指导下进行创意

产业与其他产业、创意产业内部细分行业之间进行产业融合发展的新模式，即价值链横向关联式创意产业融合模式与价值链纵向关联式创意产业融合模式。

（一）价值链横向关联式创意产业融合模式

从宏观产业经济发展来看，价值链横向关联式创意产业融合模式应当是以创意为核心，其他产业为形态的融合发展模式。正如长三角地区创意产业发展所表现出来的，文化与科技的融合正体现了创意产业与技术制造产业的融合趋势。不论是上海、浙江还是江苏，在创意产业发展中，都重视与科技的融合。用科技手段做大创意产业，开发多样化创意产业项目。其作用如下：

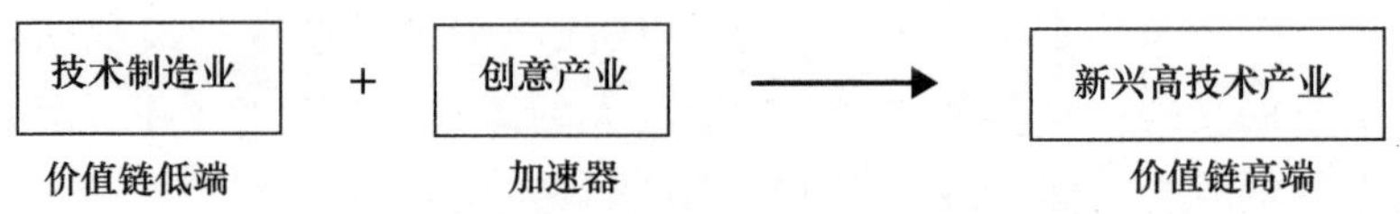

图 3－2　价值链横向关联式创意产业融合模式

价值链下产业间融合发展模式的出发点是价值链攀升的指导机制。产业间的融合就是为了实现各自在产业链上的攀升、寻求更高的附加值。以创意产业与高技术产业为例，高技术产业在制造业价值链中凭借高端的设计研发占领着价值链的高端，而本身的技术加工与制造一直处在价值链的低端。文化与技术产业结合，实际上是创意产业的核心价值——创意多样性与技术结合，加强技术产业的创意设计，提高产业附加值。创意产业作为推进器，一旦与技术制造业融合就能产生新的附加值，实现产业转型升级。另一种产业间融合是创意产业借助其他产业加速发展。创意产业与金融业的结合即是创意产业借助金融的杠杆作用，获得发展的资本。在资本的杠杆作用下，创意产业发展出多种项目与业态。这也是在价值链导向下，创意产业与其他产业的融合模式。

（二）价值链纵向关联式创意产业融合模式

从创意产业内部来看，价值链纵向关联式创意产业融合模式应当以创意设计为核心，技术进步为杠杆，新型业态为载体的融合发展模式，本质是创意产业内部融合。从实际发展看，这种产业内融合的发展模式目前表现有文化与旅游融合、文化与动漫游戏融合等。创意产业内部各细分行业的融合是创意产业价值链内部的融合。创意产业价值链即文化产品从开发设计到制作生产，再到市场营销乃至产品回收售后的价值实现过程。

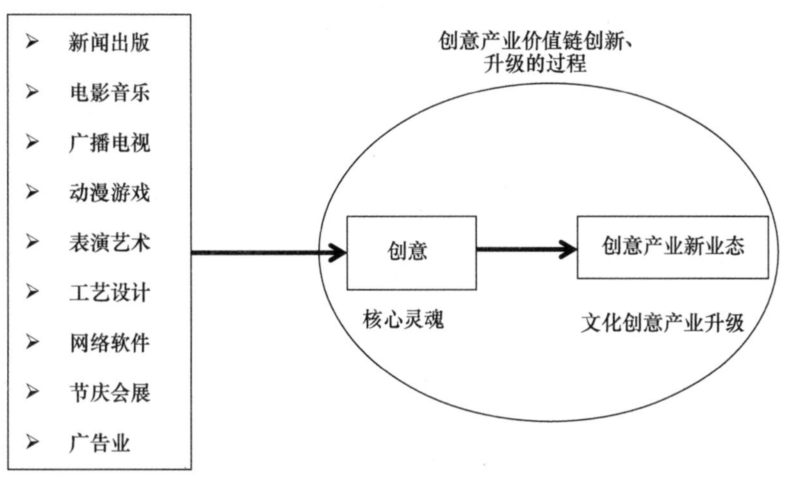

图 3－3　价值链纵向关联式创意产业融合模式

创意产业内各细分行业间的产业融合实际上是价值链内部资源整合的过程。创意产业价值链的各个链条之间的有机互动，从产业价值链内部的单一链条模式发展为创意产业全产业价值链模式。长三角地区目前融合的最多的是广告与其他产业的融合。除此之外，还有江苏常州地区创意产业发展过程中的动漫游戏与表演艺术的融合，浙江杭州地区网络软件与工艺设计的融合，上海地区电影音乐、表演艺术与节庆会展的融合，等等。创意产业各个细分行业之间有着共同的核心灵魂，即文化创意，产业间融合的动力与效果十分明显，创意产业的升级发展更应该是产业融合下的全创意产业价值链的模式。

总之，基于产业价值链的创意产业融合发展既是产业融合也是区域融合。以创意产业融合发展的模式突破长三角地区的区域限制，真正从产业的层面、市场的层面达成真正的创意产业融合、实现区域经济一体化。

五　结论与对策

综上所述，长三角地区在创意产业发展的过程中积极寻求新的方式，已经对创意产业融合作出了尝试。其融合的势头才刚刚开始，方向也不明确，创意产业融合还局限在金融、旅游等包容性强的产业领域。而真正的创意产业融合应当是包括创意产业与其他产业之间、创意产业内部各个细分行业在内的全价值链上的融合。也即应当认清，创意产业融合的根本动力以及最终目的，就是为了实现创意产业全价值链的融合，实现产业价值链上的转型、升级。这要求抓住创意产业价值链的高端，以创意产业核心即文化、创意去融合其他产业。从理念上要模糊产业边界，当然更要模糊长三角地区的区域边界，紧紧沿着一条公共的创意产业价值链发展跨界融合。本文的研究对长三角地区的实践有一定的启示意义：

第一，实现全产业价值链融合。为了发挥长三角地区经济的溢出效应，尤其是创意产业的集聚与品牌效应，应当在全产业价值链上寻求产业融合的节点。包括产业间的横向关联式融合与产业内的纵向关联式融合。既要有上下游创意产业的互补，又要重视不同产业部门的融合。将创意产业融合到金融、科技、旅游、餐饮、加工制造业等多类产业形态中。

第二，采用网络平台创意产业融合模式。立足互联网金融，发展创意产业众筹模式，通过计算机网络技术，建立并完善网络交易平台，重视双边市场，开拓多边市场。从长尾理论出发，集聚闲散的社会资源，在创意产业融合的过程中实现全社会资源的帕累托最优配置。

第三，消除市场进入壁垒。市场进入壁垒包括不同地区之间的进入壁垒，也包括不同产业甚至不同行业之间的进入壁垒。市场进入壁垒既不利于有效竞争，造成无效率的市场垄断，也不利于产业融合，是人为地扩大了产业间的界限。创意产业融合是全产业价值链的融合，必须消除现有的市场进入壁垒，利用价格调控手段，鼓励不同企业进入市场，促进产业融合。

第四，市场调节与政府调控结合。全产业价值链意义上的创意产业融合，不仅仅依赖市场的资源配置手段，市场的资源配置往往受市场利润的驱动，使资源流向短期能获取最大利润的产业。实证经济学中，动态分析时，这种配置往往在长期表现出低效率。必须发挥政府宏观调控的力量，弥补市场调节的不足，用法律、制度等手段指导并促进创意产业融合。

参考文献

[1] Dutton W. H., *Information and Communication Technologies: Visions and Realities* [M]. Oxford University Press, Inc., 1996.

[2] Lind J. *Ubiquitous Convergence: market redefinitions generated by technological change and the Industry Life Cycle* [C] //DRUID Academy Winter 2005 Conference. 2005: 27-29.

[3] 周莉:《文化强省呼唤品牌建设：从价值链角度谈江苏文化产业融合创新机制》,《文化产业研究》2012 年第 6 期，第 42—49 页。

[4] 田蕾:《价值链视角下的文化产业与科技创新融合分析》,《新闻界》2013 年第 13 期，第 61—65 页。

[5] 朱蓉:《基于产业融合的文化产业升级路径研究》,《改革与战略》2014 年第 1 期，第 110—114 页。

[6] 顾江、郭新茹:《科技创新背景下我国文化产业升级路径选择》,《东岳论丛》2010 年第 7 期，第 72—75 页。

[7] 钟荣丙:《文化与科技融合创新发展的演进形态和着力点》,《广西社会科学》2013 年第 11 期，第 169—173 页。

[8] 康嘉、杨彩云、胡琴:《工业遗产与文化创意产业融合模式探讨》,《经济论坛》2012 年第 5 期，第 105—107 页。

[9] 崔向阳:《南京都市圈文化产业与信息产业互动研究》,《南京社会科学》2008 年第 3 期，第 141—151 页。

[10] 楼屹:《浅论上海市创意地产的发展现状和前景预测》,《国际市场》2010 年第 7 期，第 72—74 页。

[11] Qijiu Zhu, Jiang Qian. Routes Choice of Urban Agriculture, Ecotourism and Cultural Innovation Industry [J]. *Agricultural Science & Technology*, 2012, 13 (12): 2667-2670.

[12] 吴琳:《武汉宜居城市建设的几点思考》,《城市观察》2010 年第 2 期，第 147—157 页。

文化创意推动传统产业升级的机理及路径

李向民　韩顺法*

在物质需求基本满足后，人类的需求升级主要体现为需求的精神化。一方面，人类对自身价值的实现和体现有了更高的需求，精神文化需求不断提高。另一方面，即使传统的衣食住行的需求也在精神化。当前，人类正从追求物质财富的“物质经济”，转向以满足精神需求为核心的“精神经济”。“精神经济”阶段的产业结构发生了根本性变化，文化创意的传播、扩散与应用影响着产业结构的演进。文化创意已贯穿在经济社会各领域各行业，呈现出多向交互融合态势。因此，推进文化创意资源对传统产业的改造以及产业间的资源和要素的流动，加快传统产业的升级已成为全社会的共识。

一　精神经济阶段:文化创意比重增加

一切产品都是精神内容和有形物质实体的统一。精神内容是产品中凝结的思想、情感和技巧。它代表着人类的文化创意元素。物质形式是产品中能够被人们的感官所直接感知的、精神内容所赖以附着在其上的外在物质载体和信号系统。精神内容的生产，包括两个过程，一个是新思想和新知识的产生，这是一种创新过程，这个创新过程的结果，我们可以统称为创意。另一个是创意的扩散、移植过程，作为一种精神内容，创意不是静态的，一种新思想和新知识可以逐步被社会所接受和传播，这通常又被称作创新的扩散过程。

---

* 李向民，南京艺术学院文化产业学院院长，教授、博士生导师；韩顺法，南京师范大学社会发展学院副教授。

精神内容要转变为产品，必须与一定的物质载体结合，表现为某种物化的成果，这就形成了我们通常所说的精神产品，即所谓“小文化”。这一概念所指的文化产品包括：哲学、宗教；文艺作品、社会科学理论；自然科学理论和技术成果等四类产品。在精神经济学中，我们把人类所有产品中所包含的精神内容称为“泛精神产品”，而将以抽象意识形态存在的创意和思想称为“纯精神产品”。通常意义上的文化产品，即创意和思想通过某种物质载体和媒介所物化的成果，我们称之为“准精神产品”，也就是纯精神产品物化的过程。然而，创意的活动不仅仅停留在此阶段。以智力成果存在的准精神产品能够被接受和理解，被应用到产品的生产中去，在思想和技术扩散的过程中，产生了很多新的产品。这种创意扩散过程，是向人类产品中注入精神内容的过程，实际上就是准精神产品向泛精神产品的过渡。因此，我们可以将创意的产生、传播和扩散过程，界定为纯精神产品向准精神产品以及准精神产品向泛精神产品的价值转化和扩散过程。

为了进一步说明精神经济学的研究对象，精神产品与准精神产品、泛精神产品的内在联系，以及创意、文化产业和精神经济的关系，我们以图 1－1 说明。在图 1－1 中，整个方框代表人类的全部社会产品。根据不同的方法对这个作为总体对象的产品进行划分，A 和 D 为社会产品中的精神内容，属于泛精神产品。泛精神产品以准精神产品的精神内容 D 为

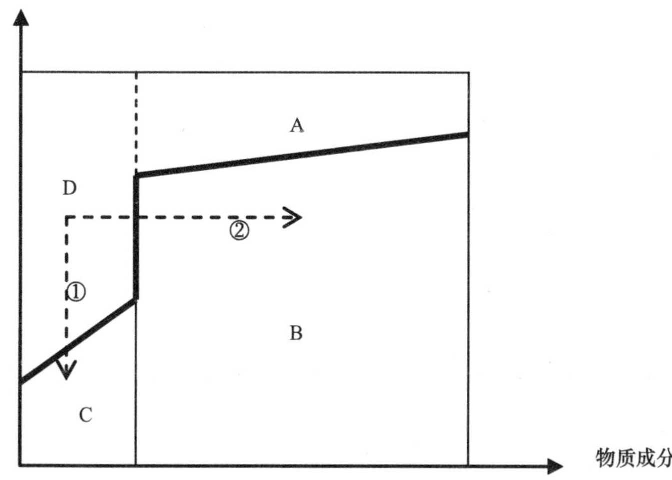

注：D 为纯精神产品；C＋D 为准精神产品；A＋D 为泛精神产品。

图 1－1　文化创意与精神产品的划分

其最高形态，也就是我们所说的纯精神产品。创意最初作为纯精神产品，处于图中D的位置。当创意与物质载体C结合，形成了准精神产品。准精神产品生产、交换和分配活动实际上就是文化的产业化过程。准精神产品中的精神内容（纯精神产品）在生产和交换中，可以被分解、组合、扩散和转移，促使相关的精神内容A的要素向B转化，并被注入传统产业和普通物质产品中，形成纯精神产品向泛精神产品的转化，也就是产业的“文化化”过程。

因此，创意的扩散过程，促使文化产业与相关产业的相互关联性增强，形成文化产业对其他产业的带动作用。在精神经济时代，创意是经济增长的动力所在，创意的生产和价值转化过程推动了文化的产业化和产业的文化化。文化产业发展以创意生产创意扩散实现文化产业对经济的整体推动作用。精神经济的发展影响着产业的价值创造，技术、设计、品牌等无形资产在价值创造中占据较大比重，促使文化创意产业在社会产业中所占的比例增加，从而使准精神产品在人类社会产品中所占的比重增加，引起了精神经济学社会产品分类图中FF’的右移（详见图1-2：FF’右移至F_1F_1’），具有以下几个方面的特征：

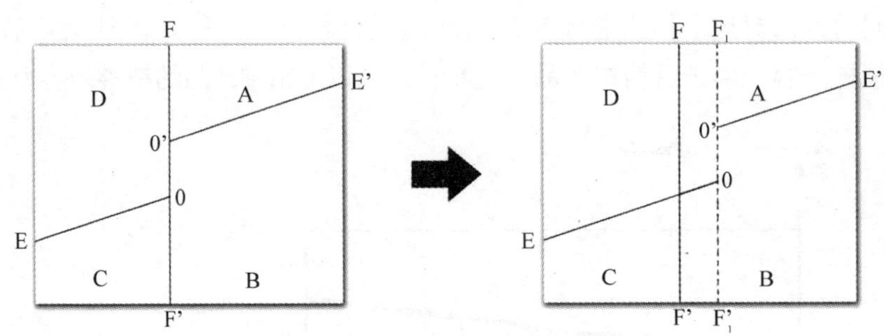

图1-2　准精神产品的增加

一是生产出来的文化创意产品，精神内容的价值一般比作为其载体的物质价值大得多，在总价值中占有较大的比例优势。与传统工业化生产中的劳动和资本受边际收益递减规律影响不同的是，文化创意产业所生产的准精神产品，其精神内容是创造收益的实际推动力，财富的主要创造因素是精神内容。

二是作为准精神产品的文化创意产品，其许多精神内容都具有易复制性，产品的增加和规模的扩大受物质条件的制约较小。例如音像业、影视业或者动漫产业，这些文化创意产业所生产的纯精神产品都具有很强的可复制性，甚至还可以将其精神内容与不同的物质载体结合，源源不断地开发出衍生产品。

三是文化创意产业非常注重品牌的打造。文化创意产业是品牌化运作的产业，品牌竞争力是核心竞争力的外在表现，打造品牌是第一要素。精神经济时代是名声主义盛行的时代，使用价值、交换价值和品牌价值共同构成文化创意产品的价值。品牌价值体现着受众的精神需要，文化创意企业往往投入很大的人力、物力和财力去打造品牌，创造品牌效应。

二　精神经济阶段:文化创意价值升值

在精神经济发展阶段，精神产品的应用范围大大扩大，功能不断增强。这使得以提供精神产品为主的文化创意产业与其他产业的联系更加紧密，其价值创造功能逐渐凸显出来。与物质经济所提供的物质产品相比，精神产品都有着自身鲜明的特征：

首先，精神产品生产的本质是创造。精神产品是智慧性产品，它凝结着大量的创新性劳动，因此，创新性是精神产品生产的最本质特征。其次，精神产品是一种被物化的观念性产品，产品实体是其物化载体，但其实质仍属于精神性、观念性的产品。人们需求的是精神产品的附着在物质载体上的观念成果，即精神价值，只有它才能满足精神需要。最后，精神产品有共享和扩散的双重属性。我们知道，观念性成果是无形的，所以精神产品的核心内涵也是无形的。无形观念的传播和积累，需要借助于相应载体，这些载体包括语言、文字、图画、符号、表格和公式等信息形式，依靠它们表达或记录下来。从这个角度看，精神产品是文化创意的真实存在状态。

胡晓鹏（2004）把产品价值系统概括为四个基本组成部分，即功能价值、体验价值、信息价值和文化价值。其中，功能价值是产品最基本的物理属性价值；体验价值是在具备物理属性的条件下，满足人们不同个人偏好的价值；信息价值是指人们在消费商品给他人传递信号的能力而使商品增值的这部分价值。以服装为例，服装的基本功能是御寒或遮体即功能价值，其款式为体验价值，消费者通过选择服装来显示自己的身份和地位，这里多支付的价位就是它的信息价值；文化价值则表示商品给人们带去的文化认可以及个人因消费商品所带来的归属感。从这个角度，精神产品的特征决定了文化创意产业的价值创造功能的综合性，它可以从不同的角度、不同的方式增加自身产品或相关产品的功能价值、体验价值、信息价值以及文化价值。一方面，它们能够为消费者提供审美情趣，满足消费者多元化的精神需求；另一方面，它们能为生产服务，以提高生产效率、创造更大财富为目标，将技术创意转化为产品的功能价值。

在现实当中，精神产品可以渗透到物质产品生产的全过程之中，自身由知识形态物化为现实的实物商品形态，实现了生产力的转化，这个过程推动了社会的发展和物质文明的进步。到了精神经济发展阶段，精神产品对经济的渗透更为广泛，这就使产品的文化价值迅速提升，而产品的物质形式价值比重相应下降。与此同时，在现代财富的创造中文化性类产品所占比重迅速增加，同时传统制造业产品的文化内涵也越来越丰富。就一般消费品来说，它的生产通过其品牌、设计来体现产品的文化形态和审美情趣，甚至可以将价值观念附加于消费品之上，使它属于有一定意义的文化产品。比如广告业的发展，它本身不再仅仅是纯粹的商品信息，而是成为专门设计、刻意迎合或推广某种消费价值观念的文化产品。在产品性质和功能方面，各种产品的差异往往取决于各类产品内部精神内容价值的差异。对一般的物质产品，它所包含的精神内容越丰富，越能借助物质实体的特性更好地满足人的各种需求，其附加值也就越高。

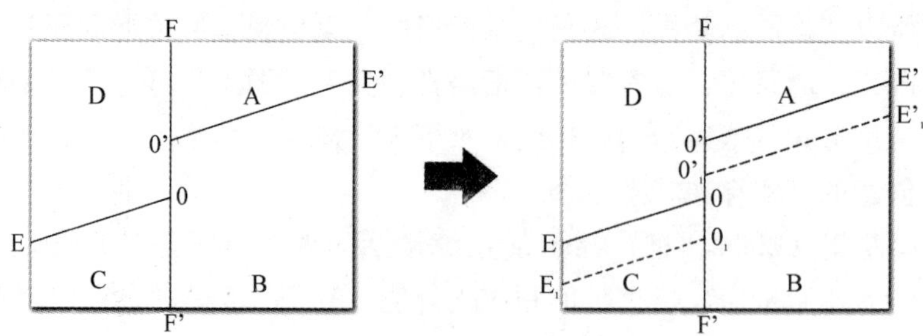

图 2－1　物质形式的贬值与精神内容的升值

与此同时，人类财富中物质形式和精神内容的价值比例发生了变化。具体表现为，准精神产品（位于图 2－1 的 C、D 区域中）在产业演变的过程中，其自身物质载体的相对贬值和精神内容的升值使人类财富的价值比例发生了变化，促使整个社会准精神产品中的物质形式部分所占比例下降，而精神内容部分所占比例上升，引起了精神经济学社会产品分类图中 OE 的下滑（详见图 2－1：OE 下滑至 O_1E_1）。

物质形式的贬值与精神内容的升值实际也是传统产业改造升级的主要过程。因此，在强调产业技术升级的同时，还需要关注产业文化升级，而且当前产业的文化升级正变得越来越重要和迫切。文化创意正是以文化为核心，通过创意和创新，强调把文化、技术、产品（服务）和市场有机结合起来，不仅能为人们提供文化含量较高的产品和服务，形成新的消费市场，更重要的是还可以与其他产业融合发展，促进产业创新和结构优化，有效地推动经济转型升级。而传统产业通过创意的融入，可以附加更多的文化内涵，实现差异化竞争，塑造出有特色的品牌，以提升产品的竞争力。如同样的纺织面料，经过不同的设计师和裁缝的加工，加入创意元素，价格就有很大的差别。传统产业融入文化创意元素，能够将技术、商业和文化融为一体，以实现产品的价值创新，进而推动传统制造业向高增值的先进制造业升级，拓展制造业的发展空间。借助文化创意是传统产业增强自主创新能力的重要途径。传统产业可以通过技术创新和文化创意这两大引擎，来推动产业的创新，在文化创意的发展带动下提升创新层次，成为自主创新的切入点和制高点，增强传统产业的自主创新能力及发展后劲。如酒、茶叶这些传统产业，更多的是需要文化元素和创意元素的融入，在保持传统特色的基础上，在包装设计创意和品牌宣传创意上实现创新提升。国内日用消费品产业中，大多数还是劳动密集型企业，容易陷入同质化竞争，拼价格、拼能耗、拼土地，利润越压越薄。而利用文化产业资源来改造和提升传统产业，就能够为产品带来高附加值，为企业带来可观利润，从而提升企业的综合竞争力。文化创意产业不仅仅是生产电影、动漫这类满足文化消费需求的最终消费品，还对其他产业具有很大的带动性，能满足其他产业的投资需求，具有生产性服务功能。从文化创意产业本质分析，我国文化产业发展不足，生产性服务功能相对较差。从宏观角度看，文化创意产业并不是一个独立的产业部门。它已经同其他的传统产业交叉融合，制造业中存在文化创意的渗透（如工业设计、形象策划等），农业中也存在文化产业（如农业文化观赏），服务业中更是包括文化产业的主体部分。

三 文化创意产业是精神经济时代的第一产业

在工业经济时代，精神因素的作用主要是潜在的和间接的。当物质产品的生产力极大发展以后，经济活动中的精神因素开始更为活跃，并成为经济活动的主导因素。技术、设计和品牌成为经济运行和发展的最重要内生变量。进入精神经济时代，精神需求日益增长，创意作为精神内容产品的核心，已成为经济发展的新动力。

精神经济时代最重要的资源不再是物质资料，而是智力、创意等精神要素。精神经济时代，以精神财富生产为中心，经济的核心要素是智力和创意。根据人们对智力、创意的取用、转化、批量生产等过程，可以将产业结构划分如下：

第一产业：文化创意产业，智力成果可以直接消费，不需要中间生产过程。

第二产业：生产纯精神产品的产业，有了创意以后，不是先有需求再有供给，而是供给创造需求，如宣传、广告、传媒等。

第三产业：纯精神产品向泛精神产品转化的过程，即制造业的过程。

第四产业：除第一、二、三产业以外的精神内涵极少的产业。

从精神产品的存在状态和价值创造功能可知，文化创意产业是横跨第一、二、三产业的产业实体，即作为精神产品的文化创意会融入传统的三次产业之中。其中，文化创意产业最核心的部分为纯精神产品，即以观念形态存在的精神产品，它是一切价值生成的源泉，在产业的发展中起着决定性作用。纯精神产品向泛精神产品扩散后，就转化为物质产品中的精神内容，这部分内容主要表现为物质产品中含有的知识、技术、品牌、设计等“软”因素，文化创意产业正是通过这些“软”因素打破了传统产业的边界，将自身的影响扩展到了生产物质产品的行业。如果从价值增值效应来看，这些“软”因素是制造业等产业价值链中最具价值增值效应的环节。从这个角度看，文化创意产业占据传统产业价值链的高端部分。纯精神产品的扩散使精神内容不仅仅存在于精神产品之内，而且广泛存在于物质产品之中。物质产品中的精神内容主要表现为人们对物质的功能、结构、造型、品牌、设计等方面的认识和思考，人们在生产过程中不断将这些精神因素注入物质产品之中，从而使精神因素在物质产品的价值构成中发挥着重要作用。由以上分析可知，文化创意产业最为显著的两个特征如下：

（1）位于产业价值链的高端，价值增值效应显著。文化创意产业的这种特征与现代产业发展密切相关。首先，在产业分工不断细化的条件下，传统产业产业链出现分解重组；其次，传统产业的内部结构是一条完整的从生产到消费的产业链，而文化创意产业与传统产业的联系不是由产业链来决定的，而是由价值链定律来完成的。文化创意产业的发展促进文化理念渗透到传统产业的设计、生产、营销、品牌和经营管理等环节，从而改变传统产业的价值链，创造新的增值空间而形成新的价值分配链条。在价值链的连接中，文化创意产业占据了传统产业价值链的高端位置。最终，使得文化创意产业对于传统产业具有通过分配利润，而不是通过生产来获取更多利润的特权。

另外，文化创意产业的非物质化和虚拟性集中地体现了物质经济向精神经济的转变，即决定产业实力的不是物质产品的加工制造，而是管理技术、咨询服务、品牌、设计、制造工艺、生产标准、营销模式，以及各种各样的文化内涵等高附加值的精神产品的生产和应用。随着产业内分工的进一步深化，产业内部逐渐分解出众多的价值创造主体，在不同主体的相互协作下完成最终产品的生产。一个明显的特征是在产业内部精神生产与物质生产的逐渐分离，精神生产主要为物质生产提供智力支持和知识服务，如提供物质生产所需要的管理技术、品牌、设计、制造工艺、生产标准、营销模式等精神因素。它们的分离造就了文化创意产业的形成，以创新为特征的文化创意产业是产业内部价值创造的主体，它因此占据了大部分的利润空间，显示出文化创意产业在传统产业发展中的价值增值效应。图3－1（a）表示了一般产业价值链“微笑曲线”，产业内部划分为精神生产和物质生产两部分，代表精神生产的研发设计和营销、品牌等环节位于“微笑曲线”的两端。如果对所有产业价值链纵向划分后横向整合，则是位于产业价值链高端部位的文化创意产业。

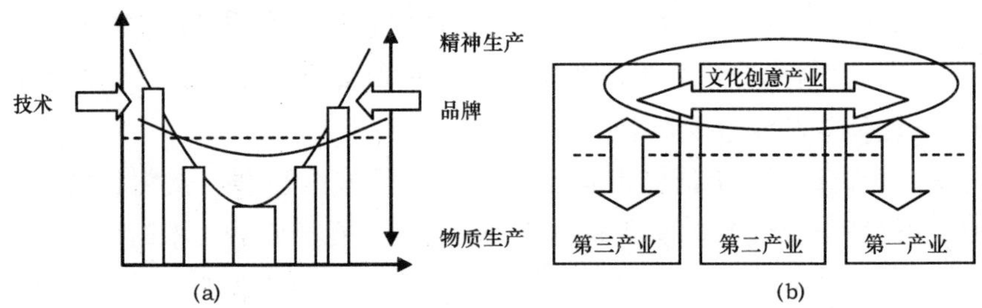

图 3－1　文化创意产业的价值结构

随着社会的进步和经济发展水平的提高，产业经济发展表现为两个极为明显的趋势：一是在传统产业当中，知识、技术、文化的含量逐渐增加，最终起到决定产业竞争力和产业安全的关键作用，传统产业的发展对文化创意产业的依赖日益加深。二是物质消费不断被满足后，精神文化消费表现出巨大的增长潜力，文化创意产业在产业结构体系中的地位得到提高。

（2）文化创意产业横跨三大产业，有较强的产业关联效应。在产业结构方面，文化创意产业以新知识、高技术生产和应用为特征，以高效便捷的金融服务体系和全球贸易市场为支撑，占据着从第一产业到第三产业的所有产业生产的关键环节，而一举成为以创新形成及应用作为产业核心基础的产业形态。可以认为，文化创意产业是精神经济时代最具代表性的产业，是精神经济时代的第一产业，是基础性产业，创意的产生、扩散和传播不断影响着产业结构的演进方向，而且对推动传统产业的升级有着特别的意义。

创意是一种新的想法、新的构思或概念，是无形的。创意必须借助相应的载体才能向外界传递信息或实现自身的功能。人是创意的主体，人们能发挥想象力、创造力的地方就会有创意的存在，创意会渗透于人类所作用的各种对象。创意自身具备的高渗透性使文化创意产业有着广泛的产业关联效应。将图 3－1（a）从产品层面放大到产业层面后显示出文化创意产业在这个产业结构体系中的位置，如图 3－1（b）。文化创意产业是新时代下产业内部分工和不同产业间相互融合的产物，它的出现使得产业之间的界线变得模糊，产业之间的关联性进一步增强。与其他产业不同的是，文化创意产业不提供最终的产品，而是其他产业生产过程的中间环节，向其他产业提供中间投入品。由于文化创意产业主要提供精神产品，它与其他产业的关联以知识产权交易、技术产权交易、咨询服务等形式出现。文化创意产业的存在状态决定了它与传统产业有着紧密的联系，通过知识、文化、信息向传统产业的转移、扩散影响原有产业价值链延伸、扩展与增值，促使文化创意产业成为带动其他产业发展的新动力，其产业关联效应也更加明显。

四　文化创意推动传统产业升级的方式

广义来说，大部分产业都有创意成分，然而文化创意产业所关心的是如何将创意转化为经济活动，包括形成产品和服务以及这些产品和服务的制造、商品化、分销、消费等过程。所以，文化创意产业发展，不仅仅在于一个新兴产业的启动，更重要的是它推动了其他产业领域的创新，如更新产品和服务的设计与策划，开辟新的蓝海战略、品牌战略和营销战略等。正因为如此，发展文化创意产业对传统产业升级有着重要的影响。那么，文化创意产业是怎样影响传统产业升级的呢？这取决于创意在生产过程中存在的状态以及它的性质，不同状态和性质的创意促进传统产业升级的机制也不相同。现实当中，任何创意都是以精神产品的形式存在，精神产品是指人类在改造自然和社会的实践活动中，为满足社会的需要，通过付出脑力劳动，依靠知识、信念、智慧等要素进行创造性活动的结果。总体上看，精神产品分为自然科学（科学、技术知识）、社会科学（管理、经济及社会学知识）和文化艺术（美术作品等）三个类别。与此相对应，创意可以分为工艺创意、商业创意和文化艺术创意。它们对传统产业的影响取决于精神产品的流动性，由于技能、科学知识、艺术甚至宗教方面的东西（讲道、祈祷、献物祝福）以及发明等等，都可以成为契约的对象，其买卖方式可与物同视。当知识产权制度实施以后，为精神产品在生产活动中自由流通、扩散提供了制度保障。精神因素因而变得更加活跃，其作用也更为突出。总体上，不同类别的创意在生产过程中的作用机理不同，见图 4－1。

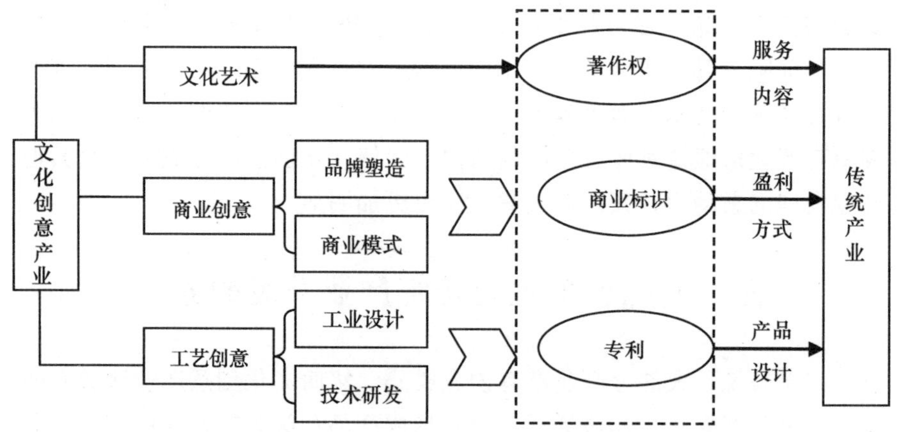

图4-1　文化创意产业与传统产业升级的关系

1. 文化艺术能够提高产品的精神文化价值

概括来说，人们有两种需要，一种是物质需要；一种是精神需要。现实中，物质产品主要满足人们的物质需要，精神产品主要满足人们的精神需要。但这并不意味着物质产品和精神产品价值属性的单一性，事实上，精神产品的传播离不开物质，物质产品的形成离不开精神，它们都是精神和物质的统一体，比如一个流行歌曲的光盘，它是含有物质成分的精神产品；一个做工精细的彩陶器，它是一个含有精神成分的物质产品，除了满足人的使用功能外，还能满足人的精神文化需求。因此，物质产品的功能价值和精神文化价值并不相悖，两种价值越高，产品的使用价值也就越高。

产品的多元属性为文化艺术与物质产品的结合提供了条件，文化艺术作为观念性精神产品，它需要借助相应的物质载体传播它的价值理念或者美感，如果这个物质载体是一般的物质产品，那么，物质产品就充当了精神内容所赖以附着在其上的信号系统。同时，物质产品自身具备了人文关怀精神，从而易于消费者对产品产生情感共鸣和使用依赖。所以，文化艺术创新了传统产业物质产品的服务内容，提高了物质产品的精神文化价值。这个过程的实现离不开艺术授权；艺术授权是艺术生产和物质生产两个完全不同的领域结合起来的有效途径，传统产业通过给予艺术生产者一定的费用来获取艺术品的使用权。艺术授权不但增加了物质产品的吸引力和竞争力，而且增加了艺术品的传播空间和使用功能。以艺术为标识物的产权授权对象多见于居家用品、衣物布料等与人们日常生活息息相关的日用品，它们是负载艺术家创造的艺术符号的良好载体。比如迪士尼集团将公司创作的动漫人物形象用于各种儿童玩具和儿童服装后，深受儿童的喜爱，大大提升了产品的竞争力。特别是在物质产品极大丰富的今天，物质产品中精神内容的作用逐渐抬高，它是企业提供差异化产品的有效手段。

2. 商业创意能够创造商业机会，降低生产成本

实际上文化创意产业强调的是文化和创新，从广义上说它是以创意为核心增长要素的产业，它的本质就是把文化思想、知识技能、创造力综合起来，形成新的产品、新的市场，提供新的服务，创造新的就业机会。比尔·盖茨如此解释创意："创意具有裂变效应，一盎司创意能够带来无以数计的商业利益、商业奇迹。"更具体地说，传统产业通过与创意融合，可以开辟蓝海战略，开辟新的市场，实行新的商业模式，等，或者塑造有特色的品牌，来提升竞争力。突出的表现在创意能够改进生产的投资和收益，一个好的创意能够使给定的一组投入得到更多或更好的回报。福特公司早期取得的成就是个很好的例证，在同样技术条件下，率先采用流水线进行批量生产，使公司获得了巨大的竞争优势。

商业创意更多的是对生产过程的关注，这与创意的广泛存在性和较强的渗透性不无关系，创意会参与到企业运营的各个环节，促成产品价值增值。从企业原始创业到企业扩张的内部创业，完美的创意（投资计划）与风险资本一起见证了企业的形成及扩大再生产。经历创意发现财富阶段后转入创意实现财富阶段，创意开始在生产运营中发挥作用，完美的工作计划、合理的生产流程、尖端的生产工艺、出色的自主创新、灵活的管理方式以及不断调整而满足消费者需求的产品设计都与创意密不可分。同样，市场营销中出色的创意有助于形成鲜明的企业形象及知名的公司品牌，提高企业的无形资产价值。生产过程中的创意不仅有助于留住客户资源，争取更大利润，而且能够降低生产成本和交易成本，提高生产效率，与其他生产要素结合在一起构成企业最难以被模仿的竞争优势。管理咨询公司就是以提供商业创意为服务对象的企业，它运用先进管理方法和理论，针对不同的生产环境下向各种不同的企业制定有效的商业模式和管理模式。

3. 工艺创意是产品功能价值形成的基础，是传统产业升级的关键

工艺创意主要包括工业设计、工艺设计和技术研发设计三个部分，在知识产权制度方面它们分别指外观专利、实用专利和发明专利。工艺

创意是产品功能价值实现的基础，没有工艺创新就不会有产品生产的技术支持和功能价值的实现，是消费者购买产品时最终追求的目的，即产品的品质、功能、效用和利益等方面。工艺创新是以市场为导向，以提高经济效益为目标，从新产品、新工艺或新服务的产生，经过技术的获取（研究、开发和引进技术）、工程化、商业化生产到市场应用过程的一系列活动总和。技术创新可以分为突破性创新和增量性创新。前者利用崭新技术推出全新的产品、工艺和服务；后者则着重于改进、推出质量更高、性能更好、功能更多的产品，或者使工艺效率更高。技术创新会改变各种生产要素，特别是劳动和资本的相对边际生产率，从而改变它们收益率的平衡。工艺创意通过自主创新极大地推动了自主品牌战略实施，因此，工艺创意是传统产业升级的一大引擎，是未来传统产业升级的根本保障和主要导向。技术创新能够改变产品和服务的功能结构，提高产品的使用价值，甚至是提供全新的产品；另外，设计则给产品和服务注入创意元素，为消费者提供与众不同的体验，从而提高产品和服务的精神价值。通过发展文化创意产业能够比较全面地把握技术、知识、设计、品牌等精神因素的应用，有助于传统产业从价值链的低附加值环节向高附加值环节升级。

五　结论与启示

精神经济是经济发展的全新阶段，它的发展使经济增长从主要依赖传统的物质生产要素转移到文化创意等非物质生产要素上来。文化创意产业逐渐成为精神经济时代国民经济的支柱性和主导性产业。大力发展文化创意产业，不仅是广播影视、动漫、音像、传媒、演艺、软件和计算机服务等这些产业本身的发展，而且通过产业的融合发展来带动更多产业的创新和发展。文化创意产业的特殊性不在于它与其他产业部门之间的投入产出关系，而在于它是产业高附加值的来源，对其他产业价值增值效应明显，从而使其对传统产业的升级有重要的意义。促进文化创意与实体经济深度融合，是培育国民经济新的增长点、提升国家文化软实力和产业竞争力的重大举措，是发展创新型经济、促进经济结构调整和发展方式转变、加快实现由“中国制造”向“中国创造”转变的内在要求，是促进产品和服务创新、催生新兴业态、带动就业、满足多样化消费需求、提高人民生活质量的重要途径。因此，我国应制定加快文化创意产业发展的政策措施，通过文化体制的改革和政府的产业政策打破产业间的壁垒，促进文化产业化和产业文化化的双向发展，推进文化创意资源对传统产业的改造以及产业间的资源和要素的流动，从而加快传统产业的升级，实现产业的联动和扩散效应。

参考文献

[1] 李向民、王晨著：《文化产业：变革中的文化》，经济科学出版社 2005 年版。

[2] 韩顺法著：《文化的经济力量：文化创意产业推动国民经济发展》，中国发展出版社 2014 年版。

[3] 李向民、韩顺法：《文化产业与精神经济时代》，《思想战线》2010 年第 4 期。

[4] 胡晓鹏：《从分工到模块化：经济系统演进的思考》，《中国工业经济》2004 年第 9 期。

[5] 韩顺法、李向民：《基于产业融合的产业类型演变及划分研究》，《中国工业经济》2009 年第 12 期，第 66—75 页。

[6] Romer, Paul M. Increasing Returnsand Long-run Growth [J]. *Journal of Political Economy*, 1986 (94).

以跨界融合推动文化产业业态革新*

李凤亮　宗祖盼**

一　新创意时代的业态裂变与跨界融合

近十年来，中国文化产业发展在政策层面上大概经历了三个较为明显的转型期：第一个时期是2009年第一部文化产业专项规划《文化产业振兴规划》出台之后，文化产业上升到"国家战略性产业"高度；随后2011年党的十七届六中全会进一步提出"推动文化产业成为国民经济支柱性产业"，表明最高决策层对于"文化"认知的观念意识发生了重大转变①。第二个时期是以2012年中共十八大为节点，《政府工作报告》中指出要"提高文化产业规模化、集约化、专业化水平"，明确了推动文化产业成为国民经济支柱产业的时间为2020年，并将它作为实现全面建成小康社会目标的一项内容，反映出政府对文化产业发展状态和发展模式有了更清晰的认识，并对文化产业自身发展的规模提出了具体要求。第三个时期则是2014年2月由国家发改委起草、国务院印发的《关于推进文化创意和设计服务与相关产业融合发展的若干意见》（国发〔2014〕10号，以下简称《若干意见》），标志着文化产业开始超越单纯的产业层面和"文化建设"层面，进入到整个国民经济结构优化升级的"顶层设计"当中。其中特别提到"加快文化软件服务、建筑设计服务、专业设计服务、广告服务等文化创意和设计服务与装备

* 国家社会科学基金重大项目"文化与科技融合创新的内在机理与战略路径研究"（项目编号：11&ZD023）。

** 李凤亮，深圳大学副校长，文化产业研究院院长，国家文化创新研究中心（筹）主任，教授、博士生导师；宗祖盼，深圳大学艺术学理论专业硕士生。

① 王国华：《转型经济时期文化产业发展的路径选择》，《北京联合大学学报》（人文社会科学版）2011年第2期，第71页。

制造业、消费品工业、建筑业、信息业、旅游业、农业和体育产业等重点领域融合发展”，表明文化创意与实体经济的深度融合将作为国家培育国民经济新的增长点、提升国家文化软实力和产业竞争力的重大举措。

厉无畏先生曾在“文化创意产业与城市发展”论坛（2009，厦门）上指出，“当创意社会资本积累到一定程度的时候，创意产业必将迈向创意经济和创意社会”，其中“创意经济指扩大创意投入，实施产业融合，促进经济创新，营造创意资源转化与投入的软环境”[①]。实际上，自英国政府 1998 年首次在《英国创意产业报告》（Mapping the Creative Industries）中提出“创意经济”概念以来，许多发达国家纷纷提出以创意为基础的经济发展模式，其原因就在于“创意”所具有的超强渗透性特征，即“文化的价值不仅仅局限在满足人们的文化需求方面，社会经济的任何一个产业，通过引入文化艺术的创造力，其附加值会大大提高”[②]。这是传统文化产业概念较少提及的内容。中国文化产业经历了 20 多年发展，虽与发达国家存在差距，但已同步进入以知识化、城镇化、新型工业化、农业现代化为主要特征的“后文化产业”阶段，其信息化、虚拟化、体验化、跨界化、国际化等特征日益显著。从一定程度上讲，此次《若干意见》的发布不仅显示了新时期我国创新型经济转型的迫切需要，其从侧面也反映出政府主动向“创意经济”概念靠拢的意味，即期望通过创意的驱动来提升文化产业的整体水平，进而对整个国民经济结构调整和转型发展产生实质性的影响。近年来，在文化创意和科技创新的双引擎驱动下，文化与经济的交流日益密切，文化产业与旅游、信息、制造、建筑、体育、休闲、餐饮、零售等相关产业的融合更加紧密，创意设计与服务设计提升作用日益明显，成为文化产业最主要的特征和发展趋势之一。

文化产业的业态裂变与跨界融合突出表现为产业之间界线趋于模糊，行业之间不断交叉渗透，因其出发点和集聚形式的差异，而呈现出不同形态。比如互联网、新一代信息技术与数字技术催生的新兴文化业态，“赢者通吃”模式下的文化航母型业态等，尤其是产业间通过要素

---

① 厉无畏：《积极积累创意社会资本》（http：//news. xinhuanet. com/society/2009-10/30/content_ 12359394. htm）。

② 罗宾、温思美：《文化产业与创意产业概念的外延与内涵比较研究》，《甘肃社会科学》2006 年第 5 期，第 119 页。

集聚、优势互补形成的交叉跨界型业态逐渐发展成主要模式，其融合的层次具体又可分为以下几种：一是跨门类融合。这一方式主要发生在文化产业内部各门类之间的优化重组过程中，目的在于适应市场需求，通过延伸产业链来提高行业核心竞争力和产品附加值。比如深圳雅昌集团首创的“传统印刷 + IT 技术 + 文化艺术”商业模式，形成环环相扣的文化产业链，为艺术市场提供全面、综合的一站式服务，就是这种业态的代表。二是跨要素融合，主要表现为以文化、科技、创意、资本、市场、人才、品牌、渠道等为代表的产业要素通过集聚创新形成的融合发展模式，比如我们经常讲的“文化 + 科技”模式、“文化 + 创意”模式、“文化 + 金融”模式，或多种要素的组合模式等。三是跨行业融合，主要指通过行业间的功能互补和延伸实现跨界融合。这种融合多表现为文化内容和创意设计服务等向第一产业、第二产业和第三产业的延伸和渗透。比如通过引入“体验经济”概念，将文化旅游服务与传统种植业、制造业结合，形成生态农业、观光农业、工业旅游等新兴旅游业态。四是跨地域融合，主要是指在经济全球化和信息化技术迅速发展的大背景下形成的跨地区连锁经营和兼并浪潮。比如美国迪士尼乐园在全球市场的布局，近两年互联网巨头掀起的并购大战等。五是跨文化融合，主要是指通过糅合不同国家、不同地区、不同民族的文化内容或元素，使文化及相关产品或服务具有增强文化交流、降低文化折扣、提升产业价值等功能。比如近年来美国好莱坞影片为打入中国市场频频增加“中国元素”，其目的正是迎合中国国内巨大的电影消费市场。

二　以创新思维推动业态跨界融合

对于正在倡导发展创新型经济、加快实现由“中国制造”向“中国创造”转变的中国而言，推动文化产业，尤其是文化创意和设计服务与相关产业的融合发展，具有提升国家文化软实力和产业竞争力、加快产业转型、促进经济结构调整和发展方式转变的紧迫意义。近年来，我国文化创意和设计服务发展加快，但对其他产业的“创意驱动”作用并不明显，相互融合的广度、高度、深度、跨度还不够，总体水平亟待提高。面对新形势、新要求、新机遇，着力提高我国文化创意和设计服务整体质量水平和核心竞争力，还需要不断创新思维，从以下几个方面进一步拓宽思路。

（一）寻找业态融合的动力

文化创意与设计服务作为一种无形的生产力，需要借助其他载体落地，才能实现经济价值的产出。相反，相关产业和企业要提升整体竞争力，往往也需要创新来驱动品牌增值。随着越来越多的企业注重文化品牌建设，文化创意与相关产业之间建立起一种以“需求”为导向的动力机制，而这种“需求”的关联性越大，产生的效益也就越大，其催生业态之间跨界融合的内在动力也就越强。具体而言，这种动力主要来自三个方面：一是美学增值。在人们精神文化需求日益丰满的现代消费市场，注重审美功能的产品更容易给人带来视觉或心理上的美感和愉悦感，比如耐克运动鞋的精美设计、红岁茶叶的包装、可口可乐玻璃瓶外观等。在产品保证功能需求的前提下，企业往往期望通过融合创意和设计来取悦消费者，获得更大的利润。二是创意落地。由于文化创意和设计服务具有无形资产的特征，必须借助相关产业才能进入流通和消费领域，实现其相应的价值。比如苹果公司充满人文化的设计理念和精湛的工业设计享誉全球，但离开了相关服务商和制造商在内容、技术、工艺、装备、材料等方面的支持，它将无法实现“改变世界”的壮举。创意不是“为创意而创意”，需要保证基本的价值溢出，其不断落地的过程，也就是业态不断融合的过程。三是品牌塑造。当文化创意与设计服务能够发挥增加产品文化内涵、健全品牌价值功能时，企业往往会增加相关创意、设计、广告、软件等方面的投入。比如星巴克（Starbucks）通过从提供咖啡消费到提供符号和空间消费的经营策略转变，成长为一个闻名世界的咖啡品牌；并且“在当前的全球化贸易背景下，星巴克通过体验式营销和新媒体互动，不断创造其庞大的迷群，俨然形成一种壮观的文化消费现象”①。综合起来看，无论是美学增值、创意落地还是品牌塑造，其核心在于附加值的提高。文化创意与设计服务所具有的高知识性、高增值性，正是其推动业态融合最主要的动力之一。

（二）提升业态融合的品质

此次国务院印发的《若干意见》选择了制造业、消费品工业、建筑

---

① 方玲玲：《跨文化语境下“星巴克”的符号消费与迷文化生产》，《前沿》2014年第3期，第181页。

业、信息业、旅游业、农业和体育等七大产业作为重点融合的领域，一方面说明了这些行业背后蕴藏着巨大的发展潜力；但是从另一方面也反映出目前上述行业提供的产品和服务存在质量不高、性能不够、附加值较低等问题。总体来看，文化创意和设计服务与上述行业融合的力度还不够，“文化力”表现不足，品质有待提升。在笔者看来，这一品质提升至少应实现以下三个“变化”：一要加快转换思路，推动产业融合向要素融合的转变。文化产业本身“轻资产”、“重创意”的特质，使其具有天然的产业融合属性，但其融合质量的高低却取决于要素流动是否合理，资源配置是否优化。“要素集聚不是简单把外部要素聚拢过来，或拥有或占有，而是让各种要素协同作用，进行要素合作，并引入创新的元素，实现要素价值的增值，其本质是一个集成创新的过程。”① 与传统的产业融合思路相比，把握创意、资本、技术、创新、人才等要素融合的内在机理，更能提升业态融合的品质。二要加大挖掘力度，实现表层融合到深层融合的推进。中国是公认的文化大国，但尚未真正成为公认的“文化强国”，其根本原因在于大量优秀的文化资源还处于待开发或者浅开发的状态，文化产业与相关产业之间的融合深度不够。譬如国内有体量巨大的电影市场，但影片内容消费几乎是“一次性”的，回收成本过度依赖票房；而好莱坞注重深度挖掘，在电影与出版、旅游、制造、游戏、零售等多种业态之间架起桥梁，在赚得“金盆钵满”的同时，还成功输出了美国文化与价值观。融合的深度往往取决于作品的高度，所以，不断加强原创，培育一批市场认可的文化精品仍然是实现深度融合的必由之路。三要不断拓宽思路，实现从两两联合到多元混合的跨越。业态之间的跨界融合不能简单地理解为“加法运算”，而应通过“加减乘除”的组合算法来实现业态内部结构、组织形式和产品形态的调整和优化。在科技与经济发展日新月异的今天，业态更新周期大大缩短，市场优胜劣汰速度加快，如何对一种文化创意或单个产品进行多角度、多模式、多形态、多渠道的布局和开发，形成多元混合、生命力强的融合型业态，是未来文化产业发展不断努力的方向。

（三）把握业态融合的本质

产业之间是否要融合，能否融合，以及融合的成功与否，最终要看

---

① 唐运舒、冯南平、高登榜：《要素转移与聚集融合发展的机理与路径分析》，《当代经济管理》2013 年第 3 期，第 55 页。

它能不能推动文化与相关产业的转型、升级与创新，这是业态融合的本质所在，也是国家政策发力的根本出发点与落脚点。首先是业态的转型。转型意味着有限资源在产业间的再配置，能够促进技术、资本、劳动力等生产要素从衰退产业向新兴产业转移，比如传统农业引入旅游资源向观光农业的转型；传统出版借助数字技术向数字出版的转型；传统零售借助软件服务向电子商务的转型等。当传统粗放的经营模式不再适应新经济发展需求时，实现转型有利于扭转传统产业颓势，使其在新一轮的业态裂变与跨界融合中获得重生机遇。其次是业态的升级。与业态转型不同，升级更加强调产业素质的改善与效率的提高，尤其是科技的进步，为活化现有产业形态提供强劲动力。比如《国务院关于进一步促进贵州经济社会又好又快发展的若干意见》（国发〔2012〕2 号文件）中将贵州定位为“文化旅游发展创新区”，就是要求以现代理念、生态理念、文化理念和创意理念升级引领当地旅游业发展，积极探索农旅融合、文旅融合、旅游与其他产业融合等发展模式，在倾力打造国内一流生态休闲度假胜地的同时，更加注重科技创新、文化创意和文化体验的牵引作用，着力推动旅游业态由观光式向体验式转变。多年来，贵州省打造了以《多彩贵州风》为代表的一系列文化旅游精品，正是通过业态融合加快产业升级的力证。最后是业态的创新。融合的过程也是一个创新的过程，其原因在于行业间交叉渗透和产业要素频繁流动的过程中，能够催生一大批新的产业形态。尤其是现代科技在文化领域的广泛应用，形成了诸如移动互联媒体、数字娱乐、数字出版、数字教育等新兴文化业态。由于“新兴文化业态是在原有业态自我扩张和融合其他产业的基础上形成的，并且具有文化与科技相互融合、文化业态自身之间融合、以文化创意和创新为基础、集群化发展等特点”①，它能够实现文化内容、品种、载体、风格的极大丰富，对满足多样化消费需求，促进产品和服务创新具有重要作用。

三　为业态跨界融合提供创新保障

2014 年以来，《若干意见》及一系列相关配套政策的密集出台，不

① 肖荣连：《新兴文化业态与文化的多元化发展》，《学术交流》2010 年第 3 期，第 182 页。

仅反映了国家战略层面“顶层设计”中的持续发力，更被各界看作文化产业发展的新一轮机遇。但不可否认的是，当前时期的中国文化产业发展仍然存在着“双面性”：一方面，文化产业发展态势迅猛，整体增长可观，尤其是在量的积累上，已经凸显出作为国民经济支柱产业的潜质；但是另一方面，国内发展文化产业仍然受到许多传统产业观念与社会、经济、政治体制的制约，导致市场缺乏活力，难以产生质的飞跃。因此，我们在抓住历史机遇的同时，也要积极寻求支点，为推进业态进一步深度融合提供创新保障。

（一）观念创新

“跨界”意味着需要打破传统的思维模式，尤其处在“一切皆有可能”的大融合背景下，业界、政界、学界应不断转变和更新观念，来应对当前文化产业发展的新需求。首先，作为市场主体的企业，在面对医疗卫生、教育、交通、金融、零售、制造业等壁垒森严的传统行业时，应保持开阔的思维，拿出冲破行业进入壁垒的勇气。近年来，以百度、阿里巴巴、腾讯为代表的互联网企业将触角深入不同行业，以创新思维开辟“蓝海市场”，转变经营思路，在竞争中脱颖而出，就很值得业界借鉴。其次，作为政府，则要充分认识到跨界融合对于转变经济发展方式、促进产业转型升级和创新的重要作用，不断提升前瞻性战略研判能力，做好顶层设计，为业态融合创造好的政策环境和氛围；地方政府则应因地制宜，加强独立创新意识，在传达、贯彻、落实国家文化产业相关政策的同时，结合区域优势和地方特色资源，针对实际情况出台相应规划指导，进行政策推进和制度创新。此外，对于学界而言，也应紧跟时代步伐，继续发挥文化产业高端智库功能；不断加强产业理论、行业案例及相关问题研究，加大文化艺术教育力度，提高人文素养，推动转变消费观念；同时不断提升对未来趋势的预测能力，为前沿规划制定和企业发展决策提供必要的智力支持。

（二）机制创新

由于跨界融合往往涉及多个领域多个行业，“不同行业的企业可能分属不同部门管辖，商委、经委、科委等都有各自管辖的企业，有各自的利益；在这种管理体制下的企业又受到经营范围的严格限制，从而使产业的融合发展变得难以协调"①。相比发达国家的对文化产业"无为而治"的理念，国内还存在一系列难以突破的体制机制障碍。促进业态跨界融合，当务之急是要突破条块分割的管理体制，在组织协调机制上营造有利于业态融合的制度环境。比如可以通过设置权限较高的跨行业管理协调机构，使原来分属不同部门、地区的资源能按业态融合的需要得到重组与整合。其次要不断深化文化体制改革，加快转变政府职能，简政放权，减少行政干预；要以企业为主体，以市场为导向，鼓励一切有实力、有条件的国有、民营、外资企业进入文化产业领域；要加快对创意、形象、软件等无形资产的评估标准，加强知识产权的保护和应用。此外，还应在相应配套制度上不断创新，包括激励制度、财税制度、投资制度、金融制度、法律制度、贸易制度、消费制度，等等。总之，要尽快建立起一整套有利于业态融合的保障机制体系。

（三）路径创新

创新是文化产业发展壮大的生命力和竞争力所在，推动文化产业业态融合，首先要不断加强文化创意与科技创新的融合力度，提高创新和科技要素的驱动力量，将"硬创新"与"软创新"结合起来，为业态创新提供更多可能。其次，要培育一批骨干文化企业和走在时代前沿的引导型企业，孵化实力雄厚、竞争力强的"文化航母"，提升产业融合规模化水平和"走出去"的能力；同时扶持文化小微企业深耕某一领域做专做强，为进一步跨界融合提供基础。要发挥企业在业态创新、技术创新、内容创新、管理创新、模式创新、标准创新上的主体作用，不断培育壮大市场主体；要营造适宜创新型人才健康成长、脱颖而出的优良生态，积极推进产学研用合作，鼓励培养更多跨学科、高层次、国际化复合型人才和专业人才，提高创意成果转化率；要不断创新金融支持体系，强化对中小文化企业的资金扶持力度，不断深入推进文化与金融的合作，为文化企业融资提供风险屏障等。

① 厉无畏、王慧敏：《产业发展的趋势研判与理性思考》，《中国工业经济》2002年第4期，第10页。

中国文化产业发展的结构性特征

魏鹏举　管　理*

中国文化产业的总体发展速度快、规模增长快，文化科技的融合的内涵式结构升级趋势日益显著，文化与相关产业的融合外延式结构优化受到全面的政策推动。但由于中国文化产业的发展还处于初级阶段，在结构性方面存在的问题也比较多，比如文化科技融合相对不足，创新含量低；条块化明显，市场集中度不够；产业的关联性弱，文化创意对相关产业的带动性不足等。

从国际经验来看，文化产业与科技发展呈现明显的伴随性增长特征，科技的进步带动文化产业的增长，文化产业同时也促进数字技术的快速发展和广泛应用。机械复制技术、音像技术、多媒体技术等都曾经在文化产业的发展历史中起着里程碑式的作用。尤其是20世纪80年代以来数字技术及互联网的不断发展，文化传媒的“数字融合”趋势成为一种普遍现象。所谓数字融合①，是指由于现代科技，尤其是数字信息技术的发展，使得原本各自独立的一些行业逐渐有了越来越多的联系与交叉，甚至融合为一体。这种技术融合现象主要发生在传媒、设计等行业领域。比如传统的报刊、出版、电影、电视、音乐等不同的传媒行业，因为数字信息技术的发展，原本基于不同介质的传媒行业逐渐融合为一体，文字、图像、声音等通过数字化整合为一个不再有介质差异的

---

* 魏鹏举，中央财经大学文化经济研究院院长，教授，主要从事文化创意产业专业研究；管理，中国艺术研究院博士生研究生。

① 有关数字融合的研究，比较早的是美国麻省理工学院媒体实验室的奈格尔彭特，他用三个重叠的圆圈来描述计算、印刷和广播三者的技术边界，认为三个圆圈的交叉处将成为成长最快、创新最多的领域。20世纪80年代，美国哈佛大学的欧丁格和法国作家罗尔和敏斯分别创造了Compunctions和Telemetriqu两个新词来试图反映数字融合的发展趋势，并把信息转换成数字后，将照片、音乐、文件、视像和对话透过同一种终端机和网络传送及显示的现象称为“数字融合”。杨建文等：《产业经济学》，学林出版社2004年版，第259页。

大传媒行业。设计行业同样由于数字技术的普及和深度利用，原本各自分殊的艺术设计、平面设计、建筑设计、展览设计、工业设计等，现在均可以实现数字虚拟设计。

数字融合主要在文化创意为核心价值的行业中，因为这些行业的价值实现不以实物形态为目标。一份报纸主要的价值是它所呈现和传播的内容，而一身衣服最主要的价值是遮体防寒，报纸数字化并不影响其内容价值，而以实用价值为主的衣服则显然无法直接数字化，不然就有皇帝新衣之虞了。数字化的手段，一方面，不会对文化内容或创意有本质的损失；另一方面，还会丰富内容或创意的表达与呈现，更加便于内容或创意的传播、消费以及再利用。数字融合在最近半个世纪以来深刻影响着全球经济社会的发展，大多数的文化或创意相关的行业由分散趋于融合，数字化还不断地延伸文化创意行业的价值链，使之成为一个越来越显要、越来越能创造价值、带来大量就业的文化产业。

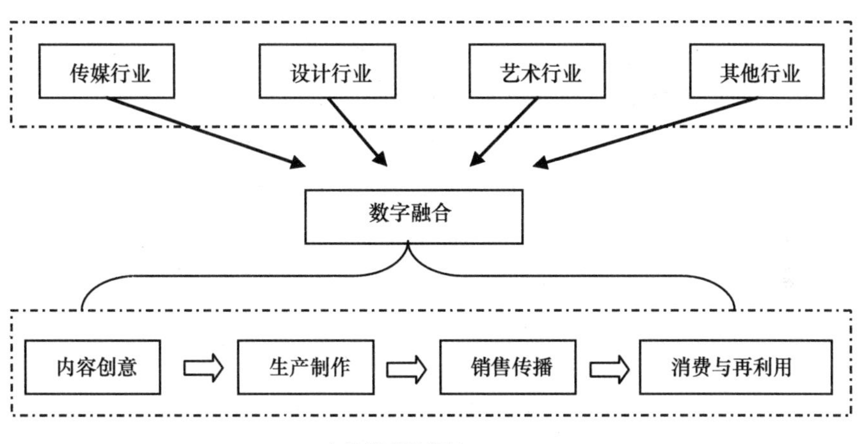

图 1　文化产业的数字融合

文化与科技的融合，这既是中国文化产业发展的自然趋势，也是中国政府的自觉追求。中国的互联网发展非常迅猛，与世界上的一些市场先发国家相比，中国呈现出“弯道超车”的态势，互联网用户规模已经为世界第一。在市场化的环境中，互联网经济高速发展，在市场需求和资本运作的共同作用下，互联网的文化产业化程度在最近几年越来越高。中国的三大互联网巨头 BAT（百度、阿里巴巴和腾讯）都已经全面布局文化产业。与此同时，文化产业的数字化或互联网化也不断提速。中国政府在这个方面也不遗余力。中央财政最近几年辟出专项经费补贴推动国有文化企业的数字化升级。文化资源的数字化增长同样令人瞩目。政府也专门出台了一系列推动文化科技融合发展的政策文件，无论是文化部门还是科技部门，都表现出很高的积极性和热情。

据估算，移动互联网相关业态对传媒产业增长的贡献率达到30.3%，较2012年上升12%。[①] 数据显示，2013年中国网络游戏市场规模达到891.6亿元，同比增长32.9%；在线视频市场规模达128.1亿元，同比增长41.9%；2012年手机阅读用户规模达到了2.91亿，市场规模达到了55.9亿元。2013年8月，国务院发布的《关于促进信息消费扩大内需的若干意见》提出，要大力发展数字出版、互动新媒体、移动多媒体等新兴文化产业，促进动漫游戏、数字音乐、网络艺术品等数字文化内容的消费。

除了文化科技融合的内涵式结构升级之外，文化产业与相关产业融合发展外延式结构优化趋势也日渐明显。后者既反映了相关产业对文化产业发展的支撑作用，也反映了除GDP的直接贡献外，文化产业对国民经济的整体拉动作用。从相关产业的支撑作用看，主要体现在三个方面：第一，作为中间产品和最终产品的需求方，刺激文化创作生产；第二，通过提供技术、设备与材料，支撑文化生产传播；第三，通过产业融合，为文化产业发展提供更广阔的市场空间。从文化产业的整体拉动作用看，主要体现在四个方面：第一，优化产业结构，主要基准是在整个产业链中的纵向整合功能；第二，拉动经济增长，主要基准是文化消费、投资、出口的拉动作用；第三，推动经济转型升级，主要基准是技术创新为代表的全要素生产率提升；第四，提升产品附加值，主要基准是品牌价值。

由于计划经济的历史性因素，中国经济的不同产业间在整体上还有条块封闭的问题，但在文化产业与相关产业关联最为紧密的个别领域自发涌现了一些新业态、新模式，成为融合发展趋势的先声：

一是文化旅游。景区的文化挖掘、主题乐园的涌现，丰富多样的旅游纪念品，文化内涵决定着旅游的品位、精神价值和人文含量。文化产业与旅游业融合的典型范例是旅游演出。由张艺谋执导的《印象·刘三

---

① 数据来源：清华大学新闻传播学院传媒经济与管理研究中心《中国传媒产业发展报告(2014)》。

姐》仅 2009 年就演出了 497 场，观众达 130 万人，演出收入逾 2.6 亿元，引发了国内大型实景演出的热潮。据官方披露，目前中国成规模并具有一定知名度的旅游演出项目有二百余个，2013 年旅游演出的市场收入已达 37.71 亿元。[①] 2007 年，文化部、国家旅游局出台了《关于促进文化与旅游结合发展的指导意见》，进一步推动文化与旅游紧密结合、互融共进、互动发展。

二是文化地产。随着房地产市场的持续升温，2008 年以来中国出现了文化地产热，名目繁多的文化园区如雨后春笋般涌现。尽管文化园区普遍产值低、企业少、同质化严重，大多沦为“圈地”的噱头，但客观上，这一文化产业与房地产业结合的业态自发实现了相当程度的产业融合，在房地产开发之余，也为消费者提供了独特的文化体验，提升了文化产业的集聚效应，改变了文化产业“轻资产”的特征，为文化产业发展提供了一定的资本支持。随着政府对文化园区建设的不断规范，文化地产发展模式也将进一步调整，有望实现文化产业与房地产业的双赢。

三是创意设计。文化创意是凭借创意才能提升产品附加值的关键部门，对以制造业为代表的传统产业有着“点石成金”的独特作用。截至 2012 年底，中国文化创意与设计服务增加值达 3530 亿元，其中广告业 1025 亿元，软件开发 1209 亿元，数字内容服务 74 亿元，工程勘察设计 999 亿元，专业化设计服务 223 亿元。[②] 此外，文化创意领域也涌现了一些崭新业态，如实现了艺术家、博物馆与制造业间的无缝对接的艺术授权。据统计，2010 年中国艺术授权和衍生品交易为 60 亿元。[③] 中国文化创意领域蓬勃发展，带来了从“中国制造”到“中国创造”的转变，2013 年中国 500 个最具价值品牌的总价值已达 81025.29 亿元。[④]

四是装备制造。文化装备是用于文化再生产的专用材料与设备，不仅可以支撑文化产业发展，还可以促进装备制造业转型升级，自身也可以在融合中实现跨越发展。据估算，2008 年中国规模以上文化装备制造业法人单位增加值约为 5147.6 亿元，占该年度我国文化产业增加值的 67.5%，其中，印刷装备 3294 亿元，演艺装备 1544 亿元，广播电视

---

① 数据来源：中国演出行业协会《2013 中国演出市场年度报告》。

② 数据来源：国家统计局，系全口径的法人单位（含企业、事业、社团）数据。

③ 数据来源：文化部文化市场司《2010 中国艺术品市场年度报告》。

④ 数据来源：世界品牌实验室“2013 年（第十届）《中国 500 最具价值品牌》排行榜”。

装备257亿元。[①] 然而，在一些高技术含量的领域，中国文化装备制造业发展水平与国外还有较大差距，如数字电影放映机等电影装备还大量依赖进口。作为文化产业中最具固定资产特征的组成部分，未来文化装备制造业在融合发展中的地位将进一步凸显。

2014年3月，国务院出台《国务院关于推进文化创意和设计服务与相关产业融合发展的若干意见》，提出“着力推进文化软件服务、建筑设计服务、专业设计服务、广告服务等文化创意和设计服务与装备制造业、消费品工业、建筑业、信息业、旅游业、农业和体育产业等重点领域融合发展”，中国文化产业与相关产业有望在日趋完善的政策推动下走向行业内融合、行业间融合，乃至文化经济普遍融合的新形态，实现真正意义上的融合发展。

尽管融合发展是文化产业的应有之义，早已成为大势所趋，并有个别领域在业态融合与模式创新方面走在产业前列，但当前中国文化产业与相关产业仍呈现关联度较低的整体特征。相比产业规模在政策支持下所获得的迅速提升，当前中国文化产业的产业关联度较低。[②] 根据2007年的投入产出表可作出一些初步判断：第一，文化产业总投入产出规模偏低，仅占总投入产出的1.68%，而同期文化产业增加值占GDP的比重为2.43%；第二，文化产业的影响力系数与感应度系数均小于1（见表3），说明文化产业的波及效应较低，与其他产业的关联性较弱；第三，从直接分配系数与完全分配系数看（见表4和表5），文化服务业的前后向关联度都低于平均值，说明其与相关产业严重脱节；第四，部分核心领域呈现封闭局限的发展格局，如文化艺术业、广电音像业投入产出占比最高的部门都是自身。这足以表明，尽管已经成为独立的产业部门，但文化产业游离于相关产业之外，呈现关联度较低的高度封闭特点。

① 数据来源：中国文化装备制造业发展研究课题组《2012年中国文化装备行业发展报告》。

② 产业关联度是国民经济各个产业部门之间以投入和产出为纽带的技术经济关联程度。如果产业关联度大于零，则两个产业部门存在关联；如果产业关联度大于平均值，则两个产业部门密切相关。从关联方向来看，产业关联度可分为前向关联度和后向关联度，又称分配系数与消耗系数。前向关联度是指某一产业与需求本产业产品或服务的产业部门的技术经济关联程度；后向关联度是指某一产业与向本产业提供产品或服务的产业部门的技术经济关联程度。从关联程度来看，产业关联度可分为直接关联度和完全关联度。直接关联度是指反映某一产业与相关产业部门的直接供给和需求关系的技术经济关联程度；完全关联度是指反映某一产业与相关产业部门的全部供给和需求关系的技术经济关联程度。

表 1　　文化产业对其他产业的波及系数

	第一产业	剔除文化产业的第二产业	剔除文化产业的第三产业	文化品制造业	文化服务业
影响力系数	0. 606272	2. 177356	0. 948206	0. 670913	0. 597253
感应度系数	0. 699009	2. 067569	0. 977271	0. 686384	0. 569766

数据来源：根据《2007 年中国投入产出表》整理。

表 2　　文化产业对各个产业的直接分配系数

直接分配系数	第一产业	剔除文化产业的第二产业	剔除文化产业的第三产业	文化品制造业	文化服务业
第一产业	0. 140657282	0. 429400059	0. 049825179	0. 024805778	0. 002330442
剔除文化产业的第二产业	0. 01843144	0. 40990255	0. 056534222	0. 02125734	0. 011052534
文化品制造业	0. 003740357	0. 235726193	0. 154278821	0. 196542411	0. 063971868
文化服务业	0. 018453538	0. 211048338	0. 11253431	0. 006484711	0. 056430098

数据来源：根据《2007 年中国投入产出表》整理。

表 3　　文化产业对各个产业的完全分配系数

完全分配系数	第一产业	剔除文化产业的第二产业	剔除文化产业的第三产业	文化品制造业	文化服务业
第一产业	0. 186438	0. 974371	0. 15324	0. 065042	0. 024475
剔除文化产业的第二产业	0. 041012	0. 826237	0. 140859	0. 052066	0. 030282
剔除文化产业的第三产业	0. 024871	0. 687221	0. 270383	0. 039608	0. 058228
文化品制造业	0. 025159	0. 713251	0. 300953	0. 269904	0. 10575
文化服务业	0. 035516	0. 514393	0. 188083	0. 026369	0. 074728

数据来源：根据《2007 年中国投入产出表》整理。

中国文化产业在结构性方面的另一个比较突出的问题是行业集中度不足。尽管早在 2003 年十六届三中全会《中共中央关于完善社会主义市场经济体制若干问题的决定》就首次明确提出文化体制改革要形成一批大型文化企业集团，2012 年《国家“十二五”时期文化改革发展规划纲要》更是直接提出要培育 50 家实力较强、影响力较大的骨干文化企业，但是从现状来看，以改制型的国有文化企业为主体的中国文化产业总体上还存在条块分割的问题，行业、所有制、地区的界限鲜明，即使是单一行业其集中度也不足，规模经济与范围经济尚未形成，这不利于中国文化产业发展的质量提升和国际竞争力增强。下面以中国出版业的行业集中率来说明这一问题。

行业集中率（CRn）是指某行业的相关市场内前 N 家最大的企业所占市场份额的总和，是衡量行业市场结构的一个重要指标，CRn 越大，说明这一行业的集中度越高，市场竞争越趋向于垄断；反之，集中度越低，市场竞争越趋向于竞争。而赫芬达尔指数（HHI）是一种测量产业集中度的综合指数。它是指一个行业中各市场竞争主体所占行业总收入或总资产百分比的平方和，用来计量市场中企业规模的离散度，可以不受企业数量和规模分布的影响，较好地测量产业的集中度变化情况。

光明日报社和经济日报社自 2008 年起每年发布中国文化企业 30 强，为分析中国文化产业的市场集中度提供了一个较好的观测样本群。30 强的文化企业绝大多数属于某个单一行业，跨媒体的企业很少。在一个细分行业中，30 强的企业所占份额也不高。这里以新闻出版产业为例，在 2013 年评出的第五届中国文化企业 30 强名单，有 10 家属于新闻出版产业，相关企业统计见表 4。国家新闻出版广电总局发布的《2012 年全国新闻出版产业分析报告》显示，全国出版、印刷和发行服务实现营业收入 1.66 万亿元。为了方便起见，这里采用企业营业收入来反映企业规模和市场占有能力，由此可以计算出各个企业的市场份额。从而得到相关指标如下：

$CR4 = 0.71\% + 0.58\% + 0.54\% + 0.52\% = 2.37\%$

$CR8 = CR4 + 0.48\% + 0.44\% + 0.41\% + 0.4\% = 4.12\%$

$CR10 = CR8 + 0.37\% + 0.29\% = 4.87\%$

$HHI = 0.71^2 + 0.58^2 + 0.54^2 + 0.52^2 + 0.48^2 + 0.44^2 + 0.41^2 + 0.4^2 + 0.37^2 + 0.29^2 = 2.419$

从市场集中率来看，无论是 CR4、CR8，还是 CR10，其数值都远远小于 30%，因此可以看出中国新闻出版产业属于分散竞争性行业。从赫芬达尔指数来看，HHI 远远小于 500，反映出中国新闻出版企业分散程度过高，产业集中度不足，有待引入战略资本进行合并重组。

表4 2013年中国新闻出版企业10强的收入与市场份额

序号	企业名称	2012年营业收入（亿元）	市场份额（%）
1	江苏凤凰出版传媒集团有限公司	118.6	0.71
2	安徽新华发行（集团）控股有限公司	97.0	0.58
3	浙江出版联合集团有限公司	90.3	0.54
4	安徽出版集团有限责任公司	87.5	0.52
5	江西省出版集团公司	80.4	0.48
6	湖南出版投资控股集团有限公司	73.7	0.44
7	中国出版集团公司	69.0	0.41
8	山东出版集团有限公司	67.3	0.40
9	中国教育出版传媒集团有限公司	61.4	0.37
10	四川新华发行集团有限公司	49.0	0.29

数据来源：互联网公开披露。

中国文化产业所出现的结构性问题的根源，是产业自身的市场化程度不高。产业融合的实质是多要素的整体性融合，其本质是资源配置的问题。市场是已经被实践证明的，迄今为止配置资源最有效率的经济体系，在产业融合中发挥着决定性作用。从产业融合理论看，产业融合以市场融合为导向已经成为共识。① 这一判断也可以运用产业组织理论中经典的“结构—行为—绩效”分析范式得以确证。正是通过市场资源配置，产业在三个方面突破了自身的高度封闭特性：一是在技术与产品层面激发创新以实现替代与互补；二是在生产中通过模块化提高资产通用性；三是在流通中放松管制以突破市场壁垒。

然而，更好地发挥市场在文化领域资源配置中的作用绝非一朝一夕之功，文化产业与相关产业融合发展，既要寄希望于消费市场的自发生长，更需要政府的主动介入，这也是中国文化产业政策的现实需求之一。

① 克雷斯腾森和罗森布鲁姆（Christensen C. & Rosenbloom. R，1997）、阿方索和塞尔瓦托（Alfonso & Salvatore，1998）等都表达了类似的观点。

文化创意设计:特点与功能

李康化*

文化创意和设计服务具有高知识性、高增值性和低能耗、低污染等特征，推进文化创意和设计服务等新型、高端服务业发展，促进与实体经济深度融合，是培育国民经济新的增长点、提升国家文化软实力和产业竞争力的重大举措，是发展创新型经济、促进经济结构调整和发展方式转变、加快实现由“中国制造”向“中国创造”转变的内在要求，是促进产品和服务创新、催生新兴业态、带动就业、满足多样化消费需求、提高人民生活质量的重要途径。为推进文化创意和设计服务与相关产业融合发展，2014 年 2 月，国务院印发了《关于推进文化创意和设计服务与相关产业融合发展的若干意见》，提出了发展目标：到 2020 年，文化创意和设计服务的先导产业作用更加强化，与相关产业全方位、深层次、宽领域的融合发展格局基本建立，相关产业文化含量显著提升，培养一批高素质人才，培育一批具有核心竞争力的企业，形成一批拥有自主知识产权的产品，打造一批具有国际影响力的品牌，建设一批特色鲜明的融合发展城市、集聚区和新型城镇。

一　文化创意设计的特点

设计不仅仅是一种艺术的表现、功能的满足，更要融合人类学、心理学、社会学等多方面的内容，给人们带来新鲜体贴的感受与体验。文化创意产品为消费者提供的功能里已经包含了情感因素，在满足消费者

---

* 李康化，上海交通大学文化产业与管理系副主任，国家文化产业创新与发展研究基地文化市场研究中心主任，《中国文化产业评论》（CSSCI）副主编，副教授，主要从事文化营销、文化创意产业等研究。

使用功能的同时还满足消费者的情感需求，产品已经从过去的单纯实用物品成为具有精神和物质双重属性的东西。[①] 因此文化创意设计比起解决产品造型与功能问题，更加要注重用户体验、用户情感。在今后的发展当中，产品对于文化的延续作用会越来越大，人类的生活方式中会充满创意的身影，文化创意设计注重情感与创造性，是推动知识经济发展的强大力量，在今后人类社会发展的进程中将发挥更大的作用。其特点如下：

（一）文化性

在传统的设计中，设计是以技术为其主要支撑。但是在文化创意设计中，不仅要考虑到技术的要素，而且还要注重设计的文化性，要让文化来决定设计。

一方面，对于普通的民众来说，一提到文化，首先想到的还是一个国家与民族历史中传承下来的共同的语言文字、风土人情、礼节习俗、艺术作品等。这是文化决定设计的一个方面。文化是文明的一种表达，在设计中加入文化元素，也是将一个民族的数千年文明历史浓缩在设计产品上的体现。文化性的设计应该能让人感觉各种文明的特点，不同的文化元素让人们接触到不同的文明，能让人得到各种文化的熏陶，从而使人得到内心的满足。现代设计中越来越需要古代文化。现在消费者越来越能够体会到古代文化的美好与经典，因此也愿意选择富有文化内涵与文化特点的产品。

另一方面，在英国文化研究中，雷蒙·威廉斯对于文化的一种定义是特定人群的一种生活方式。如果以这种定义来考虑文化对设计的决定性的话，在设计的时候就应该考虑设计作品该如何体现其解决问题的能力与如何反映社会的面貌。现在有些设计过于强调创意而忽略设计本意，一些创意十足的设计可能根本无法解决问题。[②] 设计的前提就是它能够解决问题的功能性，要为人们的生活创造便利，用设计产品去改变一种生活方式。同时，人们现在也更加将注意力放在设计师是如何用自己的创意来评价社会、反映社会面貌的，一个好的设计作品要与社会与时代环境紧密相连。社会大环境对设计的决定作用，也就是当代的文化

---

① 梁梅：《信息时代的设计》，东南大学出版社2003年版，第144—145页。

② 刘小康、谢傲霜：《从设计到产业》，《中国人民大学学报》2012年第18期。

对设计所起的决定作用。

中国移动通信公司所做的3G标志就充分加入了中国的文化元素。其整体形似一个太极八卦的图案，蕴含了3G生活的丰富多彩与包罗万象的意义；而字体又采用的是中国古代水墨丹青与朱红印章的线条，体现了中国特有的文化色彩与文化底蕴。把代表现代社会快速而精彩的生活方式的3G与古代的优美与简约联系在一起，其设计美感深得人心。文化创意设计不仅仅是一种吸引注意力的表现方式，更是一种含义与文化的表达。所以，文化创意设计不是随波逐流的即兴潮流玩意，而是深入文化的最深层内核，经过揣摩融合实验再造，并使之成为永恒的美学体验。①

（二）体验性

现在消费者在消费文化产品的时候会更加注重用户体验这一要素，即用户在选择产品的时候，会因为产品在视觉、听觉、触觉等感官方面给人带来的舒适感，或者是产品能使用户更加方便地解决问题而最终决定选择某一种产品。设计现在并不是单纯的“解决问题”，更可以成为对人类体验的提升。文化创意产业现在重点销售用户的“体验”，文化产品就需要具有这种高层次的用户体验，文化创意设计的体验性也是其区别于一般设计的特点。

正确的产品形态绝对不是由“功能”所决定的，而是应该由“用户自身的心理感受和行为”来决定的。② 现在可以说每天都会有新的设计出现，不仅产品越来越多，产品所具备的功能也越来越齐全，例如手机已经从以前只是一个通信工具而升级成为现在的集通信、上网、娱乐等多功能于一身的电子设备。在这个瞬息万变的设计世界中，能够设身处地地为用户着想，在产品设计中将用户体验纳入到设计考虑范围之内，才能在众多设计中脱颖而出。在生活中我们也经常因为一个积极的体验而去消费一个产品。人们能够在消费产品的过程中有更愉悦的感受或者体会到了设计带给生活的便利，这是一个设计师体现其对用户关心的最好的方式。

---

① 刘小康、谢傲霜：《从设计到产业》，《中国人民大学学报》2012年第18期。

② Jesse James Garrett：《用户体验要素：以用户为中心的产品设计》，范晓燕译，机械工业出版社2011年版，第8页。

设计的体验性不仅仅吸引了用户对设计的关注，更大的作用在于它能够提高用户对产品的忠实度。现在市场上产品繁多，功能齐全，想要解决问题，往往有多个产品可供选择。如果一个产品一开始就能够给用户带来良好的体验，用户对产品的印象很深刻，在其第二次消费的时候就很少再浪费时间去比对挑选其他产品，而是选择这个已经熟知的产品。并且真正高层次的体验效果也会为自己打造一群“铁杆粉丝”。最典型的例子莫过于苹果公司，经常有人说用过了苹果公司的产品就不想再用其他公司的产品了。这些“果粉”们如此忠实的原因就在于苹果公司的产品给用户带来的高层次体验。现在在手机屏幕越来越大的趋势下，苹果一直坚持自己手机的 3.5 英寸的屏幕，在 iPhone5 出来的时候也只是稍作调整，增加到 4 英寸，这是因为苹果认为适当大小的屏幕使一般的用户在单手使用手机时，其拇指可以滑过屏幕的任意一处，更大尺寸的手机屏幕则会让用户在某些时候不得不两只手操控。苹果产品中类似这样体贴的设计还有很多，正是由于苹果产品给用户带来的这样的舒适的体验效果，才使得更多的人选择苹果并且一直忠实于它。

在文化创意市场中，注重体验的现象越来越多。人们愿意花钱去购买体验享受或是感官刺激。2010 年《阿凡达》创下了全球票房 27 亿美元的惊人成绩，观众大多数是冲着《阿凡达》高质量的 3D 效果而去观看的，还有不少影迷为了寻找更高层次的视觉效果而选择 IMAX - 3D。这几年，在新的 3D 影片不断受到追捧的同时，类似《泰坦尼克》和《侏罗纪公园》这样的经典老片也进行 3D 版重映，这样不仅是对经典的重温，也给观众们带来了全新的视觉享受。3D 技术的使用是一种科技的创新，科技现在越来越注重给人们带来感官上的刺激，通过高科技的数字化技术将人的所有感官调动起来，用科技不断创造新的体验。这样的创新为《泰坦尼克 3D》与《侏罗纪公园 3D》带来了 3.44 亿美元与 1.5 亿美元的不菲成绩。由此可见，现在的人们愿意花钱消费去寻求一种非凡的体验与感官的冲击。因此，今后的文化创意设计中，体验的力量将发挥很大的作用。

（三）情感性

如果说文化创意设计的体验性与人的感官感受有关，那么文化创意设计的情感性就注重人的心理感受。当然良好的体验能够给用户带来好感，所以两者有时也是有重叠的地方的。

设计总是在强调“以人为本”、“以用户为中心”，所以设计师偏向于关注设计中的产品功能问题与技术实现问题。但是现在，“以人为本”包含了深层次的含义，设计也需要考虑人的心理与情感，并且了解心理与情感怎样在用户对产品选择的过程中起作用。现在的设计产品更应该注重设计的艺术性与美学性，激发用户在使用产品的过程中产生喜爱的情感。技术与功能决定设计成败的时代已经过去了，对于情感的关注才是现代设计努力的方向。

唐纳德·A. 诺曼在他的《情感化设计》一书中将设计分为三个层面：本能层、行为层和反思层。本能水平的设计关注的是外形，行为水平的设计关注的是操作，反思水平的设计关注的是形象和印象。本能和行为水平在全世界都是相同的，尽管有迥然各异的文化，只有反思水平在文化间有很大差异。① 这里的文化差异不仅包括国家，还包括年龄、职业、地理环境等方面的差异。根据不同文化群体的不同反应，就要求设计师在设计的过程中考虑多方面因素进行设计，从而激发特定群体的积极情感。因此，本能层的设计基于人类的物理特征，注重人类的视觉、听觉、触觉等方面；行为层的设计关注设计的功能与效用，为了满足人们的日常生活需要；而反思层的设计更关注用户的情感，满足用户的精神需求，或者说为用户创造一个优秀的情感体验、唤起用户对美好事物的回忆。

现在深得人心的设计往往是注入了情感成分的设计，相比理性来说，现在的用户更加倾向于让情感来领导自己的选择。在这个物质财富生产逐渐趋于饱和的状态下，精神产品的再生产是今后经济发展的方向，在精神经济中，情感、文化等要素就成为支持经济发展的重要力量。文化创意为了给人们提供更丰富的精神文化财富，就要在设计的时候对周围的环境作出判断，将自己的情感注入设计的同时，使产品给用户带来卓越的情感体验。

情感对于人可以说是与生俱来的，所以现代的文化创意设计也很难摆脱情感的因素。我们消费任何一个文化创意产品的时候都伴随着情感的产生。产品人性化的设计能够使我们产生舒适方便的感觉；个性化的设计能够使我们产生与众不同的感觉。相反，生硬的设计会给用户带来

---

① ［美］唐纳德·A. 诺曼：《情感化设计》，付秋芳、程进三译，电子工业出版社 2005 年版，第 XXI 页。

死板的感觉；复杂的设计也会使用户在使用过程中摸不着头脑。这种设计给人们带来的情感因素，不仅影响着其对产品的评价，而且会影响到用户对下次是否消费本产品的选择。正面的情感给人们带来的是对于产品使用的美好回忆，好的设计使用户拥有一种自豪感、成就感；而不好的设计则使用户对自己的能力产生怀疑，这种负面的情感可能使用户下次不会再问津这种产品。情感设计就是要带给用户愉悦感。相对那些不能给人愉悦感的产品，给人愉悦感的产品是人们的首选，会经常被购买，并会被更频繁地使用。[①] 所以，情感设计也是一种文化品牌的建设，是保持文化产品价值长期性的关键因素。

2013 年 5 月 2 日，中国香港的维多利亚港出现了一只大黄鸭的身影。它的外形就像普通家庭浴缸里供小孩子玩耍的橡皮鸭一样，只不过放大了数百倍。这只大黄鸭的出现吸引了不少人的目光，甚至有人专程从外地赶来为亲眼目睹这一新奇的设计。大黄鸭由荷兰艺术家弗洛伦泰因·霍夫曼设计，至今已经在 11 个国家 14 个城市进行展览，每一次的展览都吸引了全世界各地的游客，在丰富了人们的娱乐文化活动的同时给所到之地带去了可观的经济收入。大黄鸭的这一设计使城市的海域、港湾变身成为一个巨大的浴缸，小时候的玩具使人们想起自己无忧无虑的童年。这个设计充满了童趣，为现代快速机械的生活带来了一抹轻松与快乐的气息。这样的文化创意设计就是诺曼所提到的反思层的设计，它引起了人们心中的共鸣，给予人们情感的慰藉，唤起了人们对童年美好时代的回忆，许多人慕名前去参观，甚至还有跟随大黄鸭的脚步环游世界的人。

（四）差异性

面对层出不穷的优秀设计与越来越丰富的产品选择，用户们的需求往往越来越细化，要求也随之增高。用户需要与众不同的非我莫属的用户体验，这就需要设计师们在差异性设计方面有所开拓。差异性的设计应以了解用户需求为起点，为用户“定制”一种设计产品，这样防止千篇一律、无法给用户留下深刻的印象。

现在技术正在趋向同质化，设计就更要注重产品为用户带来的体验

---

① Gloria Moss：《性别设计与营销》，滕文波、刘旸译，企业管理出版社 2012 年版，第 43 页。

上与精神上的差别化。在实体产品差异化变得越来越困难的时候，设计所带来的非同一般的感受就会使产品脱颖而出，在用户脑海里留下“差别印象”。就像“定制”衣服一样，现在文化创意设计也针对一些特定的用户“定制”一些文化产品。在创造新产品的过程中，满足不同审美观的需求与规模经济的需求是相冲突的，规模经济更倾向于满足狭隘的兴趣而不是扩展范围。[①] 由此可见，只有使产品多样化起来，满足更细分的市场，才更加具有竞争力。

差别化的文化产品给人们带来差别化的文化体验，使个人表达了某种拥有感和自豪感，具有一些个人感情。[②] 差异化设计包括两个方面：一是要注重消费者人群的细分，根据不同的因素将消费者分为不同的类别，其相对应设计的产品也需要有所不同。例如，城市消费者与乡村消费者对文化产品的需求就不同。消费者细分有利于了解不同人群的不同需求，从而进行差异化设计来满足尽可能多的人的需要。二是设计的差异化需要注意特殊人群的需求，例如未成年人群、高龄人群、残障人群等，这些人群的分类是以人的物理特征进行的。而文化创意设计差异化所关注的目标消费者是根据人们的精神文化体验需求不同而分类。不用的产品为不同的精神文化需求而设计。

具有差异性的文化创意设计对企业与产品自身也是一种保护。它以它的独特性与其他的产品区分开来，为自己划定了一部分的消费者群体，避免了与其他产品的正面冲突与竞争。同时不同种类的文化创意产品也大大丰富了文化市场。如果一个文化产品带给用户的差异性体验深得人心，那么这种差异化还会给产品带来品牌效应，有利于文化产品之后的发展。

现在文化创意设计已经从不同的方面为消费者创造差异化的体验。例如，现在各地的包房式影院开始受到影迷们的青睐。南京、扬州等地开设的艾米 1985 影吧，与普通影院不同，这里是包房设计，观影人有自己私人的空间，不受其他人的打扰。同时这样的影吧如同 KTV 一样可以自行选择播放影片，影片范围不仅仅局限于正在上映的影片，还包括已经下映的影片，给观影者以更多的选择。在上海的繁华地带徐家汇

---

① Gloria Moss：《性别设计与营销》，滕文波、刘旸译，企业管理出版社 2012 年版，第 41 页。

② 唐纳德・A. 诺曼：《情感化设计》，付秋芳、程进三译，电子工业出版社 2005 年版，第 193 页。

开设的梦想空间私人情侣影吧在此基础上还加入了不同的包间主题分类的设计，如航海主题、卡通主题等，使观影人每次去都能有不同的选择。这就给消费者提供了差异化的体验，普通观影者选择去电影院观看电影，而影吧为消费者提供了有差异化的观影感受，更加狭小的空间、更加舒适的环境，给自己和家人朋友提供了一个共处的温馨时光。这些因素都使有特殊需求的消费者宁愿花更多的钱去享受这种差异化的体验。将来会有越来越多这样的文化创意设计出现，以丰富人们的精神文化生活。

二　创意设计与文化产品

文化产业的产品具有物质性和精神性双重属性，有物质形态的产品，也有文化的相关服务。和文化产业相比，创意设计的活动实践性更强，直接和各种传统产业类别相关联。如设计类的平面设计、展示设计、服装设计、产品设计、环境设计和印刷、展览、建筑、服装生产和制造、产品生产、城市环境设施改造等是前端和后端紧密合作的关系，创意设计不是空想，一个创意从构想到实现，必须对相关的材料、工艺、成本、价格、市场、渠道等经济和产业链上的各个要素有所了解，并和这些产业链上的其他环节密切配合。拿平面设计来说，创意设计者必须对纸张、油墨、各种印刷技术、装订方法等行业知识比较了解，才能更好地进行创意和构思。由此，很多学者认为创意产业不是一个独立的产业，而是把创意的精神和创意活动融入已有的各个产业类别中，增强传统产业的活力和价值。由于这个特征，创意设计将对文化产业的内容产品化，特别是大众文化产品的产业化有着不可替代的推动和转化作用。

（一）创意设计赋予文化产品更有时代性和个性化的形象

文化市场是文化产品生产、交换、消费的场所，文化市场是市场经济的一个组成部分。在现代市场环境下，商品信息和选择极大丰富，文化商品的信息混杂在其他性质的产品中，若要吸引人们的注意力，从而导致消费行为，必然要在文化产品信息的包装和传播设计上精心设计。文化产品的商品属性决定了其需要包装和传播推广，而创意设计则可充分发挥其包装性功能，让文化产品能够有更加新鲜和完美的形象，更有利于吸引消费者的注意，和流通环节的推广。

文化本质上是精神属性的，文化产品是文化的物化过程，这个过程本身就需要创意设计的参与。创意设计给予文化产品在市场上呈现的形式，不但要吸引文化消费者的注意，并且要保证文化产品能完整地到达消费者手中。文化市场既然要在市场经济中成长，就必须符合市场经济的基本规律，而竞争和优胜劣汰是市场竞争永远的法则。哪怕是一本传统小说，不同的出版社可以出不同的版本，采用不同的纸张和版式设计，这些同类产品之间产生视觉和形式上的差别和个性化，将会吸引不同爱好审美的消费者。如《红楼梦》这样一本经典小说，在不同的年代里会被不断地重新出版和印刷，每一次的设计都会和当时的审美与市场喜好相吻合。民国期间，很多文人和艺术家参与了图书封面和插图的设计，那个时代特有的字体、版式、绘画的特色，完整地保留在当时的图书里，今人看来成为当时社会文化面貌的一个侧影。

书籍的装帧设计和其他包装相比，更具有文化性和艺术性，更贴切书的内容和情调，因此，传统上人们称之为“书衣”。在图书市场处于计划经济的阶段，图书的生产和销售与市场竞争并没有直接关系，图书的形式价值不大，除了部分出版社仍然坚持一部分经典图书的优良设计之外，大部分图书设计都是简单而粗糙的。在 20 世纪 90 年代以后，图书市场也引入了市场经济的竞争，允许不同性质的企业参与到图书的整个产业链中，这些新兴的力量，产生了鲶鱼效应，给全国的图书业带来了极大的刺激。对书的选题和书的包装开始受到重视。一些图书设计工作室诞生，开始和全国各大出版社紧密合作，悄悄充当起为图书做嫁衣的角色，中国书的形象在 20 年里有了很大提升。

书展是促进图书展示和销售的重要市场活动，各大出版社对每年 1—2 次的全国重点书展极其重视。书展不仅是书的内容的展示，更是书的设计、书的包装竞争亮相的舞台。和全国书展相比，国际著名的法兰克福书展等更是图书和设计的嘉年华。德国莱比锡也因这里诞生的“世界最美的书”而成为国际文化重镇。“世界最美的书”评选活动最早起源于 1961 年的联邦德国，1991 年后该活动移师莱比锡，成为“莱比锡书展”和全球书籍设计界的一项重要活动。早在 1959 年，上海就第一次参加莱比锡设计评奖，共获得金奖 2 枚、银奖 3 枚、铜奖 3 枚。30 年后的 1989 年，上海出版的木版水印《十竹斋书画谱》曾荣膺该年度国家大奖。但我国图书没有常年参与这个世界级的图书盛会。直到

2003 年，上海市新闻出版局与“世界最美的书”的主办方德国图书艺术基金会恢复了联系，2004 年度《梅兰芳（藏）戏剧史料图画集》荣获“世界最美的书”唯一金奖。十年来，中国的参展和获奖的图书通过书的设计，使中国传统文化得到了世界范围的传播和重新认识。受此鼓舞，更多的设计人开始注意书的设计，在书的包装上集合了平面设计、印刷、摄影等多个创意设计相关领域的智慧。

文化产品中也包括多种形式的数字化产品，如音乐大碟，甚至软件，这些产品同样需要包装设计来帮助产品的推广。Adobe 公司是美国著名的设计软件开发公司，其品牌下的 photoshop 等设计绘图和排版软件是全世界设计人的必备之物。虽然软件只有薄薄一张光盘，Adobe 公司仍然邀请了当时在美国的著名华人设计师王敏为其进行软件的包装设计，王敏出色的设计不仅凸显了软件本身的专业性，并和市场上普通的软件包装产生了鲜明的差别，王敏设计的包装和软件一起整整伴随了 20 世纪 90 年代成长起来的设计师十多年的时光。

（二）创意设计促进文化产品和新的消费模式和传媒载体的嫁接

文化商品的生产最终还是需要服务于文化市场的消费者，每个时代消费的特点在不停地变化，商品如果不能和所处的时代的消费模式相匹配，不能和所处的时代的消费形式渠道相嫁接，将最终失去市场。

由网络带来的网购，乃至后期借助于网络的朋友圈营销、移动终端支付这些新的消费模式，团购消费、包月支付等直接影响到文化产品的销售和文化市场的业态。在消费模式上首先受到冲击的是图书市场。网购彻底改变了传统图书的销售模式，反过来，书店的设计则具有了其他的意义和价值。人们到书店的消费行为不同于以往以购书为直接目的，优雅的店内环境，优秀的图书设计和装帧艺术，图书的精心选择和陈列，书店和咖啡馆、和创意产品店的结合，增加了书店的功能，增加了顾客的黏合度和体验消费的丰富质感。而店主的精心经营和独特品位，充分利用各种灵活而细腻的营销手段，很多店主自己设计店面书签、海报，通过电子邮件、微博、微信进行情感联络和书籍推广，也成为凝聚客户的重要因素。电子书也改变了人们的阅读模式，照顾到阅读者的阅读体验，又充分享受电子书的便捷和超大容量，良好设计电子书阅读器和电子书库资源的结合。文化产业如果能充分利用好多种形式的消费模式，特别是新兴的消费模式，将会对产品的推广和未来发展的空间起到关键性的作用。

20 世纪是一个媒体改变世界的时代，媒体改变了人们的学习方式、消费方式，媒体也改变了整个时代的文化传播和营销方式。而 20 世纪末开始，网络作为技术渗透到社会和人们生活的各个方面，网络比大众媒体更加彻底地改变着社会的结构、人们群落的构成以及社会关系的连接方式。网络是个平台，更是一个超级媒体，它突破了边际，让文化的传播和交易也增加了无限的可能。文化商品的宣传和市场传播依靠一定的传媒形式，传统的报纸、杂志和电视三大媒体，维系着一部分传统的文化消费市场，而更多的年轻的文化市场维系在网络空间，基于手机和个人移动信息终端的 App 和社交圈口碑的新的传播载体。当下传媒越来越向着精准化、个人化、即时化、轻量化发展，优势渠道和优质内容的结合，把文化商品的信息设计得短小、精练，方便新的媒体传播阅读形式，这些都要依靠多媒体设计、界面设计等创意设计的辅助。

消费方式的变化和生活方式的变化紧密相连，人每天活动半径的增加，网络特别是移动网络的广泛使用，人们信息分享、传播的空间已不受物理空间的限制，移动消费、在线消费成为未来发展的趋势。基于云技术的应用和及时配送的物流体系，实现线上线下的联合，将为消费模式的变化带来更多不可预测的空间。文化产业如果能充分利用好多种形式的消费模式，特别是新兴的消费模式，将会对产品的推广和未来发展的空间起到关键性的作用。对新的消费形式的研究和消费者的研究是创意设计的热身运动，设计是服务于大众和社会的，创意产业对消费者和新兴消费方式的研究领先于文化产业，如果能将创意设计所进行的消费者研究以及新媒体的诸多应用和文化产业充分接合，文化产业将会更充分地利用新兴媒体的力量，以更快的速度适应当下的消费特点，和创意产业一起飞速发展。

（三）创意设计让传统文化资源获得当代认同和延续

创意设计可以给历史文化传统和文化资源赋予新的形象，而便于在新的时代和新的文化氛围中传播。文化产业中有一大类是以个体化方式生产的艺术品和工艺品，如绘画、木刻、雕塑、刺绣等，很多被作为手工艺和民俗文化列入了国家和省级的非物质文化遗产名录，是我国传统文化的一笔宝贵财富。但这些产品很大程度上还停留在简单手工艺的生产阶段中，近年来由于工匠和技艺的流失，产品的制作设计水平也日益粗糙，品种单一，相似度极高，包装简陋，价格低廉，很难引起当代年轻人的消费热情。有的手工艺品依靠材料本身的稀缺性，设计保守老套，和现代人的生活节奏、家居环境也不协调，很难拓展其产品的销售市场，在年轻人中获得认同。传统文化资源如果没有市场，没有代代更新的消费群，即使有政府的扶植和保护，也难以焕发生命力而逐渐走向消亡。为了避免这样的情况出现，日本以及中国台湾地区文化创意产业首先发展的国家和地区，推出了“一乡一品”和以生产性保护为基本指导思想的扶持引导措施，将创意设计引入传统的手工艺生产中，在产品多样化、时尚化、年轻化方面有所改进，并注重设计包装和渠道推广，在新的设计和营销力量的帮助下，这些以地域文化和传统文化为资源的产品，才能在赢得市场和消费者的同时，为其传统的纯粹性保留空间。中国目前很多传统手工艺也亟待现代创意设计的参与，增加产品的生命力和市场空间。以中国传统民间玩具玩偶为例，天津泥人张和无锡惠山泥人都是历史悠久的传统地域文化代表，也是中国知名的非物质文化遗产项目。但随着老一辈艺人逐渐离世，目前仅靠几个传承人维持。泥人张也采用了品牌营销策略进行定价和包装宣传，但产品本身缺乏创意设计的支撑以及和现代时尚的嫁接，使得这两个地域文化品牌的产品形象老套，品种更新变化少，都很难在年轻人中产生共鸣和反响，前景并不乐观。

反思邻国日本，其传统文化和我国有着深厚的渊源，但他们在文化产品的开发和包装、推广上兢兢业业。日本传统的和纸艺术应用在礼品包装上，结合优雅精美的设计，使其内在商品价值虽然不高，但光鲜亮丽的外衣包装，增加了极高的附加值。日本在 20 世纪中期以后，为了推广本民族的文化，以海洋堂为代表，企业自发设计了大量的日本本土的风景名胜、饮食、历史人物、习俗等玩具产品系列放在当时十分盛行的食玩和扭蛋中，强大的产品开发和设计能力，使日本民族的文化传统在其儿童和青少年中得到了认知和传播。

另一个通过创意设计推动传统文化传播和认同的例子是来自大英图书馆（British Library）的形象更新项目。大英图书馆是英国的国家图书馆，也是世界上最大的学术图书馆之一，拥有超过一亿五千万件馆藏。大英图书馆中的馆藏包括世上几乎所有语文的作品，有手稿、报纸、杂志、剧本、专利、数据库等极为丰富的资源，是除了美国国会图书馆外全球藏书量最大的图书馆。大英图书馆的前身是 1753 年在伦敦成立的大英博物馆，历史悠久，是欧洲深厚的文化传统的象征之一。长期以来，该馆依靠政府和赞助来维持经营，在老百姓眼中，有着保守陈旧的印象。1997 年，布莱尔首相上台以后，推出了“cool Britannia”的政策和理念，力求树立赋予生命力、多元文化和前瞻性创意的社会和国家品牌形象，并专门成立国家机构推广英国年轻和充满活力的新形象。在政府的倡导下，英国的各大企业、海外领事馆纷纷进行形象革新推广，大英图书馆也受到这个趋势的影响，决定重新定位并推出自己的新形象，让该馆和老百姓更为亲近，和年轻人缩短距离。经过理念的整合和调整，对图书馆的视觉形象进行了全新的设计，包括色彩、字体、海报和宣传品、内外环境的指向系统、网页等形成一个完整的视觉形象系统。新的形象有着活泼清晰的色彩、简洁明快的编排和精心挑选的反映多元自然人文色彩的图片，大英图书馆的公众形象由此脱胎换骨，获得了社会的广泛认可，并成为公共机构形象更新设计的经典案例。大英图书馆的悠久历史和重要文化地位也在其新的形象的传播中得到世界范围的重新认识。伦敦 2012 年奥运会标志设计也让大家再次摆脱了对英国人沉稳、古板、保守的印象。伦敦奥组委称，这一强有力的、现代的会徽象征着富有活力的奥林匹克精神及其能感染全世界人民的能力。会徽由世界著名设计公司 Wolff Ollins 设计，标志设计幽默，富有动感，应用的变化能力强；吉祥物设计也充满了动感，这已经成为奥运视觉设计系统中的经典案例，也是另一个借助创意设计英国塑造其年轻多元和富有创意的国家形象的重要举措。

三 创意设计与文化市场

文化产品有着物质的属性，更重要的是精神价值。文化产品既包括有形的、物质载体形式的，也有精神方面的，以及服务等非物质形态的。在市场经济的环境里，人们的消费需求有着各种层次，人们首先要满足的是日常生活的基本物质需求，而随着人们物质生活水平的提高，精神方面的需求和对服务的需求日益增强。而市场提供的文化产品并不一定能和人们的文化消费的需要相匹配，我国每年要大量进口国外的图书、电影、音像制品，对文化需求的总量逐渐增长。创意设计对文化产品的包装和呈现方式、文化内容的演绎和传播形式等都在不断地创新提升，这些活动不仅能够激发消费需求，促进消费，更能开拓文化消费新的热点和消费市场。

（一）创意设计开拓了文化市场空间，培养了潜在消费者

绘画、摄影等艺术品是文化产品的重要类别，但无论是当代绘画还是摄影，高昂的价格是普通爱好者难以承受的。艺术品是精神性产品，它的价值在于稀缺性和社会的认知度，稀缺的资源价格一定是昂贵的，但如果脱离了广大的受众，艺术作品的长远价值和艺术家的生命力就会受到影响。特别是当代艺术，其创作和当下的生活与社会密切相关，甚至日常生活本身都是艺术家创作的素材。当代艺术借助当代媒体得到广泛传播，增加了人们对当代艺术的认可度，人们也逐渐希望拥有自己喜欢的艺术品。但艺术作品往往是唯一的，收藏家和收藏机构主要是艺术作品的收藏者。为了让自己的艺术和其爱好者更为接近，很多艺术家开始开发自己的艺术复制品，或者结合创意设计开发系列衍生品来满足人们对艺术的需求。通过这种方式，在无形之中让自己的作品走出画廊，走进生活，在更广泛的范围内长时间和人们的生活耳鬓厮磨，朝夕相处。

与此同时，世界各大美术馆和博物馆一些重要文化机构，其纪念品商店也成为人们热衷逗留的地方。热爱文化艺术的人和旅游者倾慕于馆内所藏的艺术和文化历史的魅力，把带有艺术形象和文化符号的各种文具、服装、装饰和日用品带回家，则可以满足他们不能拥有的遗憾，并为自己的旅途带回美好的回忆。每个美术馆都有以其馆藏的经典的艺术作品为设计素材的各种礼品，而每个重要的展览都要相应开发设计一系列礼品，礼品销售的收入是展览收入的重要组成部分。纽约的MOMA（现代艺术美术馆）有很大一个空间销售各种纪念品，日本的新美术馆用整整一层楼销售各种设计精美的纪念品和介绍日本传统文化的书籍等，巴黎的蓬皮杜美术馆也以新颖、时尚的礼品和创意产品颇受潮人追捧。设计师也都以自己的设计能进美术馆而感到非常荣耀。和美术馆一样，世界各大博物馆也十分重视礼品和纪念品的设计和开发，其中台北故宫博物院颇有特色，很多年轻的设计者用新的视角，将当代的设计和中华悠久的文化相结合，设计品位独特，形式新颖，官方还不断通过设计竞赛征集优秀设计，使其文化产品始终保持设计水准和时尚的新鲜度。在北京、上海等一线城市的艺术区，艺术衍生品和礼品的销售远远活跃于艺术作品本身的交易。当代艺术家也乐于和商业进行跨界合作，通过将自己的艺术灵感和知名品牌产品巧妙设计的结合，达到两者的共

赢，既推广了其艺术，提升了品牌的艺术性，又促进了市场的消费。其中比较典型的就是爱马仕丝巾邀请中国和国际上知名的艺术家共同创作设计其丝巾的图案，每年都将之作为一个时尚事件而受到大家的关注。

艺术品属于高端文化市场产品，它的消费群不但群体小，而且是需要长期培养的，大众对艺术的消费需求也是需要逐渐引导的。艺术家们创作之外的这些活动，以及画廊、美术馆和各大艺术经营机构，都开始和创意设计工作者紧密结合，关注与艺术品相关的市场的开发，不仅是对艺术这种特殊文化产品消费需求的挖掘，更是对长远艺术品市场的培育和引导。

（二）创意设计让传统文化获得国际化的视野和新的市场空间

每个时代都有各自的文化氛围，文化形态和文化特征都不同，文化本身也不断吸收当代新的内容和特征，是一个逐渐积累和逐渐演变的过程。中国历史上文化高度发展可能出于两种情况，一种是不同文化类型的充分碰撞和融合之下的爆发，如唐代的文化中融合了西域等外来文化而变得丰富而蓬勃；还有一种是在较为封闭的文化环境里向深度发展，比如宋代的瓷器、绘画等的极高成就。当下生活和文化，也都会融合到已有的文化系统中逐渐沉淀。文化需要像酿酒一样沉淀，也需要像做菜一样让不同的味道充分激荡融合，才能让醇美和酣畅兼而得之。通过创意设计，可以将传统艺术和当下的生活与时尚更加紧密结合，同样也通过创意设计，将本土的手工艺文化传统融合国际设计的潮流，激发年轻一代对传统手工艺产品的认知和热爱，开拓非传统的消费市场。

陶瓷一直是中国有代表性的传统手工艺，是我国传统造物文化的精粹，也是中国文化人生活艺术的体现。元代以后直到康雍乾时期，中国的陶瓷文化在皇家官窑制度下发展到一个个高峰，民间的陶瓷制品也因为传统文人雅士参与设计而品位不凡。清末以后，随着官窑制度的没落，国外机器制造技术的引进，陶瓷制品的产量并没有减少，但陶瓷文化走向没落，并经历了近百年的非常尴尬的时期。陶瓷文化渊源在中国，传播到世界各地。而日本、英国和欧洲其他地区的陶瓷艺术与产品因为创意设计的加入，反而成为我们学习的对象。过去几十年来，一方面，日用瓷在大量生产，无论是茶具还是餐具，中国为国际高级的日用瓷品牌做加工；另一方面，按照传统的手工艺模式设计开发的陶瓷产品，款式设计老套，设计简单，创新乏力，并不能满足现代人生活和审美的需要。以至于一个开餐厅的老板由于找不到中国人设计制造的优美而又简洁的茶具和餐具，而决定自己开创一个陶瓷品牌，“spin”就是在这个背景下诞生的。

当代陶瓷产品设计既要保持工艺本身的纯粹性和文化的独特性，更要结合当下的创意设计，在发展中丰富传统文化的血脉。20 世纪末开始，陆续有一些海外学成归来的设计人，重新用国际化视野下的现代设计意识拓展陶瓷产品的创意设计，经过十多年的积累，中国当代的陶瓷设计重新开始从形式上和精神上找到了文化的共鸣，也开始在国际上再次显示这一悠久文化的当代魅力。

和陶瓷一样，竹文化也在中国传统文化中有着重要的地位。竹可食、可用，可筑、可赏，既有功能性又有审美的精神性。在中国传统的诗歌、绘画和园林建筑中，它的形态和精神傲然挺立；在日常生活中的桌椅、篱笆乃至枕席、箩斗，竹制品是中国人特别是南方人最常用的日常器具。竹文化亦俗亦雅，丰富而亲切。由于传统手工艺的萎缩，竹制品形制和艺术水准一度下降很多，粗糙简陋和同质化的产品让人们难以想见传统竹制品的精美。或者只是低端的原料出口，定制加工，不能成为国际市场上的高端产品，更不用说文化的体现和传播。一些对中国文化和中国民俗风情怀有眷恋的当代设计师，致力于竹制品的当代创意设计，包括文具、家具、灯具和各种家居用品。这些富有创意的“新”产品融合了现代的加工工艺、当代的审美情趣和设计语义，在功能上更符合现代的生活需要，在形式和艺术感觉上更追求与传统的神似和气韵的相承，而不是具体形态的拘泥雷同。和陶瓷产品类似，这些结合了当代创意设计的产品一经问世，首先因为其强烈的中国文化气息而在国际上颇受瞩目。新的“竹的设计”的产品中凝聚了中国传统生活文化的品位，在家居装饰和家居用品市场上受到越来越多的中国人特别是年轻人的关注。家装设计师和软装设计师们也在自己的设计中越来越多采用“新中式”风格的设计产品，在他们的推动下，包括陶瓷、竹制品、木质家具在内，中国传统文化开始和人们更多地亲近，也向世界更广泛地传播。

（三）创意设计帮助文化产品开拓版权市场

文化产业中的文化产品进入市场后就具有了商品的属性，其交易要受到市场规律的支配，讲求经济效益。商品顺畅而大量交易既是对创作者和经营者的回报，也是对文化人的鼓励。大量的文化产业类别和文化产品是以版权交易为核心，在法制健全、知识产权保护意识和手段完善的市场环境里，围绕版权交易的量越大，市场效益越高；和版权相关的产品开发越多，创作者和版权拥有者有更大的回报。电影即属于典型的版权交易的文化产品类别，电影的制作投入大、周期长，影片的获利和市场收益则要靠发行和院线的支持，影片的收益首先来自于票房的收入。而以美国为代表的影片制作发行模式，充分挖掘了影片版权的周边市场，特别是融合了创意设计的衍生品销售占据了影片总收入的一大份额。当影片开始创作和制作的同时，衍生品的设计和生产也同时展开，更值得注意的事，衍生品的销售周期却远远超过了影片结束放映周期，有的甚至长达几十年。迪士尼的动画影片塑造了很多世界闻名的经典角色，迪士尼不仅开发了各种类型的影片和动画人物的衍生产品，包括书刊影像制品、服装、日用品、玩具、教具等诸多类别，形成了一个庞大的产业链。更为可观的是，迪士尼通过在全球重要城市开设迪士尼乐园的形式，将其市场触角和旅游业对接。每个新开迪士尼乐园都是精心策划选址，建筑造型和娱乐设施都采用了一流的设计，不仅可以借此继续维持人们对其影片和动物形象的忠诚度，版权边际效应无限扩大，而且创造了新的旅游热点，成为一种双赢的模式。

中国的动画片起步并不晚，20 世纪初，好莱坞和迪士尼的动画片开始传入中国，不仅让中国人民大开眼界，也激发了中国人动画电影创作的热情。1941 年，中国动画片的开拓者万氏兄弟完成了中国第一部动画长篇电影——《铁扇公主》，影片放映后不仅在中国引起轰动，并被引进到日本等亚洲其他国家。阿童木之父手冢治虫当时还很年轻，当他看到这部电影时被深深地震撼了，他由此开始了自己的动画创作生涯。20 世纪 50 年代后，以上影厂为代表，创作了一大批民族特色鲜明、艺术水准高的美术电影（动画片），从孙悟空到阿凡提、黑猫警长，由于版权市场环境和当时的衍生品设计开发水平限制，这些影片的人物形象被反复盗用，粗制滥造的产品充斥市场。2000 年，上海美影厂倾力打造的《宝莲灯》集中了大量行业资源，也曾试图进行衍生品的开发，但因为设计策划能力和执行体系的问题，市场效果并不明显。2005 年开始播放的《喜羊羊和灰太狼》在剧本等筹备工作开始，就尽量和市场贴近，由于 SMG 的支持，其影片的发行效果不错。这部亲子幽默系列动画片的创作团队广东原创动力文化传播有限公司，从动画片筹划开始就有衍生品策划和生产计划，广东地区强大的制造业和设计力量与快速反应能力，为其后继产品的开发提供了保障。数据显示，如今喜羊羊和灰太狼的衍生产品收益已经赶超了它的票房收益，而且这种收益是可持续的，同一部电影能看10遍的很少，但同样的玩具能买10个的很多。日本的动漫行业启动之后很快吸收了美国的文化产品产业链的发展模式，加上日本人酷爱漫画的传统和强大的制造业基础，使得动漫衍生品的设计生产和市场营销迅速占据了世界市场的半壁江山。

四　创意设计与市场营销

无论是文化产业还是创意产业，或者彼此之间的融合和合作，就中国目前的市场状况和产业特点，都存在若干核心问题。第一个问题是文化品牌问题，在国际化的市场和营销环境中，品牌已经成为人们对产品认知的第一选择，品牌的信息传播具有符号传播的特点，借助于网络和移动终端媒体，品牌到达受众，产生影响的速度远远领先于产品本身。品牌中的核心理念如果能让消费者获得认同和共鸣，将为其获得稳定的客户群奠定基础。中国的文化市场和文化产品的品牌道路才刚刚开始，品牌本身需要历史的积淀和产品本身价值的支撑，但品牌在传播和营销的环境里，首先需要策划、定位和设计包装，在这个发展的路径中，创意设计将会陪伴文化品牌一起成长和开拓市场。第二个问题是商业模式问题，文化传统上是和商业没有密切的接触关系的，文化创作的人也不太愿意研究市场，更不用说商业模式。其实，一个时代的创新来自于社会的各个环节，这个时代商业模式的创新所带来的经济效益和社会效益是谁都不能忽视的。文化本身是要发展的，既然要在市场环境里生长，和优秀的商业模式结合对文化产业本身的发展将会起到本质性作用。创意设计的实践性是这个领域和商业模式前沿发展更为接近、更容易吸收商业模式的积极因素，通过创意设计的包装和中间作用，文化产业将会在新的商业环境中赢得更大的生机。

（一）创意设计推动文化产业对市场和消费者的研究

创意设计群体包括广告、影像制作、媒体、平面设计、产品设计和动漫等诸多领域，强大的创意能力和执行能力也让他们在激烈的市场竞争中获得生存的空间。他们是社会上最有活力和创造力的群体之一，也是激发文化市场活力的重要因素。大部分从事创意设计的人，也是创意设计和文化产品的热衷消费者，其中还包括一部分文化和创意设计企业的经营者，这种兼顾了市场不同身份的人群，对文化和创意信息极为敏感，能够迅速地整合市场需求，挖掘到人们潜在的消费需求，并由于和产业链的密切关系，能在较短时间内整合好需要的社会资源，将创意设计和文化内容结合，变成文化和创意产品，推向市场。创意产业一端和市场和产业实践紧密相连，对市场和消费需求的了解是每个创意团队工作的前期流程，创意的灵感既来自于个人的才华，更多时候是来自于对市场和消费者的细心观察和缜密分析，在大家没有注意的细节中寻找到市场的机会点。除了敏锐地捕捉市场机会之外，创意团队强大的市场策划能力，长时间团队工作的经验让每个项目在执行的程序中，控制好节奏和程序，这和以往传统的艺术家的工作方式是不同的。

传统计划经济时期，文化生产者和消费者脱离，文化经营渠道也被国家机构垄断，文化产品的生产主要受到意识形态的指导而不是市场的调控，文化生产者的利益和经济效益也和市场没有直接的关系，这导致了文化创作和生产者对市场和受众的敏感度不高，所创作的文化产品虽然保持了一定的艺术水准，不能满足人们的精神需求，而艺术和文化都来自于生活，脱离了生活的文化创作势必是没有生命力的。在我国逐渐过渡到市场经济的过程中，文化市场也逐步引入其他市场经济成分和市场经济的竞争因素，很多文化系统工作者、创作者不能适应新的市场环境，被市场淘汰是必然结果。文化产品同样也需要多种手段的市场营销，优秀的广告、包装设计和推广活动策划，将为文化产品本身进行烘托和增色，对其市场的影响力和收益有着重要作用。

而在新的市场环境中成长起来的文化人大部分开始适应这个本质化的变化和转折，开始与包括创意设计和营销策划行业的人的合作，为他们的作品创作、推广起到了积极的推动作用。文化产业和创意设计领域的合作，将增强文化产业的市场活力和文化产品的营销能力。近十年来，中国的图书市场由于有文化公司和设计公司的参与，图书的策划能力、图书内容的表现形式比出版社加新华书店的传统模式有了很大的改观。一些与出版社有合作关系的文化公司和策划公司，能够从国际、国内市场中捕捉到新鲜活泼的题材，广泛落实撰稿和编写人，在书的呈现形式、叙述语气、图文关系等方面精心推敲。由于这些文化公司大都是民营性质，自负盈亏的经济压力也成为他们的动力，书籍编写的节奏快，工作效率高。旅游、烘焙、家装等和人们生活密切相关的文化创意类书籍稳居书店畅销书的位置。这样的团队和出版集团稳固的发行渠道结合，不仅为图书市场带来很多新鲜诱人的畅销书，也刺激了原有出版系统内人员的积极性。而传统的戏曲和话剧、舞蹈等领域的文化市场在20世纪末也面临着急剧萎缩的状况。受到西方实验戏剧创作的影响，从中国台湾和香港开始，华语地区也开始了小剧场的新话剧表演形式的创新探索，将从剧本创作到表演形式，乃至市场营销、和观众的互动等环节的各种创意融合到这些表演艺术中。台湾的“云门舞集”和话剧“淡水小镇”都成了经久不衰的经典作品。将美食品尝和话剧表演欣赏结合等探索性的作品也受到了市场的关注和年轻人的欢迎。

（二）创意设计和文化产业共同打造创意城市

近年来，文化创意产业在各国都成为经济新的增长点，为了更加突出各国各地区的创意产业发展水平，世界各国都在推出自己的创意城市和创意之都，全球创意城市网络（Creative Cities Network）是联合国教科文组织于2004年推出的一个项目，旨在通过对成员城市促进当地文化发展的经验进行认可和交流，从而达到在全球化环境下倡导和维护文化多样性的目标。被列入全球创意城市网络，意味着对该城市在国际化中保持和发扬自身特色的工作表示认可，目前已有41个成员城市，而正在积极申请加入网络的城市超过50个。

创意城市网络分为设计、电影、音乐、文学、媒体艺术、美食、手工艺及民间艺术七大门类，中国目前被联合国认可的创意城市有北京、上海、深圳等，尽管和国际知名城市创意之都伦敦、巴黎、纽约、东京相比，中国这些创意城市的创意人口的比例和创意产业产值的比例还相差很远，但文化的多元性和国际性也有很大活力，这些城市依然是中国目前最具文化活力和创意经济能力的城市。在中国这三个典型创意城市中，北京因其长期以来文化中心的地位文化氛围更浓厚，深圳由于广东和背靠中国香港的强大的制造业基础和市场活力的创意产业的实践活动更强，而上海却没有充分发挥自己的特点，创意和文化的魅力与潜能都没有得到充分的释放。上海这个中国近代远东第一大都市的历史文化因为没有当代创意设计的充分接合而被尴尬地到处借用，香港电影、台湾电影中，都不乏对20世纪上海文化辉煌的追忆。一个以“上海”命名的服装品牌给上海的本土设计师上了一课，“上海滩（Shanghai Tang）”

创建于1994年，以改良式现代中式服装和配饰为主要产品。打着“东方遇见西方”设计主题的“上海滩”有着由外国设计人员领衔的设计团队，以一种全新的视角去观察这个城市曾经拥有的文化气质——这个由新外来文化和旧中国文化撞击融合而成的城市，自成一体的海派文化让她愈发迷人。“上海滩”品牌自问世之日起就受到西方时尚人士的狂热追捧。从中国香港到纽约深受老外的喜爱，每到“上海滩”换季打折的时候，店里门庭若市。甚至在“上海滩”服饰的顾客群中，还是以旅居本地的外国人和游客为主。受到外来品牌的影响，活跃在上海的中国本土设计师也开始在上海的城市文化记忆中寻找灵感，有的自创品牌，如王阳的“YYANG”；有的成为一个设计团体“晒上海”，他们坚持不懈地从上海这个城市历史和文化中寻找灵感，他们的创意设计活动和产品，逐渐让国际和这个城市自身认识到自己的文化价值，而吸引更多的人重新关注历史，重温这个曾被称为“远东巴黎”的魅力，也激发其他人对自己的本土文化的认同和重新评价。

创意设计为很多旅游城市增加了魅力，使这些城市除了用自己的山水风光吸引游客之外，创意设计所带来的时尚和文化气息也吸引了一大部分年轻人，甚至成为一些城市的旅游热点、城市品牌的亮点之一。杭州、厦门、成都都是传统的旅游城市，创意人群热爱生活、享受生活观念引导他们在这些城市定居下来，而由于有了创意设计的加入，这些城市的面貌和热点悄悄发生改变。首先是大量精心设计的客栈、咖啡馆等文化休闲场所；其次是增加了很多特色品牌的小店和创意产品点，这些店家从品牌名称、店面设计装饰、产品设计和包装、营销宣传等方面都做得非常到位，特别是他们借助品牌形象传达的理念更是符合当下年轻人的生活观念和对感情、人生的态度而激发了年轻族群的追捧。厦门著名的张三疯奶茶店和赵小姐连锁店，其品牌历史不长，产品也不突出，但因有完整的策划设计，以及精准的市场定位，吸引了无数年轻的粉丝流连忘返，在张三疯的店里，奶茶只占了很少的份额，其他文具、衣帽等衍生产品丰富而形象统一，定价也是年轻人能够接受的水平。而年轻人随时随刻即拍即发的移动网络传播方式，更成为这些品牌的义务宣传者。

创意设计结合体验营销让很多旅游城市在年轻人中大受欢迎，盖章是目前很多学生族热衷的旅游纪念形式，这个形式最早是从盖邮戳寄明信片开始，逐渐流传开。在澳门著名景区大三巴下，有一个创意礼品店，店面中用很大面积的桌面，放了当地设计师设计的各种代表澳门传统文化符号的印章，如狮子、糕点、吉祥的话，等等，有4—5种色彩选择，共一百多种……图案设计简洁而富有趣味性，顾客可以自己购买大小不一的空白本子，自己随性地在本子上面盖上不同的印章。很多顾客开始不理解如何操作，看了营业员和其他人简单示范后，兴趣大增，开始充分享受自己组合和创造的乐趣，不同年龄的人都把这个作为一种游戏，玩得不亦乐乎。尽兴之后，把盖好各种图章的本子带回去，这些集满了澳门风土人情符号的本子，作为礼品送人或自己留念，都是美好的回忆。

（三）创意设计激发市场热点，孕育文化生产新的模式

创意设计和文化产业都具有注意力经济的特点，创意设计能在当下以最快的形式将技术成果转化为人们生活中的各种产品，这些产品既可以是实用的，也可以是具有精神和审美价值的艺术设计品。在创意设计和技术的结合下，给市场带来一个个营销的热点，也激发了文化在内的其他市场的想象空间。如3D打印技术越来越普及，成本越来越低，很多创意人和行业类别由于有了这个技术的支持，使产品创意的思维方式、生产方式和传递方式都发生了根本变革。由3D打印也诱发了增加文化和创新市场的新的热点。

时尚业一向反应迅速，美国时尚内衣品牌“维多利亚的秘密”在2014年内衣设计中，增加了很多由3D打印完成的立体镂空蕾丝装饰，而其他一些品牌的设计也纷纷尝试用3D打印完成各种配饰甚至整个衣服的设计和制作。时尚产业目前是注意力经济中最有活力的产业类型，时尚的活力不仅局限在每年两次的世界四大时尚发布会，更加渗透到影视、地域文化营销等文化产业的诸多领域。韩国的电视连续剧用家长里短的剧情和各个人物时尚的造型，扫荡了整个亚洲市场，人物的着装细节都成为商家搜索、人们仿效的对象。而在时尚行业中的买手，更因为自己独特的审美和品味，一次次挑战传统的服装销售方式，围绕着这些街拍和时尚买手，形成了一个个新的文化部落。

在未来的文化产业和创意产业里，市场被切分得越来越细和分散，市场的动态特性也越来越明显，文化企业和生产者的快速应变能力就显得极为重要。在港台的电视剧创作拍摄中，一边拍摄一边修改剧本并不鲜见，创意有关的族群中，很多是小微企业。这些企业和机构中，往往

集聚了最有活力的创造性因素。这些宝贵的创新基因一旦和优质的社会资源结合，不仅给创意产业市场，也为文化市场带来新的活力和创新点。

一个经典的例子就是“点名时间”，“点名时间”开始是一个文化创意项目的众筹募资平台，大家把自己的想法和创意做成项目提案发布到这个平台，有兴趣的人就将自己的投资份额累积到项目上，项目所需的累积到一定程度，就可以开始执行了。这个平台开始的项目都是些个人的创意设计设想，现在经过三年的发展，平台本身开始壮大，形成了时尚科技、创意设计、文化生活三大板块，平台不仅是建立在网络和注意力经济上的创意的新驱动模式，更是这个时代文化新的体验和创造形式。

我国区域文化产业技术效率及其影响因素研究

——基于随机前沿模型的分析

赵 阳 魏 建*

一 引 言

随着我国逐渐进入工业化中后期阶段，资源短缺、环境污染恶化以及经济发展方式粗放等问题逐渐凸显，尤其金融危机之后文化领域所呈现出的反经济周期现象，使得国家对文化产业的重视程度越来越高，文化产业与国民经济各部门之间的融合、渗透，逐渐形成了以文化内容为纽带、关联度日益密切的庞大的产业链和产业集群，文化产业正逐渐成为新形势下保持国家经济增长、实现经济可持续发展的新的着力点，同时成为展现中国文化软实力，实现文化走出去的重要途径。2009 年国务院制定的《文化产业振兴规划》是新中国成立 60 年以来首次对文化产业发展作出的专项规划，是继钢铁、汽车、纺织等十大产业振兴规划后出台的国家第十一个产业振兴与结构调整规划，标志着文化产业已经上升成为国家战略产业。但是，由于资源的稀缺性和边际报酬递减规律的存在使得单纯依靠要素无限投入难以实现文化产业的持续增长，这就要求在一定的技术水平下，要想实现全要素生产率的提高，必须重视技术效率的提高，特别是在我国“四化同步”以及“全面深化文化体制改革”的背景下，对文化产业技术效率及其影响因素问题的研究具有十分重要的意义。

---

* 赵阳，山东大学经济研究院博士研究生，研究方向：产业经济学、计量经济学；魏建，山东大学经济研究院教授，博士生导师。感谢国家社科基金重点项目“深化国有文化单位改革和文化管理体制机制改革创新研究”（12AZD023）的资助。

国内外学者对文化产业效率及其影响因素问题进行了大量研究，得出了不同的结论。[①] 但是，仅有少数学者对文化产业技术效率及其影响因素问题进行研究[②]。Bishop & Brand（2003）[③] 运用随机前沿方法估计英格兰西南地区博物馆的技术效率水平，认为其处于很低水平，过高的公共基金和志愿者行为对技术效率有显著负向影响；Francisco（2006）[④] 运用 DEA 模型实证检验了作为西班牙剧院技术效率重要影响因素的管理效率的作用，认为提升城市演艺业管理者能力是增进效率的根本；Marco & Yrausell（2006）[⑤] 对西班牙文化和休闲产业进行实证检验，认为文化产业生产率的提高主要来源于技术进步和规模效率的提升，而技术效率对其影响并不明显；王家庭和张容（2009）[⑥] 运用三阶段 DEA 模型研究 2004 年我国 31 个省市文化产业效率，发现剔除环境因素和随机因素后，中国文化产业技术效率水平整体偏低；袁海和吴振荣（2012）[⑦] 利用 BCC 模型和超效率 DEA 模型测算了 2004—2008 年间中国省域文化产业效率水平，发现近年来中国文化产业效率稳步提高，纯技术效率相对规模效率而言，对文化产业效率的提升作用更大，同时地

① Anne K L , Heike W. , Baumol's cost disease, efficiency, and productivity in the performing arts: an analysis of German public theaters [J] . *Journal of Cultural Economics.* 2012 (35): 185-201. 侯艳红：《文化产业投入绩效评价研究》，硕士学位论文，天津工业大学，2008 年。马萱、郑世林：《中国区域文化产业效率研究综述与展望》，《经济学动态》2010 年第 3 期，第 83—86 页。蒋萍、王勇：《全口径中国文化产业投入产出效率研究——基于三阶段 DEA 模型和超越 DEA 模型的分析》，《数量经济技术经济研究》2012 年第 12 期，第 69—81 页。张仁寿等：《基于 DEA 的文化产业绩效评价实证研究——以广东等 13 个省市 2007 年投入产出数据为例》，《中国软科学》2012 年第 2 期，第 183—192 页。鲁小伟、毕功兵：《基于主成分分析法的区域文化产业效率评价》，《统计与决策》2014 年第 1 期，第 63—65 页。

② 经济增长率可以分为要素投入的增长率和全要素生产率（吴方卫、顾焕章：《农业经营制度变革与农业生产率变动分析》，《南京农业大学学报》2000 年第 2 期，第 105—108 页），全要素生产率主要包括由配置效率和技术效率组成的经济效率和由要素投入增加带来的规模效率。

③ Bishop P, Brand S. , The efficiency of Museums: a stochastic frontier production function approach [J] . *Applied Economic*, 2003 (35): 1853-1858.

④ Francisco M. F. , Monitoring Managerial Efficiency in the Performing Arts: A Regional Theatres Network Perspective [J] . *Annals of Operations Research.* 2006 (145): 167-181.

⑤ Marco S. , Yrausell K. , Productivity Analysis in the Spanish Cultural and Leisure [J] . *Estudios De Econonia Aplicada*, 2006 (24): 699-722.

⑥ 王家庭、张容：《基于三阶段 DEA 模型的中国 31 省市文化产业投入产出效率研究》，《中国软科学》2009 年第 9 期，第 75—82 页。

⑦ 袁海、吴振荣：《中国省域文化产业效率测算及影响因素实证分析》，《软科学》2012 年第 3 期，第 72—77 页。

区差异也较明显；马跃如等（2012）[①] 基于随机前沿生产函数（SFA）模型，利用2003—2008年省级面板数据分析我国文化产业技术效率及其影响因素，结果表明当前文化产业发展尚未形成规模经济，在文化产业发展规模因素和环境因素中，居民生活水平提高、文化事业单位数量增多、社会资本以及市场化改革对文化产业技术效率的提升具有正向影响，而其他因素在不同地区间的表现有所差异；董亚娟（2012）[②] 运用随机前沿生产函数模型对我国2004—2009年间31个省份的数据进行实证检验，对文化产业技术效率的影响因素以及效率的动态演进特征进行模拟，发现产业政策等因素对文化产出技术效率的提高有显著影响，但落后的产业基础设施则明显制约技术效率的提高；何里文等（2012）[③] 运用Malmquist生产率指数方法，对2005—2009年间全国31个省市文化产业全要素生产率和技术变动进行实证检验，发现全要素生产率整体呈现波动增长态势，因西部地区技术进步较强，而东、中部地区技术使用效率和规模效率方面优势，全要素生产率在地区间存在较大差异，西部地区相对而言整体仍然较弱；吴建军和顾江（2013）[④] 使用非参数Malmquist生产率指数方法，测算2006—2011年间江苏省文化产业全要素生产率（TFP）、技术进步（TP）和技术效率（TE），发现三者在地区之间表现出较大差异，地区间差异波动程度最大的是TFP，其次是技术进步，技术效率波动最小。近年来文化产业的快速发展仍然主要依靠要素投入，TFP的增长则主要来源于技术进步。

总结以上研究成果不难发现，国内外学者有关文化产业技术效率的研究集中在以下几方面：①使用数据包络分析方法（DEA）构建文化产业生产的非参数前沿模型，进而对实际产出与前沿面的距离进行效率对比；②使用非参数Malmquist生产率指数方法，测算全要素生产率（TFP）及其构成在地区间的差异；③使用参数方法随机前沿生产函数（SFA）考察文化产业技术效率问题；④基于不同省市或不同时间区间

---

① 马跃如、白勇、程伟波：《基于SFA的我国文化产业效率及影响因素分析》，《统计与决策》2012年第8期，第97—101页。

② 董亚娟：《区域文化产业效率的影响因素研究——基于随机前沿模型的分析》，《商业经济与管理》2012年第7期，第29—39页。

③ 何里文、袁晓玲、邓敏慧：《中国文化产业全要素生产率变动与区域差异分析——基于Malmquist生产力指数的分析》，《经济问题探索》2012年第9期，第71—77页。

④ 吴建军、顾江：《技术进步、技术效率与江苏文化产业生产率》，《文化产业研究》2013年第6期，第45—55页。

对文化产业技术效率问题进行考察，或对文化产业中具体某一门类进行效率测算。但是，在进行相关计量分析时，往往忽视了以下几点重要问题：①在利用数据包络分析方法进行模型构建时，其假定生产前沿面是固定的，排除了因外界环境影响造成的样本本身差异和表示统计噪声的随机扰动项的影响，使观测结果不稳定；②随机前沿生产函数可以使用假设存在技术进步的超越对数生产函数，也可以使用假设不存在技术进步的柯布－道格拉斯生产函数，相关研究并未在采用具体某一生产函数模型前进行相关假设检验；③以往研究并未根据某种原则和标准对数据进行相应的归类、分析和对比，面板数据时间区间的选择具有较大随意性。

本文使用1998—2012年间全国30个省市的面板数据，测算我国文化产业技术效率及各因素的影响作用，主要贡献有：①选择随机前沿分析（SFA）模型考察文化产业技术效率及其相关因素的影响，相对于Malmquist指数方法和DEA等非参数方法，基于参数方法建立的随机前沿生产函数模型能对文化产业的技术效率进行考察，分析更全面且更接近于真实效率值，同时SFA具有统计特性，能够对模型本身和估计参数值进行统计检验；②参照2011年国家统计局对我国31个省市的四大区域划分，对使用超越对数生产函数形式合理性进行检验，综合考察区域文化产业技术效率差异，弥补既有文献只进行省市技术效率对比的不足；③本文将文化产业技术效率的考察纳入文化体制改革的三阶段时间框架之下，对文化产业技术效率及其影响因素进行分析，目前尚属首次。

本文内容安排如下：第二部分介绍本文的指标选取及统计性描述；第三部分构建随机前沿模型并对模型进行说明；第四部分实证结果并进行相关分析；第五部分主要结论及相关政策建议。

二　数据说明及统计描述

本文数据涵盖中国内地的30个省市（因西藏自治区大量数据缺失，予以剔除），时间跨度为1998—2012年。有关时间段的选取，我们基于以下判断：①本文实证相关数据主要来源于《中国文化文物统计年鉴》、《中国文化产业发展报告》、《中国统计年鉴》以及相关部门统计资料，《中国文化文物统计年鉴》的编制起点始于1997年，各省市尚未公布2013年统计数据；②依据郑世林（2012）① 按照重要时间节点对我国文化体制改革的三阶段划分，1998年为改革试点的起点阶段，从1998年开始考察有助于把文化体制改革因素对文化产业技术效率的影响纳入到完整的分析框架中。

本文选择文化产业增加值作为文化产出指标；选取文化产业固定资本存量和文化产业从业人员数作为投入变量；选取文化产业从业人员中中高级（副高+正高）职称人员比重、地区居民人均文化消费与全国人均文化消费之比、城镇化率、市场化指数、互联网普及率、文化事业费占财政支出比重、各类文化事业机构数以及文化市场管理人数作为测算变量。同时，根据中国世界遗产与历史文化名城分布数量②，将北京市、山东省、江苏省、浙江省、山西省、河南省、陕西省、甘肃省、云南省以及四川省划归为历史文化资源大省，而其他作为非文化资源大省，将文化资源特征作为控制变量纳入方程中。变量说明情况如表2－1所示。

表2－1　各变量符号及定义

指标依据	变量	符号	定义
产出	文化产出	Y	文化产业增加值
投入	资本投入	K	文化产业固定资本存量
	劳动力投入	L	文化产业从业人员数
规模因素	人力资本水平	HRS	文化产业从业人员中中高级职称人员比重
	地区相对文化市场需求	DOC	地区居民人均文化消费/全国人均文化消费
环境因素	城市化水平	LOU	城镇化率（城镇人口/总人口）
	市场化水平	LOM	市场化指数③
	信息化水平	LOI	互联网普及率（互联网上网人数/总人数）
文化体制改革因素	财政支持	FST	文化事业费/财政支出比重
	文化事业情况	INS	各类文化事业机构数总和
	文化市场管理情况	POM	文化市场管理人数
控制变量	文化资源大省	D_0	1表示历史文化资源大省；0表示其他

注：此处变量定义中，为了简化方便，已经将变量组中的设定基准组去掉。

① 郑世林、葛珺沂：《文化体制改革与文化产业全要素生产率增长》，《中国软科学》2012年第10期，第48—58页。

② 黄永兴、徐鹏：《经济地理、新经济地理、产业政策与文化产业集聚：基于省级空间面板模型的分析》，《经济经纬》2011年第6期，第47—51页。

③ 参考樊纲编制的《中国市场化指数》。

为保证测算的准确性，对本文做以下数据处理：①鉴于文化产业总产出中包含中间投入品，采用文化产业增加值衡量文化产业产出，同时以1998年为基期用“各地区娱乐、教育、文化用品及服务价格指数”进行平减，以消除价格变动对增加值的影响，确保指标的可比性；②资本投入无法从既有统计资料中获得，根据张军（2004）等人[①]提出的对起始点物质资本存量估算的永续盘存法（其基本估算原理是在稳态条件下，资本存量的增长率等于产出的增长率），本文基期文化产业固定资本存量可由 $K_t = \dfrac{I_t}{\left(\dfrac{Y_{t+1}}{Y_t} - 1\right) + \delta}$ 估算求得，而后续年份文化产业固定资本存量的数值则依据 $K_{t+1} = I_t + (1 - \delta_{it}) K_t$ 求得，δ 统一取为5%；③文化产业从业人员数亦无法从统计资料中获得，根据文化及相关产业（艺术业、图书馆业、群众文化业、文化市场经营、艺术教育科研业以及其他产业）分类统计数据中的从业人数合计求得文化产业从业人员数；④对于部分省份个别数据的缺失，我们采用国内外通行的做法，采用差值或平移的方法加以预测和补充。本文数据的描述性统计结果如表2－2所示。

表2－2　　数据的描述性统计

变量	最小值	最大值	均值	中位数	标准差
Y（万元）	30063008.03	228213756.8	89116292.31	68855855.17	64117497.91
L（万人）	1448.7	1708.5517	1586.5339	1564.6226	70.95
K（万元）	3527.2263	118866.8538	44082.5245	39107.2137	36788.06
HRS（%）	2.6	4.2	3.4	3.6	0.09
DOC（%）	11.43	19.38	13.16	12.85	2.10
LOU（%）	31.57	51.89	43.59	44.50	6.35
LOM（%）	4.12	7.85	5.97	6.25	1.33
LOI（%）	0.073	35.94	11.63	7.99	11.69
FST（%）	3.08	12.14	9.97	11.12	2.40
INS（个）	11340	57262	21794.46	11447	18974.54
POM（人）	9518	30796	19859	19769	4601.42

数据来源：《中国文化文物统计年鉴》、《中国文化产业发展报告》、《中国统计年鉴》以及相关部门统计资料。

① 黄永兴、徐鹏：《经济地理、新经济地理、产业政策与文化产业集聚：基于省级空间面板模型的分析》，《经济经纬》2011年第6期，第47—51页。

三 模型方法说明

随机前沿分析模型（SFA）最早是由 Aigner et al. ①、Meeusen & Broeck②、Battese &Corra③ 提出的，随后很多学者对其进行修正和拓展（Schmidt & Lovell，Lee，Cornwell et al.，Battese & Coelli）④，是用于测度技术效率的代表性方法，其主要内容是将偏离生产可能性边界的生产非效率因素分为表示统计噪声的随机扰动项和表示技术非效率的非负随机误差项。该模型的基本形式可表示为：

$$Y = f(X;\beta)\exp(V - U) \tag{1}$$

其中，Y 代表经济的产出水平，X 代表一组要素投入变量，β 代表一组待估参数。$\exp(V - U)$ 代表复合误差项，V 代表影响生产的随机因素，$V \sim N(0,\sigma_V^2)$；U（非负）为技术无效率项，$U \sim N^+(M,\sigma_u^2)$。技术效率（TE）用 $\exp(-U)$ 来表示，当 $U = 0$ 时，$TE = 1$，表示处于完全技术有效状态；当 $U > 0$ 时，TE 介于0—1 之间，表示处于技术非有效状态。

本文借鉴 Battese & Coelli⑤ 的模型原理，构建超越对数生产函数。随机前沿生产函数（1）可以写为（2）式：

$$lnY_{it} = \beta_0 + lnf(X_{it};\beta) + V_{it} - U_{it} \tag{2}$$

构建超越对数生产函数可表示为：

---

① 张军、吴桂英等：《中国省际物质资本存量估算：1952—2000》，《经济研究》2004 年第 10 期，第 35—44 页。

② Aigner D J, Lovell C A K, Schmidt P J. Formulation and estimation of stochastic frontier models［J］. *Journal of Econometrics*, 1977, 6（1）：21-37.

③ Meeusen W, Broeck V D J. Efficiency estimation from Cobb-Douglas production function with composed error［J］. *International Economic Review*, 1977（18）：435-444.

④ Battese G E, Corra G S. Estimation of a Production Frontier Model：With Application to the Pastora Zone of Eastern Australia［J］. *Australian Journal of Agricultural Economics*, 1977（3）：169-179；Schmidt, P., Lovell, C A K. Estimating Technical and Allocative Inefficiency Relative to Stochastic Production and Cost Frontiers［J］. *Journal of Econometrics*, 1979（9）：343-366；Lee, L F. A test for Distributional Assumptions for the Stochastic Frontier Functions［J］. *Journal of Econometrics*, 1983（22）：245-268；Cornwell, C., Schmidt, P., Sickles, R. Production Frontiers with Cross-Sectional and Time-Series Variation in Efficiency Levels［J］. *Journal of Econometrics*, 1990（46）：185-200.

⑤ Battese, G E., Coelli, T J. Frontier production functions, technical efficiency and panel data with application to paddy farmers in India［J］. *Journal of Productivity Analysis*, 1992（3）：153-169.

$$lnY_{it}=\beta_0+\beta_k lnK_{it}+\beta_l lnL_{it}+\beta_T lnT_{it}+\frac{1}{2}\beta_{KK}(lnK_{it})^2+\frac{1}{2}\beta_{LL}(lnL_{it})^2+\beta_{TT}T^2+\beta_{KL}\left(\frac{1}{2}lnK_{it}lnL_{it}\right)+\beta_{TK}(TlnK_{it})+\beta_{TL}(TlnL_{it})+V_{it}-U_{it} \quad (3)$$

其中，Y_{it}，K_{it}，L_{it} 分别表示第 i 个省在第 t 年的文化产出，资本投入和劳动投入。β 为待估计的未知参数，表示各投入要素的产出弹性。

技术效率函数模型可表示为：

$$TE_{it} = \exp(-U_{it}) \quad (4)$$

$$U_{it}=\delta_0+\delta_1 lnHRS_{it}+\delta_2 lnDOC_{it}+\delta_3 lnLOU_{it}+\delta_4 lnLOM_{it}+\delta_5 lnLOI_{it}+\delta_6 lnFST_{it}+\delta_7 lnINS_{it}+\delta_8 lnPOM_{it}+\delta_9 D_0+\varepsilon_{it} \quad (5)$$

$$\gamma = \sigma_u^2/(\sigma_v^2+\sigma_u^2) \quad (6)$$

其中，HRS_{it}，DOC_{it}，LOU_{it}，LOM_{it}，LOI_{it}，FST_{it}，INS_{it}，POM_{it} 分别表示第 i 个省在第 t 年的人力资本水平，文化需求状况，城市化水平，市场化水平，信息化水平，财政支持，文化事业情况以及文化市场管理情况。δ_0 为常数项，δ_1—δ_9 为待估参数，反映各因素对技术效率的影响程度，如果 δ_1 为负，则表示其对技术效率的影响为正，反之亦然。D_0 作为控制变量，表示文化资源状况。γ 表示生产非效率中技术非效率所占的比重，即文化生产经营活动中的实际产出与生产前沿面之间的差距中技术非效率的份额，其中 $\gamma\in[0,1]$，γ 趋近于0，则误差项主要来源于不可控的随机因素，用 OLS 估计即可，如果 γ 越大，表示实际产出与可能的最大产出之间的差距主要来源于技术的非有效性，此时适用随机前沿模型。

四　模型估计及实证结果分析

（一）模型设定检验

为了说明使用超越对数生产函数的合理性，本文采用广义似然比检验各个零假设条件。定义广义似然比统计量（LR）为：

$$\lambda = -2[l(H_0)-l(H_1)]$$

其中，$l(H_0)$ 代表原假设 H_0 下有约束的前沿生产函数的极大似然值的对数；$l(H_1)$ 代表备择假设 H_1 下无约束的前沿生产函数的极大似然值的对数。如果原假设 H_0 成立，则这个检验统计量服从 χ^2 分布（或混合

χ^2 分布），其自由度等于原假设和备择假设条件下参数个数的差①。验证结果如表 4 – 1 所示。

表 4 – 1　　模型假设检验结果

原假设 H_0	H_0 含义	$l(H_0)$	λ 值	临界值	检验结果
$\beta_{TT}=\beta_{KK}=\beta_{LL}=\beta_{TK}=\beta_{TL}=\beta_T=0$	使用 C – D 生产函数	– 84. 153	127. 638	14. 169	拒绝 H_0 ***
$\beta_T=\beta_{TT}=\beta_{TK}=\beta_{TL}=0$	不存在技术进步效应	– 57. 642	74. 616	12. 463	拒绝 H_0 **
$\eta=0$	存在不随时间变化的技术非效率模型	– 125. 765	210. 862	7. 376	拒绝 H_0 ***

注：*、**、***分表代表在 10%、5% 和 1% 显著性水平上通过检验。

模型结果显示，①原假设“$\beta_{TT}=\beta_{KK}=\beta_{LL}=\beta_{TK}=\beta_{TL}=\beta_T=0$”在 1% 的统计水平上被拒绝，说明柯布 – 道格拉斯生产函数并不适合本文分析，应该考虑使用超越对数生产函数；②原假设“$\beta_T=\beta_{TT}=\beta_{TK}=\beta_{TL}=0$”在 5% 的统计水平上被拒绝，说明本文使用的生产函数中应该存在技术进步效应；③原假设“$\eta=0$”在 1% 的统计水平上亦被拒绝，说明本文不能直接使用普通最小二乘估计（OLS）对面板数据进行估计，需要使用随机前沿生产函数，故本文使用随机前沿超越对数生产函数是可行的。

本文使用 Frontier 4. 1 软件采用极大似然法得出随机前沿超越对数生产函数模型参数估计和假设检验。模型结果显示，①方差 σ^2 的值为 0. 099，且 t 值在 1% 的统计水平上通过检验，说明本文使用传统的 C – D 生产函数并不能充分利用研究数据；② γ 的值为 0. 673，且 t 值在 1% 的统计水平上显著，说明我国文化产业的实际产出与可能的最大产出之间的差距主要来源于技术的非有效性，有 67. 3% 的因素可以用技术非效率来解释，而随机误差的变异占 32. 7%；③参数 η 的值为 – 0. 054，且 t 值在 1% 的统计水平上显著，说明我国文化产业中技术效率会随着时间的变化而得到明显的提高和改善；④极大似然对数值 *LR* 的值为 – 20. 334，说明其服从混合卡方分布。详见表 4 – 2。

---

① Battese G E, Coelli T J. A model for technical inefficiency effects in a stochastic frontier production function for panel data [J]. *Empirical Economics*, 1995 (20): 325-332.

（二）结果分析

1. 生产要素的产出弹性

通过表 4－2 可知，文化产业从业人员（β_L）和物资资本存量（β_K）的系数均为正值，且 t 值在 1% 的统计水平上显著，说明增加生产要素投入能够有效提高文化产业产出效率；但文化产业从业人员的产出弹性大于物资资本存量的产出弹性，说明劳动力的投入在我国文化产业增长中仍起主要作用，且两者之和小于 1，说明当前我国文化产业尚未形成规模经济特征，仍处于相对低等阶段。技术进步（β_K）的系数为正值，且 t 值在 5% 的统计水平上显著，说明我国文化产业中存在技术进步效应，技术进步的有效转化能够提升其产出效率，技术进步平方影响项（β_{TT}）的系数亦为正值，且 t 值在 1% 的统计水平上显著，说明技术进步随时间的变化有不断增长的趋势。*LnL* 平方影响项（β_{TT}）的系数为负值，且 t 值在 1% 的统计水平上显著，说明产出并没有随劳动力投入的增加呈现加快增长的趋势，反而受资源配置和技术进步等因素的制约，产出增速有所放缓，而由于 *LnK* 平方影响项（*LnK*）的系数的 t 值在 10% 的统计水平上没有通过显著性检验，说明资本投入的持续提高并未降低产出增长，这也部分印证了我国当前文化产业基础设施建设不足的观点。*LnL* ∗ *LnK* 的系数为正值，且 t 值在 1% 的统计水平上显著，说明文化产业劳动力从业人员与物资资本存量之间存在互补效应。*T* ∗ *LnL* 的系数为正值，且 t 值在 1% 的统计水平上显著，说明随着时间的推移文化产业从业人员会呈现出边际产出能力增强的趋势，而 *T* ∗ *LnK* 的系数为负值，且 t 值在 1% 的统计水平上没有通过显著性检验，说明随着时间的推移物质资本存量对边际产出的影响不明显。

表 4－2　　随机前沿超越对数生产函数估计结果和假设检验

变量	参数	系数	标准差	t 值
Constant	β_0	2.327***	0.514	4.527***
LnL	β_L	0.635***	0.149	4.262***
LnK	β_K	0.321***	0.112	2.866***
T	β_K	0.207***	0.091	2.275**

续表

变量	参数	系数	标准差	t值
$\frac{1}{2}(LnL)^2$	β_{TT}	-0.184	0.076	-2.421 **
$\frac{1}{2}(LnK)^2$	LnK	-0.075	0.068	-1.103
T^2	β_{TT}	0.003	0.001	3.000 ***
$LnL*LnK$	β_{LK}	0.139	0.043	3.233 ***
$T*LnL$	β_{TL}	0.072	0.026	2.769 ***
$T*LnK$	β_{TK}	-0.024	0.024	-1.091
估计方程的诊断信息				
σ^2	0.099	0.023	4.304 ***	
γ	0.673	0.187	3.599 ***	
η	-0.054	0.013	4.154 ***	
LR	-20.334			

注：t值通过查t分布表获得。*、**、***分表代表在10%、5%和1%显著性水平上通过检验。

2. 技术效率水平

按照重要的时间节点，将文化体制改革划分为三个阶段：①1998—2002年为文化体制改革试点前期阶段，这一时期颁布的《中共中央关于制定国民经济和社会发展第十个五年规划的建议》（2000）以及《关于新闻出版广播影视业改革的意见》（2001）正式提出文化产业的概念，并将文化体制改革的着力点放在深化文化单位内部改革、提高运行效率以及加大文化管理部门职能转变上，但受制于政府管办不分、统包统揽，相关改革并未取得实质性进展。②2003—2005年文化体制改革试点改革阶段，党的十六大报告第一次将文化分成文化产业和文化事业，明确了整个文化体制改革的方向和目标，根据社会主义精神文明建设的特点和规律，适应社会主义市场经济发展的要求，推进文化体制改革。尤其，2003年国家确定北京、上海、广东、深圳、浙江、重庆、西安、沈阳和丽江9个地区和35个文化单位为文化体制改革试点地区，探索培育市场主体、深化内部改革、转变政府职能、建立市场体系。③2006—2012年文化体制改革推广阶段，2006年，中央召开全国文化体制改革工作会议，新确定了全国89个地区和170个单位作为文化体制改革试点，文化体制改革进入全面推广阶段，尤其是2009年我国第一部文化产业专项规划《文化产业振兴规划》的出台和2010年国有文化单位转企改制取得初步成效以及新闻出版体制改革的基本完成。

因此，本文把对省域文化产业技术效率的考察纳入文化体制改革的三阶段时间框架之下，能更加全面地考察文化体制改革的影响。通过表4－3可知，1998—2012年间我国文化产业平均技术效率仅为0.603，说明我国文化产业整体技术效率水平并不高，仍然存在较大的提升空间。从各区域来看，东部地区文化产业平均技术效率水平（0.661）高于全国平均水平，而东北地区（0.599）、中部地区（0.582）和西部地区（0.563）则低于全国平均水平。一方面，说明我国文化产业技术效率水平与经济社会发展状况息息相关，东部地区因经济社会发展状况较好，能够提供足够的劳动、资本要素支撑文化产业技术效率水平的提高；另一方面，东部地区相比中西部地区，具备较为完善的制度和较高的管理水平，提高了既定规模下产业的技术效率水平。从各省市来看，上海、浙江、广东、江苏、辽宁、湖南等地技术效率水平较高。一方面，这些省市本身大都处在东部和东北部，经济社会发展水平较高；另一方面，上述省市基本都在2002年文化部确立的首批文化体制改革试点地区名单内，文化体制改革为这些地区探索建立文化市场体系、繁荣发展文化产业提供了良好契机。可以说文化体制改革在试点改革初期主要影响东部地区，而对中西部地区影响很小，这也佐证了文化体制改革影响文化产业技术效率的观点。

表4－3　　我国文化产业技术效率水平及其变动趋势

省份		1998—2002年均值	2003—2005年均值	2006—2012年均值	1998—2012年均值	排名
全国		0.577	0.608	0.625	0.603	—
东北部	辽宁	0.608	0.61	0.684	0.634	5
	吉林	0.556	0.578	0.635	0.59	12
	黑龙江	0.561	0.568	0.593	0.574	17

续表

省份		1998—2002 年均值	2003—2005 年均值	2006—2012 年均值	1998—2012 年均值	排名
东部	上海	0. 789	0. 951	0. 922	0. 888	1
	浙江	0. 684	0. 83	0. 818	0. 777	2
	广东	0. 737	0. 805	0. 703	0. 748	3
	江苏	0. 593	0. 66	0. 71	0. 654	4
	福建	0. 594	0. 629	0. 632	0. 619	6
	山东	0. 569	0. 593	0. 656	0. 606	9
	北京	0. 59	0. 606	0. 622	0. 606	10
	天津	0. 566	0. 586	0. 61	0. 587	13
	海南	0. 562	0. 58	0. 574	0. 572	18
	河北	0. 543	0. 555	0. 572	0. 557	26
中部	湖南	0. 564	0. 589	0. 683	0. 612	7
	湖北	0. 563	0. 585	0. 673	0. 607	8
	安徽	0. 543	0. 563	0. 648	0. 585	14
	江西	0. 54	0. 574	0. 589	0. 568	19
	山西	0. 548	0. 569	0. 575	0. 564	22
	河南	0. 542	0. 557	0. 583	0. 56	24
西部	内蒙古	0. 545	0. 556	0. 569	0. 557	25
	宁夏	0. 547	0. 578	0. 565	0. 563	23
	新疆	0. 545	0. 565	0. 549	0. 553	27
	甘肃	0. 534	0. 555	0. 543	0. 544	29
	陕西	0. 556	0. 573	0. 571	0. 567	20
	重庆	0. 565	0. 581	0. 595	0. 58	15
	四川	0. 57	0. 607	0. 632	0. 603	11
	贵州	0. 537	0. 542	0. 553	0. 544	28
	云南	0. 566	0. 579	0. 582	0. 576	16
	广西	0. 554	0. 569	0. 572	0. 565	21
	青海	0. 541	0. 54	0. 545	0. 542	30

注：Frontier 4. 1 软件统计结果。

同时，从我国文化产业技术效率的时间变动趋势来看，整体上呈现出逐步上升的趋势，从 1998—2002 年的 0. 577 增加到 2006—2012 年的

0.625，增幅为8.32%；而从各省份文化产业技术效率变动趋势来看，除了上海、浙江、广东、海南、陕西、宁夏、新疆和甘肃等八个省份表现出一定的时间波动性之外（在2003—2005年间达到最大值），其他省份文化产业技术效率均随时间变化而不断上升，其中，湖南增幅最大（21.09%），广东最小（-4.61%），这与湖南省自2003年以来启动的以内部整合为目标的广电改革和文化体制机制创新有关。

3. 技术效率影响因素估计结果

（1）规模因素估计结果

从全国范围来看，1998—2012年间人力资本对技术效率损失的参数值 δ_1 为 -0.185，说明人力资本对文化产业技术效率的提升具有某种正向影响，文化从业人员中具有中高级职称人员所占比重每增加1%，文化产业技术效率水平将提高18.5%。但其回归结果并未通过统计性检验，可能的原因是：虽然国内文化资源丰富，但当前文化产业仍属于劳动密集型，文化产业在国内经济发展中占比偏低，在资源、技术以及创新方面存在明显不足，限制了人力资本作用的有效发挥。而从区域层面来看，东部和东北部地区的回归结果验证了人力资本水平的提高能够促进文化产业效率提升的结论。1998—2012年间，东部和东北部地区人力资本对技术效率损失的参数值 δ_1 分别为 -0.373 和 -0.264，说明文化产业从业人员中具有中高级职称人员所占比重每增加1%，两地区文化产业技术效率将分别提高37.3%和26.4%。但对于中部、西部地区来说，人力资本水平对文化产业效率的影响不显著，可能的原因是文化产业某种程度上以创意为先导，依靠科学技术的应用提升产业附加值，对于高素质人力资本的需求较强，而东部和东北地区文化产业门类丰富且重视创意，并且产业附加值较高，知识共享与传递平台较为完善，人力资本对文化产业效率的提升作用显著。

市场文化需求对技术效率损失的参数值 δ_2 为 -0.072，且其t值在1%的显著性水平上通过统计检验，说明地区相对文化市场需求的强弱能够对文化产业技术效率水平产生约7.2%水平的影响。就区域而言，这种影响在东部和中部表现较为明显，东北部次之，西部影响较小且回归结果不显著。可能的原因在于文化产业属于规模报酬递增的行业，在本地市场效应[①][②]发挥作用的情况下，某一地区对文化商品和服务的强劲市场需求，会吸引企业在当地的迅速集聚并进行规模化、专业化生产，进而引起生产效率的提高。东部、中部地区文化产业集聚程度和专业化水平较高，同时对于文化商品和服务的需求规模较大，能够充分利用本地市场效应实现文化生产与服务效率的提高。而西部地区自身文化消费需求较低，主要依靠外部省市文化消费的支撑带动，因而当地市场文化需求对文化产业效率的提升效果有限。

（2）环境因素估计结果

城镇化率对技术效率损失的参数值 δ_3 为 -0.141，且其 t 值在 1% 的显著性水平上通过统计检验，说明城镇化水平的提高能够促进文化产业技术效率水平提升，城镇化率每提高 1%，文化产业技术效率水平提高 14.1%。就区域而言，城镇化率水平的提高对文化产业生产效率均具有正向影响，但影响效果不同。城镇化水平每提高 1%，东部、东北部、中部、西部地区文化产业生产效率分别提升 0.13%、0.15%、0.18%、0.22%，从回归结果可以看出，相较于其他地区，城镇化水平对西部地区影响较大。原因可能是城市相对农村而言拥有更多的文化基础设施和文化消费选择权，城镇化水平的推进有助于增加农民对多种文化商品与服务的消费，这将直接刺激文化产业规模的提升和文化产业技术效率水平的提高。

市场化率对技术效率损失的参数值 δ_4 为 -0.259，且其 t 值在 5% 的显著性水平上通过统计检验，说明市场化改革对文化产业技术效率具有正效应。显著性水平较低的原因可能在于我国文化体制改革严重滞后于市场经济体制改革，文化生产经营机制仍受计划经济体制的束缚，部分文化产业并未实现真正的市场化运营，行政垄断、政府管办不分问题仍然存在，严重制约了管理和运营水平的提高。从区域层面来看，西部地区虽然显著性水平较低，但其参数值较大，说明市场化改革对其产业技术效率的提升影响较大，其他地区市场化水平对技术效率水平影响显著为正。说明进一步深化文化体制改革以及市场化改革能够有效促进产业

---

① 本地市场效应（Home Market Effect），是指对规模收益递增产品有相对大需求的区域会有更大比例的产出，通过吸引企业在地区集聚，使产出的增加大于需求的增长，进而使该地区成为该种产品的净出口地。

② Parameswaran M. Economic Reforms and Technical Efficiency: Firm Level Evidence From Selected Industries In India [D]. 2002 (10): 339-387.

效率的提高。

信息化率对技术效率损失的参数值δ_5为-0.019，且其t值在1%的显著性水平上通过统计检验，说明信息化水平对技术效率水平的提高具有正效应，信息化水平每增加1%，文化产业技术效率提高1.9%。随着以互联网为代表的信息技术的迅速发展，更多的文化产业借助网络实现了迅猛发展，一方面，信息化技术作为实现文化生产与消费对接的重要工具，实现了文化商品与服务的快速流通和传播；另一方面，降低了文化产品的生产管理、传播和销售等环节的成本，可以有效整合资源，消解区域限制，实现跨地区发展。

表5　　1998—2012年间技术效率影响因素估计结果和假设检验

变量		参数	东北部	东部	中部	西部	全国
Constant		δ_0	0.485***	0.726***	0.315***	0.207***	0.465***
规模因素	HRS	δ_1	-0.264 *	-0.373**	-0.159	-0.087	-0.185
	DOC	δ_2	-0.155**	-0.198***	-0.162***	-0.104	-0.072***
环境因素	LOU	δ_3	-0.152***	-0.130***	-0.183***	-0.219***	-0.141***
	LOM	δ_4	-0.203**	-0.367***	-0.248**	-0.316 *	-0.259**
	LOI	δ_5	-0.022***	-0.026***	-0.017**	-0.018***	-0.019***
文化体制改革因素	FST	δ_6	-0.064***	-0.159***	-0.108**	-0.113***	-0.078***
	INS	δ_7	0.032**	-0.027 *	0.038***	0.041***	0.036**
	POM	δ_8	0.012	0.014 *	-0.017 *	-0.023 *	0.018
文化资源特征	D_0	δ_9	-0.306	-0.674**	-0.395***	-0.371***	-0.413**

注：t值通过查t分布表获得；*、**、***分表代表在10%、5%和1%显著性水平下通过检验；以西部地区为设定基准组。东北部观测值为45个；东部观测值为150个；中部观测值为90个；西部观测值为165个。在对东北部、东部、中部以及西部地区进行分析时，我们也采用模型设定检验的方法，对其进行分析，发现四地区均符合随机前沿生产函数模型，限于篇幅限制，对四大区域之间的设定检验结果已在文中省略。

（3）文化体制改革因素估计结果

政府财政支持对技术效率损失的参数值为-0.078，且其t值在1%的显著性水平上通过统计检验，说明政府财政支持对文化产业技术效率提升具有正效应，文化事业费占财政支出比重每增加1%，文化产业技术效率提高7.8%。政府对于文化事业等公共文化的支持，是文化产业发展的重要保障。2012 年，财政部研究制定的《关于贯彻落实十七届六中全会精神做好财政支持文化改革发展工作的通知》指出未来一段时间内，制定支持发展文化产业包括财政投入和税收政策在内的一系列政策框架，全面促进文化产业发展；2014 年党的十八届三中全会《决定》提出提高文化支出占财政支出的比重，扩大政府对文化的资助和文化采购。各种深化文化体制改革的制度安排以及良好的财政政策环境将对未来有效提高文化产业产出效率形成强大推动。

各类文化事业机构数对技术效率损失的参数值为 0.036，且其 t 值在 5% 的显著性水平上通过统计检验，说明文化事业机构情况对技术效率水平的提高具有抑制作用。这一结果看似不合理，实际上与我国文化体制改革下文化事业基础薄弱、文化产业发展不强、人民文化需求没有完全激发的现状相符。文化事业机构数的多少反映了文化产业发展的基础设施情况和环境氛围，尽管近年来我国大力加大文化基础设施建设，但一直以来我国文化产业基础设施和建设落后、文化体制机制不健全、文化市场活力不强，加之文化事业对文化产业的促进是滞后的，文化产业基础设施不健全成为阻碍生产效率提高的硬性约束。从区域来看，东部地区系数显著为负但绝对值很小，东北部、中部、西部地区为正，也从某种程度上证实了我们的猜测。

文化市场管理人员数对技术效率损失的参数值为 0.018，且其 t 值在 10% 的显著性水平上没有通过统计性检验。从区域来看，只有中部和西部地区在 10% 的水平上通过统计性检验，且值为负。我们认为：①选择文化市场管理人员数作为衡量文化市场管理水平的指标有待商榷，可能会对估计结果造成误差；②中部和西部地区本身属于文化市场化程度相对较弱、文化产业刚刚起步的阶段，此时对文化市场的管理行为多集中于行业准入审批以及规章制度的制定，文化市场管理人员数对产业技术效率的提升影响比较大。而东部和东北部发达的市场环境有助于企业创新和竞争，文化市场相对发达。2004 年以来我国实施文化市场综合执法改革，文化市场执法力度加强，对于同时具有社会属性和经济属性的文化产业而言，文化市场执法过程中存在的执法不当、执法不严以及选择性执法等现象将对产业技术效率的提高造成负面影响。因而，鉴于文化产业的特殊性，应对文化市场产业进行必要干预，正确处理政府与市场之间的关系，通过适当管理实现文化产业的规范可持续发展。

（4）控制变量因素估计结果

地区文化资源虚拟变量对技术效率损失的参数值为 -0.413，且其 t 值在 1% 的显著性水平上通过统计检验，说明地区文化资源禀赋对于提高文化产业技术效率有明显促进作用。从各区域来看，东北地区没有通过统计性检验，而东部、中部、西部分别在 5%、1%、1% 的水平上通过了统计性检验。我们认为，东北地区的三个省没有一个被列入历史文化资源大省，此时的虚拟变量设置没有意义；东部地区文化产业整体实力较强，主要基于创意的文化生产方式提高了对技术、人才以及资本的需求，而历史文化资源等先天优势的表现作用不再明显；西部地区部分省市历史文化资源丰厚，资源优势对省市文化产业技术效率的提升作用较强。

五　研究结论及政策建议

本文使用 1998—2012 年间全国 30 个省（自治区、直辖市）的面板数据，采用超越对数随机前沿生产函数，测算我国及四大区域文化产业技术效率水平以及规模因素、环境因素和文化体制改革因素对文化产业技术效率水平的影响程度。研究结果表明：①我国文化产业平均技术效率水平仅为 0.603，具有较大的提升空间；东部地区文化产业平均技术效率比全国平均水平高出 9.6%，而东北地区、中部地区和西部地区则低于全国平均水平，东北部地区与全国平均水平接近，西部地区最低。②从我国文化产业技术效率变动趋势来看，整体上表现出随时间变化不断上升的趋势。同时，随着文化体制改革的不断深入和试点范围的不断扩大，技术效率水平出现不同程度的提高。③规模因素、环境因素以及文化体制改革因素都对文化产业效率构成影响，但各自的影响程度不同，其中，地区相对文化市场需求、城镇化水平、信息化水平、政府财政支持和文化事业机构情况对文化产业效率影响显著为正，而人力资本、市场化、文化市场管理人员状况对文化产业效率的影响存在区域差异。④地区文化资源状况对文化产业效率的提升具有重要影响。

基于上述研究结论，提出以下政策建议：①继续深入推进文化体制改革，第一，加快政府职能转变，实行政事分离、政企分开、管办分离，按照市场经济规律规范实施政府部门行为，理顺政府和文化企事业单位的关系，明确界定政府与市场的边界，同时，加强文化市场相关法律法规建设，加大文化市场执法力度；第二，去除原有计划经济体制对文化产业发展的束缚，加快构建文化市场生产经营机制，充分发挥市场在文化资源配置中的决定性作用，完善文化生产经营单位的市场主体地位，从而有效参与市场竞争，使文化产业向规模化、集约化方向发展；第三，完善文化经济政策，把社会效益放在首位，坚持社会效益与经济效益的和谐统一，同时加强政府财政对文化事业、产业的支持，形成完善的市场经营激励机制。②强化科技型人才对文化产业的支撑，培养造就一批具有较高文化素质和创新能力的文化专业人才，调动文化从业者的积极性和创造性，为文化产业技术效率的提升提供智力支撑和人才保障。③加快推进城市化进程，一方面，强化各地区尤其农村地区文化基础设施建设，实现文化生产与科学技术的高度融合，形成良好的文化产业发展环境；另一方面，通过城镇化引领带动农村对文化商品和服务的需求，以城镇化驱动文化产业转型发展，使文化生产顺应各阶层人民的多样性文化消费需求，实现文化引领风尚、教育人民、服务社会、推动发展的社会促进功能，进而实现高质量的城镇化，形成文化产业技术效率提升与城镇化推进的良性循环。④加大对西部落后地区支持力度，充分利用地区文化资源优势，着力缩小东部、东北部、中部以及西部地区文化产业技术效率之间的巨大差距。着力提高居民收入，提高居民对文化商品和服务的需求以及消费水平，使其成为推动文化产业发展的内在动力。

国际创意经济与中国当代文化产业发展

意　娜*

《创意经济报告特别版》是最新一部《创意经济报告》，其主题是“拓展本土发展路径”。与前两本（《2008 创意经济报告》和《2010 创意经济报告》）不同，这是由联合国教科文组织牵头编制的第一本《创意经济报告》，带有浓厚教科文叙述色彩，贯彻了教科文发展理念，与十八大以后中国的文化创意产业的政策语境非常契合，具有很强的参考价值。

《创意经济报告》是联合国关于创意经济发展的“政策导向性文件”，由联合国体制内多机构合作编制，旨在为各国决策者勾画出创意经济的发展现状，评估创意产业面临的机遇与挑战，并提出政策建议。《2008 年创意经济报告》发布于 2008 年，由中国社会科学院文化研究中心于当年译为中文版，在北京“第二届国际文化产业论坛”期间发布；《2010 年创意经济报告》发布于 2010 年，由中国社会科学院文化研究中心同步于“第四届国际文化产业论坛”期间发布中文版。此次报告的发布，文化研究中心再获授权，并由联合国教科文组织总干事博科娃女士专程赴京参加中文版发布会。《创意经济报告》系列报告的编制出版，在国际范围内产生了重大影响，也成为中国文化产业界学习国际发展经验、调整文化产业发展战略、转变文化产业发展方式的一个重要文件。

从本次报告中披露的数字看，当前，国际创意经济依然快速发展，创意经济继续在创造收入、创造就业机会和出口收入方面成果卓著，显示出更加强劲的发展驱动力。报告援引联合国贸发会议 2013 年 5 月公

* 意娜，中国社会科学院文化研究中心国际研究部主任，中国人民大学博士，中国社会科学院文化研究中心博士后，中国社会科学院少数民族文学研究所助理研究员。

布的数据：2011 年世界创意商品和服务贸易总额达到创纪录的 6240 亿美元，在 2002 年至 2011 年间增长了一倍有余。在这期间，创意经济的年均增长率为 8.8%。发展中国家创意商品的出口增长势头则更为强劲，同期的年均增长率达到 12.1%。[①]

更为重要的是，本次报告并非前两次报告的延续，而是《创意经济报告特别版》。正像导言中指出的，本次报告肯定了《2008 年创意经济报告》和《2010 年创意经济报告》的基本观点，即创意经济无论从创造收入、增加就业或出口角度来看，已经成为世界经济发展最快的部门之一。但是特别指出，创意经济的作用远远超出了经济的范畴，影响着人们“认识世界、定位自身、确定其人权以及与他人构建有效的生产性关系的方式”，集中代表了联合国对于“鼓励创新，寻求公平、包容性和可持续性增长及发展的新型发展道路”的理解。这就是联合国各大机构对于创意经济十分重视，在《联合国千年计划》即将到期，2015 年后联合国发展议程加紧制定的特殊时机，推出《创意经济报告特别版》的原因。

《创意经济报告》的研究对象主要是发展中国家，而其中中国作为这一群体的排头兵，在报告中占有相当的比重。2014 年以来，我国密集推出了一系列鼓励文化创意产业发展的政策文件，文化产业显示出进入新的发展阶段的新趋势，这份报告中的观点、方法、案例对于中国文化创意产业界具有重要的参考价值。

一

《2008 创意经济报告》明确提出：“创意经济作为一种新的发展范式正在兴起，它把经济和文化联系在一起，在宏观和微观水平上包容了经济、文化、技术和社会发展的各个方面。对新范式而言最有影响力的事实是：创意、知识和信息日益成为全球化世界中推动经济增长和促进发展的强大动力。”本次《创意经济报告特别版》的最大特点是将分析的重点进一步从偏重“市场驱动”的方法转向经济分析以外的诸多道德和政治问题，以期更加全面地反映创意和文化对以人为本的可持续发

① 贸发会议（2013 年 5 月），2011 年创意产品贸易再创新高，新闻稿。见本报告“前言”。

展的影响。报告为此提出了一系列重要观点，比如，“创意产业和文化产业在运行和组织方式上同一般的经济和工业模式存在诸多相悖之处。创意产品和文化产品具有大多数其他产品不具备的象征性成分和意识形态成分”，创意产业“更加环保，多集中于大型都市区，所聘员工多为高技能人才，在很大程度上依赖非正式文化系统、程序和制度”。报告认为，创意经济带来的效益无法单独用市场价格去衡量，但这些效益却能确立其产生和聚集地的文化特征，从而改善人民的生活水平，提升当地的形象和声誉。为此，报告建议对创意经济做全新的评估。

将文化产业作为可持续发展的驱动因素，兼顾正式和非正式文化系统，经济的和非经济的文化领域，实行经济、社会、政治、文化、环境建设的“统筹兼顾”，实际上正是我国新时期以来改革发展的主线，中国的经验实际上具有国际意义。首先，我国既强调发展“消费性服务”功能，满足人民群众日益增长的精神文化消费需求，也强调发展“生产性服务”功能，推动文化创意和国民经济相关行业融合发展，发挥文化创意产业在推动国民经济转型升级、实现可持续发展中的杠杆作用；其次，我国强调文化产业和公共文化服务“两轮驱动”，兼顾了“市场化”因素和“非市场化”因素的作用，发挥了文化在改善生活环境、“提升当地形象和声誉”的作用；最后，我国在发展文化产业的同时大力推进文化遗产保护，在民族民间文化资源丰厚的地区大力度建设“文化生态保护实验区”等，为完善地方社区“文化记忆”，活化民族民间文化传统作出了系统的尝试和实验。作为发展中国家发展文化创意产业的典范，中国的探索值得总结。

正因为我国在发展文化创意产业方面进行了大量前沿性的探索，仍然存在的阻碍发展的问题才显得尤为刺目。我们特别注意到报告中所说的“创意产业和文化产业在运行和组织方式上同一般的经济和工业模式存在诸多相悖之处”，对这个判断我们非常赞同。在 2013 年发布的《文化蓝皮书：中国文化产业发展报告》的总报告中，我们谈到了中国是在工业化高峰期，为了应对加入 WTO 要求开放服务贸易市场的挑战，才启动文化产业的发展。因此在某种程度上说，发展文化产业是中国政府为了应对全球化挑战而制定的主动政策，而不是来自经济发展的内生逻辑。由此产生的必然结果是，文化产业与目前我国的市场环境不兼容。这些年来经常谈论的文化产业发展中的产权交易难、投资贷款难甚至财务制度不合理等问题，也都与此有关。至于很多地区领导热衷于追求文化产业在 GDP 中的占比，则更是将文化产业纳入工业化评价系统，不利于文化产业发展。现实告诉我们，处在工业化中后期的中国，文化创意产业与传统工业化发展模式的矛盾和冲撞还会继续下去，文化产业成为引领可持续发展的支柱产业，承担起撬动转型发展这盘大棋的重任，还有较长的路要走。

二

《创意经济报告特别版》的第二个特点是将分析重点从国家层面转向地区、城市、社区层面，将分析方法从在国际层面上对“发达国家”、“发展中国家”“转型国家”做纵向切分和比较分析，转向在“全球”和“地方”这一对基本逻辑基础上对多元化发展路径的具体分析。

“全球—地方”分析模型对于认识中国文化产业发展的特殊性有重要意义。2008 年笔者参加在日内瓦召开的联合国贸发会议创意产业高级别小组会议，发表《中国文化创意产业发展与政策》讲演。向与会专家介绍了中国文化创意产业发展的东部、中部和西部的三个阶梯、三个层次与三种模式的发展形态。介绍了中国文化创意产业的不平衡特色：东部发达地区、中部发展中地区和西部欠发达地区在发展方式、发展类别选择和发展目标制定上的异同，提出发展中地区和欠发达地区同样可以因地制宜发展文化创意产业的主张。这一发言引起与会各国代表特别是发展中国家和欠发达国家代表的极大兴趣。

中国文化产业发展与中国经济、社会发展的状况一样，有极强的地方创新色彩。从体制上看，中国的改革和发展主要在“中央”和“地方”两个主要层级上展开，在重大产业发展战略上常常是中央政府确定大政方针后，地方根据财政能力决定具体实施办法。在发展过程中，地方之间也有很强的学习和竞争机制。中国的这种现代化发展可以看作是市场主体和地方行政主体的“双重竞争”模式，在人类历史上几乎绝无仅有。这种发展模式客观上成为中国改革开放以来持续保持高速发展的主因，也将为走向后工业社会的中国开辟地方多元发展的战略路径。正如报告中举出的那些中国城市发展的成功案例，中国的城市正在成为全球瞩目的“创意场”和“试验场”。我们可以想见，当单纯的工业化目标被超越，地方政府被解除了 GDP 衡量指标的紧箍咒，地域性文化资源和社区文化传统（所谓“非遗”）成为新的发展源泉的时候，中国的发展将会呈现出何等绚烂多样的色彩！近年来蓬勃兴起的西部“特色文化产业”不是已经向我们昭示了这一发展前景吗？

2014年是“十二五”的最后一年，制定文化产业“十三五”规划又成为地方政府的一项头疼的任务。放在我们面前的这本《创意经济特别报告》是可能有一些参考价值的。在面临新的发展阶段的时候，每个地区、每个城市的主政者都应该多研究一点自己所处地方的特色资源、发展阶段、发展环境、发展的区位、具有的优势和弱势，据此来确定自己的发展目标和发展战略。国内外文化创意产业发展为我们提供的只是思路和方法，而不是现成的可以照搬的样本，按照每一地区发展的实际情况去规划、去创新、去经营、去实践，才能找到最适合自己发展的“那一个”。面向新的发展阶段，我国前一时期文化产业发展普遍存在的各地政府间GDP攀比、同质化竞争、重复性建设等做法都是必须加以反省、批判以及抛弃的。

三

本次《创意经济报告特别版》没有提供系统的数据分析，既是由于分析模型的变化（上述所说“纵向分析”转向“全球—地方”这种横向分析），也是对原来联合国贸发会议的分析模型的不甚满意。但对于中国这样一个全球性的大国来说，做国际比较分析还是具有一定意义的，因此我们在这一部分做一个简单的补充。

最值得关注的发展趋势是，创意经济在发达国家呈现不同的越界扩容与转型升级。英国作为老牌创意产业国家，创意产业已经占整个经济的近1/10（9.7%），它提供了超过250万个工作岗位，这在英国比金融服务业和高端制造业的就业岗位要多，从业人员人数增长速度是全部劳动力增速的四倍。英国的创意产业一直是其他国家研究和学习的主要对象，但在2013年4月，英国一家独立的创新基金会发布了《创意经济宣言》（A Manifesto for the Creative Economy）①，指出英国原有的创意产业的定义、相关政策和经营模式已经有些过时了，跟不上互联网时代

① Hasan Bakhshi, Ian Hargreaves and Juan Mateos-Garcia, A Manifesto for the Creative Economy, NESTA, April 2013.

的发展。报告建议英国政府重新定义创意产业，将定义简化为“专门使用创意才能实现商业目的的部门”①，并且扩大分类；还建议开放互联网，并且在教育方面加强数字技术的普及，在税收等政策方面鼓励创新。

不只是英国，那些创意产业起步比较早的国家，比如澳大利亚、美国等都将更多的研究目光投入到数字化和社交媒体中，继续保持创意产业在本国国民生产总值的增加值、对外贸易和高收入创意人才数量中的领先地位。美国将创意产业称为版权产业，2010 年占国民生产总值的 6.4%，提供了 510 万个就业机会，并且比其他劳动人口的平均收入高 27%，尤其是出口总值达到 1340 亿美元，远远高于航空业、汽车制造业和农业。

欧盟 2011 年启动了“创意欧洲”计划，从 2014 年起支持欧盟的文化与创意产业发展，其目的也正是为了帮助文化与创意部门在“数字时代”和全球化背景下获得更多的机会，并且协助欧盟的“欧洲 2020”十年发展计划，实现可持续的经济、就业和社会凝聚力的增长。

意大利称得上是“以文化产业为发展传统的国家”，近几年的做法也可圈可点。2009 年意大利发布了《创意白皮书》，梳理了创意产业的“意大利模式”，而实际上只是梳理了包括时尚产业、“味道产业”等意大利特色产业在内的城镇化与传统文化产业的发展模式。

发达国家的情况说明，创意经济在升级且变得日益多元化，社会性因素正在凸显。传统的文化领域通过相互联结而灵活的网络生产服务系统得以扩展运行，涵盖了整个价值链，渗透到全部生活世界。如今，创意经济深受日益强大的社会网络的影响。新工具如博客、互联网论坛、维基百科等促进了创意人士、创意作品、创意场所之间的连接与合作。在创意经济中谁是利益相关者，他们之间的关系如何，创意产业与其他经济产业之间的关系如何，更好地了解这些问题对于制定实用性政策至关重要。政策的关键目标要具体而不能宽泛，领导者不能自上而下拍脑袋决策，而是要考虑到涉及各利益相关者的所有权和合作伙伴关系，这些利益相关者来自公共部门和私营部门、艺术家群体和市民社会。更具包容性和灵活性的方案会促进有效和创新措施的形成，使创意经济具有新的活力。

---

① 原文是“those sectors which specialise in the use of creative talent for commercial purposes”。

四

本次《创意经济报告特别版》令人印象最为深刻的还是观念和方法上的创新，展示出了一种完全不同于理论传统和既定观念的、对于发展路径的探索。特别值得我们予以高度关注的是，这些观念变革源于对我国的发展经验的总结，并且显然对我国新的发展阶段极为重要。

正如以上已经指出过的，本次报告是对前两次报告的拓展，但实际上已经不仅仅是量的扩展，而是质的改变。本次报告一方面肯定了2008年和2010年报告是“关键性的贡献”，“对经济指标的主要分析重点在当前和未来都将具有重要意义”；但是另一方面也明确指出，“这种市场驱动的方法仅能片面地反映创意和文化对可持续发展的影响，并不能解决除经济分析以外的诸多道德和政治问题”，因为“创意经济不是单一的一条高速公路，而是由众多不同的地方轨迹混合而成”。于是，“本报告并非用一元化逻辑去理解创意经济的现状，而是希望借此启发人们再次进行有创意的思考——创意经济的繁荣能够给不同环境下的人们的日常生活带来什么样的实际影响?”

报告这一主导性观点来源于对发展中国家大量资料的实证分析，这些国家中最为突出的就是中国。报告的编制者已经发现，用单线式的逻辑无法解释像中国这样的国家发展的成功经验。报告断定，“新一轮前沿性的知识将产生在对地区层面创意经济的互动、特殊性和政策的认知上，以及如何在整个发展中世界的社区、城市和地区内实际有效地推广创意经济”。报告甚至这样说：“当前的发展路径已经彻底不同于从一级、二级向三级行业领导型增长过渡（从采掘业和农业的‘低附加值’活动开始，逐渐向价值链上端移动）的经济发展‘模式’。绕过工业增长的中间步骤，从农业经济向含有拥有大量信息技术和信息技术驱动型部门的服务型经济的蛙跳式过渡成为了一种可能，这一点在中国和印度表现得十分明显。”

有经济学家曾说，中国的东西问题就是世界的南北问题，也就是说，中国的西部省份面临国际社会中“南方国家”同样的问题，也可能有相同或者相近的解决之道。报告中所说的绕过工业增长阶段，向后工业时代“蛙跳式过渡”，在我国西部若干省份已经是大规模展开的实践。特别是十八大以来，转变发展方式成为主线，从中央到地方政府开始纠正“唯 GDP”的发展模式，地方政府在单一尺度下赶超发展的模式被逐渐抛弃，对独特地方发展路径的探索正在西部各个省区展开。如果说在以联合国教科文组织为首的国际社会，已经认为南方国家（即发展中国家）不必复制发达国家现成榜样而走自己独特的发展道路，可以颠覆西方发达国家 200 年来一直通行无阻的现代化市场逻辑，我们也有理由对中国文化产业波澜壮阔的发展实践抱有充分的信心。这也许是我们从这本《创意经济报告特别版》中获得的最大收获。

行业创新篇

顺应数字内容产业发展的企业经营对策研究*

陈少峰**

近几年，数字文化产业（互联网文化产业）取得了重大进展，它一方面扩展了文化产业的跨界融合的空间，促进了产业规模的壮大；另一方面也对传统文化产业的各个行业带来了巨大的冲击。总之，无论是传统文化传媒企业还是数字文化企业，都需要因应时世的变迁，及时调整企业的经营策略。

一　机遇与挑战并存

数字文化产业的发展是利弊互呈的。一方面，政策上给予了重视，如不久前，《国务院关于推进文化创意和设计服务与相关产业融合发展的若干意见》中提出："加快数字内容产业发展。推动文化产品和服务的生产、传播、消费的数字化、网络化进程，强化文化对信息产业的内容支撑、创意和设计提升，加快培育双向深度融合的新型业态。深入实施国家文化科技创新工程，支持利用数字技术、互联网、软件等高新技术支撑文化内容、装备、材料、工艺、系统的开发和利用，加快文化企业技术改造步伐。大力推动传统文化单位发展互联网新媒体，推动传统媒体和新兴媒体融合发展，提升先进文化互联网传播吸引力。深入挖掘优秀文化资源，推动动漫游戏等产业优化升级，打造民族品牌。推动动漫游戏与虚拟仿真技术在设计、制造等产业领域中的集成应用。全面推

---

* 声明：本文综合了本人的相关论文和访谈的一些观点和内容。

** 陈少峰，北京大学哲学系教授，北京大学文化产业研究院副院长，文化部—北京大学国家文化产业创新与发展研究基地副主任，中国文化产业 30 人论坛召集人，主要从事伦理学、管理哲学和文化产业等研究。

进三网融合，推动下一代广播电视网和交互式网络电视等服务平台建设，推动智慧社区、智慧家庭建设。加强通信设备制造、网络运营、集成播控、内容服务单位间的互动合作。提高数字版权集约水平，健全智能终端产业服务体系，推动产品设计制造与内容服务、应用商店模式整合发展。推进数字电视终端制造业和数字家庭产业与内容服务业融合发展，提升全产业链竞争力。推进数字绿色印刷发展，引导印刷复制加工向综合创意和设计服务转变，推动新闻出版数字化转型和经营模式创新。”另一方面，数字文化产业也给文化企业带来了许多挑战。特别是国有传统文化传媒企业遭遇了巨大的压力。

在新的数字文化产业环境下，各种要素和产业跨界活动将越来越多，一方面将继续对传统文化产业带来冲击；另一方面也将有力地推动中国服务业的转型与升级。

二　文化科技的融合

数字文化产业，也可以称之为新媒体、互联网文化产业、数字出版产业或者数字娱乐产业等，它是当今文化科技融合的核心领域。

进入 21 世纪之后，特别是在 2005 年之后，数字文化产业的发展迅猛，取得了巨大的成就。以 2013 年中国文化产业的发展为例，传统类型的文化产业都在不同程度上受到冲击，出现了不同程度的停滞、收入下降乃至亏损的局面，但是数字文化产业却是日新月异。按照增长幅度计算，2013 年百度的广告收入已首次超过中央电视台。特别是由于中央政府实施了强有力的精简开支、反对浪费和腐败的工作影响下，依赖政府财政资源的许多传统文化产业方面的企业的收入都受到了不同程度的冲击，其中纸质传媒尤甚，而只有文化科技融合领域的数字文化产业的发展高歌猛进。

很多人讲互联网思维，其实在我看来有三个主要内容：第一，互动体验性；第二，无边界；第三，专业化。互动体验性不言而喻，现在讲“平台为王”。百度是信息平台，腾讯是科技平台，阿里是交易平台，这些平台都体现的是用户的互动体验。无边界就是不论做任何事一定要达到巨大的规模，如果太小了一定不行，规模越大越好。举个例子，两年前我就说，团购网在互联网时代不会生存太久，因为团购网无法达到巨大规模，连京东都在亏损的情况下，团购这种不定期单笔买卖交易的模式很难维持。除了规模化，互联网环境下的经营需要把握的另一个准则就是专业，有了一定的规模之后你还需要比别人更专业，团购平台的另外一个问题就在于不如电商平台专业。

微信公众平台的流行、O2O 演唱会、弹幕电影等的初次使用都证明了文化产业对互联网的应用越来越广泛和多元。对于线上文化产业的发展，有几个角度值得重视。首先，这种融合在商业上是成功的。可以说现在整个文化产业都搬到互联网上了，包括传统互联网和移动互联网，他们的商业成功引起业内很多的关注。比如，现在腾讯市值高达 1500 亿美元，可以买下 15 个联想公司，但论其经营的年限只有联想公司的一半。究其原因，是因为腾讯主要靠游戏、广告来盈利而非传统实体。腾讯另外一个吸金平台就是微信，微信今年估值很高，单是二季度 QQ 手机版与微信上智能手机游戏的总收入已增长至约人民币 30 亿元。其次，互联网在很大程度上改变了消费者的生活方式。平台趋势有一个很显而易见的现象就是，我们看到很多东西都搬到互联网上了。8 月 2 日，乐视就做了 PC 终端的“汪峰 O2O 演唱会”，总购票数达到 7.5 万张，票价每张 20 元。跟过去相比，这种形式更加强了互动性、即时性。互联网可以实现“娱乐无边界”，不受时间和空间的限制，除了现场体验的这一部分之外其他基本都可以实现。前几天在我上课的时候还讲到，马上“手机直播”将会变得风靡，比如周杰伦在演唱，歌迷就在家里、路上观看直播。手机比电视、电脑更加方便，甚至以后在飞机上都可以普及 WIFI 技术，实现更加自由的娱乐。

三 传统行业的挑战

那么，传统产业是否会像传言所说的“被拍死在沙滩上”呢？在我看来，互联网趋势会把传统的都冲没了，就像大浪淘沙，互联网是无边界的，它的范围之大会“淹没”现在很多传统模式。随着人们生活方式的转变，宅人越来越多，本来该去看演出，你可能一转念就待在家里刷微信了。这个现象在传统媒体行业也较为明显，现在已经有一半以上的传统媒体亏本，还有一些回归政府怀抱，我认为这种情况还会继续“恶化”，到 2014 年年底很多传统媒体可能都会亏损。这里的传统媒体包括报纸、杂志甚至一些电视，还有一些演出也有下滑迹象。

总体上来说这是一种必然趋势，我始终认为符合人类生活方式的产业才会成为朝阳产业。

面对这种巨大冲击，传统行业，特别是传统媒体应该如何转变呢？我不得不说，转型其实是很难的。以前，我看到报纸行业的人都会对他们说：报纸两年内都要死了。但是，听的人有不同想法，有的人甚至说，我们还要再做10年报纸。之所以说传统媒体转型很难，是因为报纸无法和网络的信息抗衡。网络新闻和传统新闻是不一样的，网络无边界，新闻海量、信息传播很快，而报纸的页面是有限的，无法面面俱到。另外，现在人类的生活方式已经随着互联网的到来发生了改变，很少有人会耐心看完一整版的报纸新闻了，都是按照“标题、首句、图片”的顺序粗略浏览新闻。

目前，很多纸质媒体的转型出路之一是做活动办专刊，可能开始还好，但是也无法长久。因为商家和赞助商会发现纸质媒体的传播力减弱之后，愿意付出的就越来越少。其次还有一些开始进入新媒体，目前正在经受考验，比如澎湃新闻。澎湃新闻能否成功跟未来环境有很大联系，如果以后所有的网站都需要去购买政治新闻的话，那么澎湃新闻就有生存的空间了。

当然也有转型成功的例子，比如浙报集团，买了游戏然后“借壳上市”，以游戏为主业，报纸份额逐渐下降。这种转型就是去做一些非媒体文化领域的投资。另外还有一种是顺应市场需求作出转变。最近几年江苏卫视起来了、浙江卫视也火了，这是为什么？首先，他们开始走娱乐的路线，因为中国人越来越娱乐化；其次是卫视平台够大，这是很多地级电视台无法抗衡的。在媒体领域，我认为新媒体才是有影响力的媒体平台。最后，转型的过程中经营者一定要有互联网思维。以电子阅读领域来说，以前有很多传统出版转型电子阅读的企业都没有成功，只有盛大文学的电子阅读存活下来，因为盛大找来的人都是网络写手出身，都是在网络世界里活了很久的人。

总之，互联网平台改变了企业的概念，未来的企业可能做得很大。以前我们的企业一般来讲都有限制（线下的区域、行业分割），但是互联网公司可以做得很大，一个企业甚至可以占有全国90%的份额。所以未来很有可能会实现行业内“几家或一家独大”的局面，近期的合并收购趋势已经凸显，比如，腾讯和京东合作，BAT做电影，等等。

另外，我认为大概到2016年年底，数字文化产业可能占到中国文化产业70 %的市场份额。相应地，传统文化领域，一些做得比较好的可能会稳定住，但是他们也很难有更大的发展空间。今后产业的高速增长可能都会集中于互联网领域。另外，大型的主题公园可能会有一些市场，体验性的游乐项目也会吸引游客，但是这种增长不会太大，毕竟人类的娱乐方式、生活方式已经发生了转变。

四 基于新理念的方法

数字文化产业（互联网文化产业）的发展已经进入了深度跨界融合的阶段，这个阶段需要在把握产业理念和运作方法上做一些创新。

基于理念创新的方法是促进三种力量的聚合。三种力量指的是文化的力量、科技的力量和管理的力量。更进一步而言，即以文化的表达作为目标，通过科技与艺术的融合作为手段，加上企业经营管理作为融合提升的关键要素。今天的数字技术在文化产业里面不是一种简单的科技，而是一种艺术的表现手段。科技和艺术之间已经分不出是艺术影响技术，还是技术影响艺术。乔布斯曾经认为，苹果公司取得的成就应该是人文科技和创造的结果。公司要懂人文、科技、管理。其中一个重要的方法就是文化驱动管理，文化提升科技，管理提升文化。[①] 另外，把握三位一体的模式。我们要实现一种组合式的模式，包括：其一，以企业为主体。其二，内容为王。只有内容为王，才具有持续的消费者。其三，以商业模式为本。需要把这种三位一体的模式落实在每一个具体的商业模式上面。具体来说，就是以企业为主体，来创新文化和科技融合的新模式，从而实现企业整体价值最大化。企业整体价值最大化意味着企业有着良好的发展前景，即使在创业初期存在亏钱的可能性，但将来还是会有极大的盈利的可能性。一个企业真正的价值不在于一个产品是不是能立马赚钱，而在于其整体性能力是不是具有可持续性，是不是有整体的价值值得投资者和消费者对其发展有所期待。此外，需要突出重点技术。第一，在通过文化科技融合带来提升产业价值的同时，需要关注的核心领域和核心方法包括与构建大平台所需要的信息技术及其电子产品领域。今天人们参与娱乐消费的模式主要是平台模式，所以企业的商业模式和经营管理要跟平台模式相关。第二，和艺术表现相关的技术

① 关于三种力量的讨论可详见陈少峰教授的新作《文化的力量》（华文出版社出版）一书。

领域，如大型的实景演出需要声光电设备的高要求。第三，和文化艺术内容传播相关的各种技术手段。第四，将科技作为竞争力要素和深化娱乐体验的软件技术领域。把这些东西作为企业重要的核心竞争力因素。技术总是要为某种东西服务的，在文化产业领域里，技术必须与娱乐体验相结合。再者，需要不断推动深度的跨界融合。第一，时尚电子产品，特别是智能手机必须做成跨界的平台。第二，数字内容的体验，植入式的广告成为一项专业业务。这项专业业务形成以后，会促进游戏和广告跨界的融合。传统的广告方式已不能满足广告客户的需要，新的做广告的方法，包括植入式广告却越来越多地进入人们的视线范围之内。第三，网络购物和平台文化消费成为内容的大融合。我们不难预料阿里巴巴未来转向销售文化产品成功的可能性，因为它自身就是一个大平台。我们知道，当年沃尔玛销售的杂志和音像制品的金额占美国相关销售的10%到25%，这与其平台的便利性不无关系。而在数字科技发展的今天，也许某一个广播公司摇身一变就可能成为最大的内容下载的平台和内容产品销售的平台。仍以苹果公司为例，很多人只知道苹果靠营销手机盈利，但实际上苹果公司同时也是世界上最大的内容下载平台。它有两个平台，一个是 iTunes，一个是 App Store，苹果公司前期积攒的人气和后期不断地创新使得在这两个平台下载的东西是全世界数一数二的。这是一个大平台加上有核心产品的经典模式。第四，利用数字技术改造传统的影视作品和舞台表演，以及利用微电影进行数字化营销等都是跨界的新成果。事实上，在现有发展趋势下，将来很多营销方式都可能通过微电影来进行。微电影存在人文、娱乐化、小众的一面，不再传统地表达一个观念，而是形成了新的跨界理念。

站在竞争者的视角，也是一种必要的方法。比如说现在从数字出版角度来说，纸质媒体要转型需要满足六个条件。第一，要有海量的内容。第二，专业化。第三，内容前沿。第四，细分消费群体。比如说对成年人和未成年人的划分。财经类媒体对炒股的股民和专业人士的细分。第五，有支付手段以应对下载和消费。第六，有自己独特竞争力的要素。新媒体的人士从事数字出版产业更有优势，这意味着做出版业的、做纸质媒体的人要转变观念，转变身份，学会用新媒体的思维去思考问题，才能拯救传统的出版业和实现转型。

五 转变企业经营策略的建议

数字文化产业的发展预示着文化企业的竞争已经进入了新阶段，即跨界化和数字化的新阶段。《国务院关于推进文化创意和设计服务与相关产业融合发展的若干意见》提出的“以市场为导向、企业为主体，产学研用协同，转变政府职能，加强扶持引导，实施支持企业创新政策，打破行业和地区壁垒，充分调动社会各方面积极性，促进技术创新、业态创新、内容创新、模式创新和管理创新，推进文化创意和设计服务产业化、专业化、集约化、品牌化发展，促进与相关产业深度融合，催生新技术、新工艺、新产品，满足新需求”，要求企业家们在新旧产业更替、互联网数字内容产业快速发展的时代，需要及时把握产业变动和消费者的需求与消费特点，进而把握业态创新和资源转换、产业结构的变化。

就企业管理模式创新，经营与产业选择、发现机遇、创新商业模式的角度来说，我建议着重关注以下一些要素。

第一，遭遇产业转型挤破的企业经营者们应当把产业转型或者业务转型视为“思维方式的转变”。例如，纸质媒体的经营者必须从互联网的文化生态和消费特点来理解生活方式的变动以及商业模式的特点。同时，传统媒体的经营者也可以认真思考采取包括并购在内的方式获得发展的新机遇。易言之，在思维方式上，不是设想互联网如何接纳传统思维，而是要同样站在互联网和移动互联网的角度来思考商业模式的可行性问题。

第二，企业经营者应当重视4G环境下文化与科技融合的特点与方式。互联网和移动互联网（大平台）环境下的文化内容传播区别于传统的微量的精品化文化内容传播，“平台为王”的特点十分显著。企业不仅要提升创意能力，更需要思考规模化的挑战。易言之，作为海量内容需求的大平台，需要品牌化的内容，一般的少量的创意内容对于大平台而言是没有商业价值的。

第三，重视生活方式变化与科技融合或者相互关联领域的变动。研究表明，中国的智能手机用户已经达到4亿多，手机上网已经成为主要的上网入口，超越了其他的移动终端。在新的移动互联网技术和生活方式互动的环境下，将出现娱乐方式的巨大变化。例如，业界普遍认为，

"'视频+互动'将成为4G时代应用的基本特征，并向每一个行业渗透"①。

第四，创意与创新并重。好的创意来自一种反向思考的活动。文化产业需要创意，但是，并不是有好的创意就有文化产业。文化产业所要求的创意，不是闭门造车的创意，而是反向思考的创意；不是个人的创意，而是产品或者产业的创意。有时，有些好的创意因为制作能力的局限也不能转化为产品，比如中国目前动画电影的困境就是典型的例子。总之，文化产业不是个别的创意，也不是一般的创意，而是以顾客的文化娱乐消费为核心导向的创意集成和融合。创新是创业企业的一个特点。但在两极分化严重的市场环境下，那些创新型的企业需要加快速度，最好能够与资本市场加快结合。创新加速度，就要引入社会资本。

第五，企业经营者需要重新思考新媒体的整体发展模式和企业自身商业模式的关系。在新媒体环境下，大平台的模式、大平台结合部分内容的模式、小平台的专业化的模式和结合平台的产业链延伸的模式是四种基本的发展模式；新媒体作为主要空间的数字文化产业领域今后将特别突出规模化（海量的内容）和专业化。由此，任何企业都应当结合一种具体的商业模式来思考如何打造品牌和延长产业链，或者如何在先做虚拟的品牌之后再继续做实体产品的产业链。

第六，企业经营者应当善于把握资本市场政策转变带来的契机。一方面，企业应当积极关注十八届三中全会之后的金融政策的变革，特别是陆续出现的一些新的降低门槛的政策，如注册资本金降低和采取负面清单制的考核制、企业上市备案制等；另一方面，企业今后可以通过上市融资来加速发展，并且通过企业并购来弥补企业的弱项和不足。

第七，文化传媒企业的经营者应当注重资源共享，寻找并实现可以充分体现合作内涵和资源互补的商业模式。多媒体时代特别是视频多媒体时代的企业，如网络与广播电视之间促进双向节目资源共享和共同投资、联合拍摄节目等，已经开启了合作的先河。此外，在文化旅游作为拉动区域经济发展但政府采购行为大为减少的情况下，文化旅游企业应当与政府加强市场开拓的合作，如在中等资源的旅游城市发展规划中，也可以采取城市统筹旅游景点和主要旅行社或者在线旅行机构的合作，如将资助航空公司的费用作为包机费用以支持旅行社和从事文化旅游内

① 谢丽容、刘琦琳、宋玮：《4G如何改变生活》，《财经》2013年第36期，第65页。

容的企业。

总之，文化企业的经营者需要围绕消费者生活方式的变化、产业的变化、业态的变化、资源结构的变化等来探索可行的商业模式，以及努力实现商业模式的创新和经营模式的创新。

生活美学：科技与民族工艺的融合发展空间

李　炎　王　佳　何继想*

传统民族工艺，是指为满足民族民间群体日常生产生活需要，在制作和生产相应器具、用品的过程中，经历了长期的历史发展、传承沿袭下来的手工技艺，也是生活美学理念的重要表现形式。手工技艺作为民族群体非物质文化形态，要依靠制成品来显现。民族工艺的传统性，体现在其工艺主要以手工制作为主，其传承较多延续着传统社会中子承父业或者师徒相授的方式。在传统民族社会中，手工艺的生发和传承，主要是在物质资料生产水平相对落后、商品交换和贸易流通受交通、信息条件限制的时期，通过自给自足的生产生活用品的制作，以满足地区、群体成员日常生产生活必需品的消费形成的。传统民族社会中的民族工艺制作和生产，作为农耕生产的补充，总是在一定的地域范围和群体范围中传承、传播，因此大多具有鲜明的民族文化或者地域文化特色。民族工艺在传统社会中虽然很少作为民族群体的主要生计来源，但是民族工艺是民族和地域文化外显的符号系统，其丰富多样的物质形态的工艺制成品，往往记录和展示着一个民族、一个地域特有的文化内涵与社会历史。民族工艺是民族文化、地域文化系统中占有重要位置的内容，它反映了文化的传承与变迁，也反映了经济、社会的发展历程。

一　面临现代转型的传统民族工艺

随着社会现代化进程的迅速推进，传统社会在自身发展需求和外来

* 李炎，云南大学文化产业研究院教授，主要从事文化产业、跨文化、美学研究；王佳，云南大学文化产业研究院副教授，主要从事民族文化资源与特色文化产业研究；何继想，云南大学文化产业研究院在读硕士研究生，主要从事民族文化产业研究。

经济、文化碰撞、交流和渗透压力的推动下各方面都发生着急剧的变化。人口的迅速增长、城镇化建设，让土地这一农耕生产的主要资源日益稀缺，农业技术的提高一方面降低了生产成本、提高了生产效率；另一方面也使得土地不断缩减和农村剩余劳动力迅速增加这对矛盾更加突出。大量农村剩余劳动力转移到城市从事其他行业以解决生计问题，城市人口的迅速增长、乡村人口的流失，城乡不同区域间大规模的人群流动，国家战略中城镇化、城乡一体化发展进程的推进等，使得传统民族社会延续了上千年构建于农业经济基础上的生产、交换、消费和分配方式以及文化、组织结构等都形成了前所未有的剧烈变动。传统民族社会主要赖以存续的乡土被现代化的各种要素不断充斥和解构，传统民族群体原来生活的社会边界被瓦解，新的生产方式、组织管理方式、人际关系和文化理念等都毫无障碍地进入人们生产生活的方方面面。

人类社会从农业文明走到工业文明和信息时代，人们从乡村走向城市，代表了社会发展的宏观方向，社会经济主体产业的角色转换，体现了真正的经济文化发展需要和革新方向。传统民族社会一方面逐步向现代社会转变；另一方面其长期传承和保存下来的文化形态，成为不同社会群体希望了解、分享和认同的精神消费品。其在商品经济和市场环境中，通过适当方式可以转化为展示的产品、提供的服务，在大众文化消费的氛围中实现经济价值和文化价值的转化。传统民族工艺本身具有经济和文化双重属性，作为制造和生产物质资料的具体手段，其在农耕生计之外为手工艺者创造了不同的经济来源；作为文化的记录和表现载体，其产品的作用、地方文化和民族文化符号标记的功能、其消费的方式，等等，都或隐或显地体现着一个社会的发展规律和文化密码。手工艺的发展为农民与所耕种的土地解除捆绑关系、为乡村生产生活方式、社会关系组织和文化结构的变化提供了契机和路径。手工艺的传承和延续，是传统民族社会向现代社会过渡的重要生产方式。传统民族工艺作为非物质文化与物质载体的完美结合，外显性的文化符号与深厚历史、地域、民族文化内涵有机熔铸的产品，首先得到了传统民族社会以外群体的喜爱和认同，欣赏、购买和传播传统民族工艺成为旅游业兴起潮流中，了解异域、其他民族文化和旅游消费、文化消费的重要内容。传统民族工艺的制作和生产目的逐步从满足本土群体的日常生产生活需要转向了满足外来游客的需要，其实用性功能有所减弱，而更加突出装饰性、纪念性等特征。面对现代化对传统民族社会的全面渗透，传统民族工艺这一生产方式、文化形态，也受到种种来自于本身发展需求和外来力量的影响，在不同的社会环境和发展阶段中发生着各具特色的现代转型。

从物质资料的生产到文化的创造，科技在现代社会中无所不在。现代社会中文化的创造和展现甚至消费，基本离不开科技所构筑的全球互联网、移动终端和新兴媒体的传播体系。相对于种植业为主的农耕经济来说，工业、服务业迅速发展成为社会经济价值创造的主体产业类型，正是传统社会向现代社会转变的明显标界。21 世纪，以信息科学和信息技术、纳米科学和纳米技术、生命科学和生物技术以及认知科学等四大领域为核心，第五次科技革命酝酿而出，拉开了世界科学技术全面变革的序幕，更为深远、更为全面地改变着人类的生产生活。科学技术的日新月异推动着生产领域的有形变革和无形变革，科技与人类生产活动的结合愈发紧密。科技融入生产生活的各方面并且在经济、文化发展中发挥越来越重要的作用，是社会现代化的重要表征之一。因此通常的情况是，人们一方面享受着科技带来的便捷和舒适，另一方面批评现代元素冲击和破坏了传统。然而科技水平的不断提升，是受到人们时刻在改变和升级的需求被不断满足的强烈愿望的推动，这符合社会发展的一般规律，是不可逆转的现实和必然趋势。而科技在逐渐融入传统民族社会生产生活的过程中，更多体现出的是其推动社会进步的正面力量。

科技与传统民族工艺融合发展，具有生产方式革新和文化变迁规律的必然性，也是民族工艺为代表的传统民族文化现代转型的一种显性诉求与表达。传统民族工艺中融入科技的要素，不仅为传统民族工艺的生产方式提供了创新路径，也成为传统民族工艺满足现代市场、适应现代消费需求和进入现代生产提供了重要的“身份认同”。

二　科技融入对传统民族工艺的作用与表现

随着科学技术应用领域的不断拓展和深化，相对“保守”、“守旧”的传统民族工艺亦踏上了融合之路。从传统民族工艺的生产、交换、分配和消费等各个环节，通过多元路径，传统民族工艺与科技融合发展，表现出繁多的融合形态。

（一）科技提升创意，升华了传统民族工艺的艺术性

科学技术的应用，尤其是信息技术的发展，极大地拓展了创意的空间。信息技术的发达，压缩了空间，突破了物理交通条件构建的空间限制，使得创意者获得了前所未有的、极度丰富的创意源信息。信息技术的发达，还极大缩减了从“头脑风暴”到创意设计的时间，节约了创意者的素材准备、创意校验和创意推广等过程所需的时间。创意不会只停留在概念阶段，更为突出的是其在现有技术条件下向现实转化的可能性。技术的不断变革，为这种转化提供了无限可能的条件。因此，技术对于创意的提升，不仅体现在创意源泉的富裕度上，还体现在技术对于创意实现、创意推广等方面的提升上。

传统民族工艺的创意受到了实用性和功能性生产目的的局限，其创意的着眼点是生活实用，其审美受到了地域、民族传统文化以及工艺传承过程的多重框架。技术的引入，深刻并迅速改变着区域内消费群体的审美情趣，使得传统民族工艺的创意者产生激烈的思维碰撞。不同的文化、不同的审美观念、不同的文化表现形式在当前技术条件下形成融合，拓展和提高了传统民族工艺创意者的眼界和创意水准。为适应更为广泛的消费需求和不同层次的审美需要，创意者通过科技路径实现传统民族工艺的现代化转型具有时代的迫切性。科技提升了创意，丰富了创意内容。现代创意元素随着科技发展而被广泛引入和应用，使得传统民族工艺的形态朝向多元的发展方向，传统民族工艺的艺术性得到了升华。新华村制作银器的技艺主要来源于过去制作火锅、水盆、茶壶等生活用品的技术，为了适应现代消费市场的需要，新华银器制作在形式上、艺术创意上也不断探索创新，最具代表性的是用银打制的真空水杯，利用了真空保暖的技术和雕龙画凤的装饰技法，使得传统的银器制作，包括传统龙凤图案的设计与现代人健康、品位的需求相结合，实现了传统民族工艺与现代科技的融合。

（二）科技变革材料，丰富了传统民族工艺产品的多样性

第五次科技革命的一个重点领域纳米科学和纳米技术，其意义并非仅在纳米科学和纳米技术的本身，而是在于这一技术引领下带来的生产领域内原材料的新变革。随着人类社会的发展，环境问题和资源问题的突出，新材料、新能源的应用成为当前节约型经济发展的主流。材料变

革随着科技的发展得到推广，传统民族工艺开始逐步涉足新材料的应用领域。这不仅有利于丰富传统民族工艺产品的多样性，也有利于其进一步向现代化转型与发展。以 2011 年运博会的花船制作为例，其中“麒麟喷火”花船使用了最新的阻燃材料，真火得以在花船上实现喷吐；而另一艘“维扬号”花船则实现了传统工艺与现代灯光的结合，成为另一大亮点。由此可以看出，技术在推动“材料革命”的同时更为创意的最大可能实现进一步创造了条件。“麒麟喷火”是花船设计的一个创意，而对于传统材料制作的花船，这一创意的效果也仅能囿于想象之中。但是，新型的阻燃材料的应用，将这一创意最大限度得到了实现。科技推动的“材料革命”，为传统民族工艺提供了更为丰富的原材料，为传统民族工艺走向资源节约型产业发展提供了新的路径。以新材料与现代审美结合，创新型地开发传统民族工艺产品也因此成为今后发展的一大方向。

（三）科技革新生产技术，实现了传统民族工艺的量产化和品质化

生产技术的革新是科学技术变革在应用领域的一大突出特征，是推动生产力发展的集中表现之一。信息技术和制造业的结合，机械制造业的高速发展，为传统民族工艺的生产转型提供了基础。一方面，传统民族工艺的生产过程受到组织形式和生产方式的约束，无法有效地满足日益增长的社会需求。另一方面，尽管传统民族工艺的技艺持有者能够就技艺本身形成垄断经营的局面，但受传统手工生产的限制并不能有效地实现超额利润的最大化。就一般情况而言，通过规模化生产获得规模收益亦是生产组织追求效率和利润最大化的重要方式之一。因此，通过科技革新生产技术，提升生产效率，实现传统民族工艺的量产化，成为解决这两方面矛盾的重要途径之一。以云南省大理新华村银器为例，过去手工打制银器，在粗加工如银片、银丝的制作过程，要依靠工匠用小锤一点一点敲打，耗费大量人力的同时，一个人一两天才能加工出几两配件，而延压机和拉丝机的引入，使得几公斤银原料加工成片、丝等配件只需要一两个小时的时间。粗加工配件产量和效率的提高，直接促进了整个银器工艺的产业化发展，周边的一些村落也通过生产打制银器需要的锤凿、提供相应的粗加工服务等获得新的收入，实现了产业链的延伸和经济发展。

生产技术的变革不仅引发了传统民族工艺产品产量的激增，也提升

了传统民族工艺产品的品质。现代科技极大程度地提高了生产者对于原材料，以及材料在加工过程中物理变化和化学变化的认知。现代科技更实现了工艺过程中的精细化掌控，在提升原材料可塑性的同时，对于细节的把握提升到了一个新的高度。所以，生产技术的变革有利于传统民族工艺产品的精细化和品质化发展。以湖南醴陵正阳精密陶瓷为例，其陶瓷材料加工精度已达千分之一毫米；又以贵州黔艺宝苗家多彩珐琅银饰为例，该公司运用现代科技改进工艺方法和烧制技术，在银饰产品上镀制珐琅彩，既避免了银饰易氧化的缺陷，又融入了我国的景泰蓝制作的工艺，让色彩单一的银饰产品变得丰富多彩。云南建水的紫陶是我国四大名陶之一，其烧制技法较为独特，传统的紫陶要在拉好的湿坯上阴刻书画或图案，再以五色进行细致阳填，填平泥胎后入窑烧制，由于各色泥土和填刻技艺的高下，导致烧制的过程中如果火温控制不好，就可能造成废品，而填刻技艺所投入的物力人力巨大，由于控温不当造成的烧制失败，会造成很大的损失。现在电脑控温技术的运用，大大改善了这种状况，电脑控温不仅能将温度准确控制在紫陶需要的具体高温不变，还能够控制一个窑内火力和温度实现平均分布，改变了过去一窑产品中由于摆放位置不同、窑内火力温度不均造成的良莠不齐的现象。电脑控温，大大提升了建水紫陶成品的生产量，也在一定程度上降低了投入成本。窑变是陶瓷品制作中的重要内容，由于窑变的不可预测性，好的窑变就能促成一个产品成为独一无二的上品，其价值可能要高出许多倍，现在建水也正在投入人力、物力和财力，希望通过对陶泥原料成分的兑比研究、温度的控制研究等，实现科技对窑变的掌控，提升建水紫陶的品质和价值影响力。

（四）科技重构分工，实现了传统民族工艺组织形式的制度化

一般意义上，社会分工越明确、越细致的生产组织，其生产效率则越高。随着科学技术的发展，对于传统意义上的分工与合作产生了新的冲击，分工开始被科技重构。科学技术进一步推动了生产分工的专业化和分工界限的扩大。传统民族工艺的生产组织形式在科技主导下实现了“家庭手工生产”向“机械化生产”的过渡，原有的手工生产工艺流程被机械部分或完全取代，这就要求全新的生产组织方式的构架和分工方式的重组。粗放式的生产管理方式逐步被现代科学的管理制度所取代，并依此形成新的精细化、专业化的分工原则。又以成本收益为衡量标

准，基于生产组织的不同专业化程度，形成新的社会分工内容，进而构建了相对完整的传统民族工艺的产业链。于是，原材料初加工、初级产品的深加工、制成品的精加工均实现了高度的专业化和产业化，既降低了生产成本和时间成本，又促进了生产效率和社会效益的增长。以石林刺绣的生产分工为例，在纯手工生产的时期，石林刺绣并不存在明确的生产分工。随着电脑刺绣机械的引入，实现了普通工艺的机械化生产。石林刺绣的生产分工开始分解为专业的设计制版、机械操作、专有工艺深加工和制成品精加工等工艺流程，不仅丰富了石林刺绣的产品类型，更加提高了石林刺绣的生产效率和社会收益。剑川木雕协会的全机械化生产，在实现规模化生产的同时，大大扩展木雕工艺进入的门槛，更多的人可以便捷地学习操作机械，改变了家族、村落的组织生产方式。

三　平台构建（技术集成）与模式创新：科技与传统民族工艺融合的路径

科技与传统民族工艺的融合是一个系统的、复杂的、多维的工程。历史来看，科技与传统民族工艺的发展是相互交融、多维促发融合的，不同阶段科学技术水平的发展推动并衍生特定时期内、特定技术条件下传统民族工艺的发展；当前发展趋势来看，科技与传统民族工艺的进一步融合是不可逆的趋势，是时代发展的必然选择。尽管，科技融入传统民族工艺的形态多元各异，但它们之间的融合路径受到了现有技术条件和未来可预见的技术发展状况的限制。因此，科技与传统民族工艺融合主要围绕着技术集成形成的支撑平台构建和由科技引发的模式创新两大路径得到拓展。

所谓“平台”就是能够独立运行并自主存在，为其所支撑的上层系统和应用提供运行所依赖的环境。本文所指技术支撑平台并非一般意义上软件开发或企业管理应用方面的技术平台，而是泛指依托于信息技术和软件技术为基础构架形成的具有咨询功能、信息发布功能、产品创意开发功能、产品和服务交易功能等等的综合性功能服务集成平台，具体有公共服务支撑平台、生产管理应用平台、综合性产品展示平台和交易服务平台等。

公共服务支撑平台的本质是政府提供的一种公共服务产品，是政府推动科技与传统民族工艺融合的有效手段之一。公共服务支撑平台以政府掌握的强大的科技信息资源为支撑，既能为传统民族工艺的科技类公共服务活动提供良好的基础设施，又能为传统民族工艺的科技类活动和创意类活动创造良好的氛围，同时还能做好政府对于传统民族工艺的科技类公共服务工作的监督管理。生产管理应用平台分为两大类：一类主要是政府支持提供的适用于中小传统民族工艺企业的生产管理应用平台，该类平台主要集成由政府购买的免费或优惠提供给中小传统民族工艺企业使用的生产管理应用软件，集成相应的市场信息披露和相关的企业信息发布。中小传统民族工艺企业在运营管理、生产设计、成本控制和风险监测等方面存在缺陷，该类平台的开发与建设旨在为这些企业有效地规避风险和管理漏洞，提高生产效率和运营绩效。另一类主要是大型及以上传统民族工艺企业自行开发或委托开发的，适用于本企业的生产管理应用平台。综合性产品展示平台则分为线上平台与线下平台的构建，线上平台主要是指提供具有专业化的传统民族工艺产品的网络展示服务；线下平台主要是指运用现代科学技术，结合线上平台，为传统民族工艺产品提供全方位的、实物展示的服务平台。交易服务平台则是运用现代信息技术和网络技术，为传统民族工艺的生产与销售提供专业化的 B2B、B2C 和 C2C 等多种形式的线上交易平台，改变传统销售模式的单项传递网络，构建具有“网络节点式”的销售模式。

以科学技术为基础搭建的各类平台，突出了信息技术条件下将科技引入到传统民族工艺的创意、生产、管理以及产品与服务的营销等环节，使得科技在与之紧密结合的同时更有效地推动其快速发展。因此，平台的开发和建设主要是由外部条件和硬件设施的变革引发科技与传统民族工艺之间的融合。而模式创新，则是基于市场条件，运用科学管理知识，实施“软”条件的变革，进而主动引入科技的过程。

科学技术的变革，除了表现在生产工具、生产技术的变革，还表现在科学管理和运营方式的变革。科学管理和运营方式的变革是社会科学发展的结果，也是科学技术发展的重要表现之一。所以，模式创新也是科技与传统民族工艺融合的重要路径之一。传统民族工艺的模式创新主要是指将新的各类生产要素和生产条件实施结合并引入到传统民族工艺的生产体系之中，以期实现产品创新、生产方法创新、市场领域创新、原材料创新和组织形式创新。这种创新还应该是基于系统的与企业根本的一种集成创新，是立足于更开放经营理念基础上的价值链的创新，也是基于竞争优势的管理与营销模式的创新。

但是，受到当前传统民族工艺发展水平的限制，现阶段传统民族工艺的模式创新主要体现在以下几点：（1）生产组织形式的创新。生产组织形式的创新主要是相对于传统家庭手工生产的组织模式而言的。对于有条件实现机械化生产或部分机械化生产的行业，应努力转变资本的有机构成，尽快向现代企业的管理模式转型；对于无条件实现机械化生产的行业，努力转向合作，形成规模化经营模式。这样的组织创新有利于市场地位的进一步获得而提高生产经营的效益，有利于运用现代化的科学管理模式进行集约化生产获得更高的生产效率，有利于避免重复建设和资源浪费获得更好的社会效益。（2）生产方式的拓展和创新。除了生产技术的引入外，生产方式的拓展和创新主要表现在对传统生产消费模式的一种变革。传统生产消费模式基本固化在“生产什么就消费什么”或“市场有什么需要就生产什么”的两种模式中，生产和消费的两端在这两种模式下均处在一个“主动”和一个“被动”的状态。因此，生产方式的拓展和创新主要是指企业价值链的创新，生产不仅是利润驱动的唯一动机，还是消费者价值得到实现而引起的真正意义上的企业与消费者的共赢。这种创新使得生产与消费的两端均处在“主动”的状态下，消费者主动向企业提供创意和消费选择，企业主动向消费者提供其具有强烈消费意愿的针对性产品。20 世纪 90 年代开始风靡全球的“创客”就是这一模式创新的重要佐证。（3）跨地域分工合作的创新。现代信息网络技术的发展，是实现跨区域分工合作的重大基础条件之一。突破区域的资源整合，能够将传统民族工艺的创意水平和技艺水平提升到一个新的高度。现代技术条件下的生产已经完全突破了在场性生产的限制，不同要素禀赋条件的区域间可以依据相应的“比较优势”实现即时分工与合作，将传统民族工艺纳入到“地球村”的跨区域分工与合作模式中来。（4）营销理念的创新。营销学理论和实践在当今世界已是一个相对完善和发达的体系。但对于传统民族工艺而言，营销理念的滞后也是制约其发展的一个重要环节。所以，当前传统民族工艺营销理念的更新升级亦是其模式创新的一个方面。随着网络销售模式的日渐成熟，市场细分的方式与技术手段的不断翻新，除了关注原有适销对路的分众市场，还应注重对利基市场的关注与培育。

四 确立生活美学理念:拓展科技与传统民族工艺融合发展的空间

当人类在旧石器时代，狩猎民族在制作投枪、砍砸工具时，将带动物的图案和形式美感的形状、图案附着在具体的器物上时，人类最早的创意和物质、技术的融合就得以开始，人类的文明也就此揭开了大幕。无论是东方、西方还是地球上任何一个民族分布的地区，在其文明发展的进程中，人类文明的每个阶段，在其产生、日常生活与宗教文化生活中，人类的文化消费和美的追求始终是推动技术、材料和科技、创意相互融合的重要力量。只不过在前工业文明时期，由于生产力水平的相对低下，大众文化教育和文化消费水平较低，大众审美不能成为主导社会审美、艺术趣味的主体力量，建筑、雕塑、绘画、文学等高雅艺术逐渐从日常生活中剥离出来，远离大众、远离日常生活。生活美学在向形而上的文学艺术和纯粹的美学理论转化过程也是对审美生活区隔的过程。在西方社会，艺术的创新、审美流变和新的艺术表现形式的出现主要体现在绘画、雕塑、音乐、建筑、文学等领域，大众日常生活中的文化品位、审美观念相对滞后，没有大的发展。文艺复兴以后，以主流社会审美趣味为时代特征的工艺造物和艺术设计、审美理念的融合，推进了美学、创意与设计的融合。西方的设计进入了一个新的时期。“巴洛克”、“洛可可”风格以浪漫风格为特征，影响了西方建筑、宫廷装饰和家具、日常家居品的设计。在中国，唐代以后，随着社会经济的发展，也促进了士大夫阶层审美趣味和日常生活的融合，以元青花、宋代的瓷器以及明清家具为代表，完美体现了中国士大夫、上流社会的审美趣味与日常生活的融合，生活美学的理念得到强化，文化创意领域得以拓展。遗憾的是进入20世纪，战争、社会变革和政治的影响，传统文化中的生活美学遭到严重破坏，生活美学的理念被遗弃。当重提生活美学，以生活美学作为推动文化创意、科技与产业融合的重要理念时，欧美、日韩以及中国台湾地区的美学设计、科技与产业相融合的理论与实践已超越具有悠久生活美学传统的中国内地。

在西方工业化进程中，新技术、新材料的大量出现为人类文化产品的规模化复制带来了巨大的空间。生产力和社会经济的发展，中产阶层的出现，大众文化教育水平的普遍提升，人类进入了大众文化消费阶段。复制技术、影像技术、数码技术、互联网等新的传播手段，包括新材料的大量运用，文化消费已不仅仅局限于文学艺术等领域，新的文化消费形式层出不穷。图书、报刊、广播、影视、演艺、休闲娱乐为主体的现代文化消费不仅成就了文化工业的出现，大众文化消费背后蕴含的大众审美观念反过来成为影响统治阶层、上流社会、文化精英、艺术家审美趣味和艺术创作的重要力量。新技术、新材料和现代科技与文化创意的融合不再受时间、空间、市场、营销途径，以及创意生产的资本要素的制约。文化创意全方位渗透到日常生活领域，不仅在城市建设、园林设计、广告、公共文化空间中全方位有所体现，在日常家庭生活中，如家庭中的电视、电脑、手机、冰箱，包括日常家居、装饰、衣物、食品中也实现了全方位覆盖。生活美学的理念全方位拓展了文化创意与科技的融合。

值得注意的是，现代都市生活中，文化创意与科技的融合已经得到社会的关注，市场主体已确立，而且新技术、新材料和新的传播手段的引领，快速增长的都市大众文化消费的作用，其发展空间将会越来越大。但是，作为文化创意产业重要业态的传统民族工艺，也是日常生活中美学重要的表现形式，其文化创意与科技的融合尚未引起学者、政府的高度重视，处于起步发展的阶段。关注其领域，对推进文化创意与科技的融合，拓展文化创意与科技融合的空间将有重要的意义。

中国文化创意产业的发展是在现代工业基础、数码技术和互联网时代才开始以政府的名义进行推动的一场文化经济的革新运动，工业化初期简单复制、生产对传统农耕文明时期建构的细致的日常生活美学的负面影响似乎于当下中国生活中文化创意、家居设计中表现不突出。中国传统工艺发展的理论与实践由于战争、政治和文化的因素，没有经历过像西方工业化初期粗制滥造阶段以及“工艺美术”运动的洗礼，更没有像西方工艺美术运动中的威廉斯·莫里斯和约翰·拉斯大金这样的理论家和实践者的指导与推动。在其发展过程中，也还没有日本“民艺运动”和中国台湾地区生活美学的理念与实践。当民族工艺在经历了对传统文化的彻底否定，民族工艺刚开始与传统进行驳接的时候，简单的保护与过度的商业化使得民族工艺在其发展进程中缺乏系统的创新理论进行支撑，也缺乏艺术家和实践者的支持与推动。因此在推动创意、科技与民族工艺融合发展进程中，以生活美学为理论支撑，注重美与生活的融合、美与技术的融合、美与科技的融合，将会给创意、科技与产业的融合开启一个坚实的、广阔的空间。

参考文献

［1］李炎:《再显与重构——传统民族民间工艺的当下性》，云南大学出版社2009年版，第9页。

［2］姜念云:《文化与科技融合的内涵、意义与目标》,《中国文化报》2012年第3期。

［3］鲍懿喜:《手工艺：一种具有文化意义的生产力量》,《美术观察》2010年第4期。

［4］王宁宇:《传统手工艺与现代生产之间需要沟通 》,《美术观察》2010年第4期。

［5］百度百科：《技术平台》（http：//baike. baidu. com/link？url = yNUY1w81eU4ZwQ-4htqwSXQI65oa6OfI70O2ToXHcVjGUlWPhA76KFkRL3rqZPaKo5bjgjMlyzmdymh-2V8wF_ ），2014年1月4日。

财务困境与表演艺术的创新发展*

辛　纳　魏　建**

一　引言

民族戏曲作为20世纪50年代之前存在于中国土地上的主要艺术形式，从为多数学者认同的宋元时期形成的完整形态算起，已有800多年的悠久历史，是我国特有的文化资源。中国戏曲是集唱、做、念、打、舞于一体的综合艺术，融合滑稽表演、说唱和歌舞三种艺术形式。传统戏曲是传达中华传统文化核心价值的载体，是中华民族文化的一个象征。但是传统戏曲演出却日渐陷入了财务危机中，不仅受众越来越少，而且传承者后继乏人。并且现有的一个值得深思的现象是，演员喜演、观众喜看不具质量优势的西方古老歌剧、音乐剧等，不喜有质量优势的传统艺术演出，戏曲演出被挤到角落。因此，扶持本土表演艺术发展，构建民族品牌和民族认同以及形成文化软实力是政府乃至整个民族不可推卸的责任。“民族的才是世界的”，西方音乐剧模仿得再好也终归是模仿，不会超过西方人自己的演出水平，文化软实力最终还是要体现到自有艺术品牌的演出质量上。

更重要的是，“人是一种需要文化依托的动物，由于人类对文化的功能与价值拥有某种内在的信仰，人类社会才有可能趋于文明”①。正如人们的思想不会出现空白，如果不用好的艺术产品去占领它，就会被不良的文化思想和观念侵占。在文化多元化、商业化导向下，泛娱乐化、低俗化的消费观念盛行，资助艺术表演团体提供艺术质量较高的艺

* 本文是国家社会科学基金重点项目“深化国有文化单位改革和文化管理体制机制改革创新研究”（12AZD023）的阶段性成果。

** 辛纳，女，山东梁山人，山东大学经济研究院博士研究生；魏建，男，山东博兴人，山东大学经济研究院教授，博士生导师。

① 参见傅谨《二十世纪中国戏剧导论》，中国社会科学出版社2004年版，第30页。

术作品不仅有利于缓解艺术表演团体的经济压力，还有利于缓解居民尤其是乡镇居民的文化消费能力低下和上涨的文化需求之间的矛盾，有利于提高和培养大众文化欣赏品位，有利于凝聚民族认同感。近期，《国务院关于推进文化创意和设计服务与相关产业融合发展的若干意见》（以下简称《意见》）指出："依托丰厚文化资源，丰富创意和设计内涵，拓展物质和非物质文化遗产传承利用途径，促进文化遗产资源在与产业和市场的结合中实现传承和可持续发展。"本文将在科学度量表演艺术团体财务困境的基础上，结合国内外表演艺术的发展状况，对表演艺术的困境原因和未来发展给出回答和建议。

二　相关文献

（一）表演艺术的财务危机

表演艺术的财务危机并不是我国的特有现象，而是一个世界性的难题，中外的差别往往不在于有无而在于外部捐献资金的多少、来源和比例问题。Baumol 和 Bowen（1965）从生产率的角度对这一难题作出了解释并预言了其扩大的趋势。近年的研究，如 James Heilbrun（2003，2007）表明，表演艺术组织的收入差距并没有扩大，这意味着其他一些旨在减轻成本压力的研究结果和建议发挥了作用。James H. Gapinski（1986）和 L. Bonato, F. Gagliardi, S. Gorelli（1990）指出院团通过提升价格和降低时间成本以同时增加参与率和收入；JR Blau, L Newman, JE Schwartz（1986）强调大的非营利组织在吸引志愿者和免费艺术家方面具有相对优势；MV Felton（1994）认为管弦乐队可通过多样化它们的服务（举办更多的夏季音乐会、从事更多的旅行演出、提供额外的有小组管弦乐队成员演奏的音乐会）以实现范围经济；Frey（1996）指出相对于艺术机构，激增的音乐节由于可以以较低的边际成本雇佣艺术家和其他人员、避免由政府和工会施加的限制，因此可以克服仍存在于传统机构的恶性成本疾病。MV Felton（1994）、James Heilbrun（2003，2007）认为艺术组织正在努力通过"艺术赤字"[①] 行为克服成本疾病。

---

① 艺术赤字：通过改变保留剧目或制作过程的方式以寻求节约支出的方法。参见詹姆斯·海尔布伦、查尔斯·M. 格雷：《艺术文化经济学》，詹正茂等译，中国人民大学出版社2007年版，第159页。

随着竞争的加剧，即便采取非营利组织模式的表演艺术机构也在寻求商业化运营路径，回购意图[①]（repurchase intent）成为新的应对成本压力的措施（Margee Hume and Gillian Sullivan Mort ，2005，2008，2010；Jennifer Radbourne，Katya Johanson，Hilary Glow，Tabitha White，2009）。

但是这些努力并没有阻止参与率的下降。Bonita M. Kolb（1997）在研究青年人艺术参与率下降的原因时发现，学生尽管关注成本，但主要障碍是认为艺术活动无聊，不能满足娱乐和社交的需求。P. DiMaggio，T. Mukhtar（2004）指出作为文化资本的艺术的作用下降确实在发生，不过发生得很慢，关于青年人参与率下降的可能原因有：室内娱乐消费、家庭结构的变化。因此，尽管表演艺术机构通过提升票价和“艺术赤字”行为阻止了收入差距的扩大，但是仅此而已。青年人参与率的下降和参与态度表明，积极寻找生存方法的表演艺术的前景并不乐观。

（二）中国艺术表演困境的特殊原因

除生产力滞后、文化多元化发展外，我国艺术表演团体的生存困境深受体制的制约，非市场化的发展模式导致艺术管理、生产、消费、市场、观念等存在一系列问题，我国表演艺术领域日渐受到更多的关注和研究。

其中对戏剧危机的探讨由来已久，约起源于20世纪80年代，21世纪初，魏明伦在岳麓书院的演讲可谓一石激起千层浪，再一次引发了戏剧界关于戏剧命运的讨论。魏明伦（2002）认为当代戏剧观众稀少的根本原因，在于当代人生活方式、文娱方式的巨大变化。马也（2003）指出：当代戏剧非常不好的命运，从根本上说是时代不需要。傅才武（2004，2011）指出艺术表演行业的反市场性质导致改革的复杂性和“过渡模式”[②]的出现，提出了推动艺术表演团体从文化事业发展模式向公共文化服务模式转变的政策建议。赵雪梅（2011）强调戏曲生产必须以市场为导向与戏曲市场需求不足是国有戏曲院团改革面临的最为突出的矛盾。杨谦（2011）指出了国有艺术院团改革前存在的问题，

---

① 回购意图（RI，repurchase intention）：基于消费者再次购买的欲望推测的消费者保留（consumer retention predicated on the consumer's desire to repurchase）。参见 Margee Hume and Gillian Sullivan Mort，2010，“The consequence of appraisal emotion，service quality，perceived value and customer satisfaction on repurchase intent in the performing arts”，Journal of Services Marketing.

② “过渡模式”的本质特征是“市场手段与计划手段”的兼容性。参见傅才武、陈庚《当代中国艺术表演行业的市场适应性问题及其对国家政策环境的特殊要求》，《艺术百家》2001 年第 1 期。

如财务负担重，政企不分、事企不分、组织僵化、机制不活、人浮于事等，特别是市县基层院团状况更糟，改革中人才流失现象更重。强调政府要通过资金补助、政府采购、税收减免、债务豁免、人员分流等方式对院团进行政策倾斜。王晨和李向民（2013）认为百年来中国表演艺术市场的发展始终纠缠着两个主要矛盾：艺术生产与市场的矛盾和艺术生产与意识形态管理的矛盾。强调表演必须回归民间，剧团必须走市场化道路，要建立全国公开招标、科学评价的政府采购方式，以保证政府通过购买而得到高水平的演出剧目，并促进本地剧团不断推陈出新，提高演出水平。

三 国有艺术表演团体的财务困境

（一）艺术表演团体财务状况的测度

"收入差距"和"经费自给率"是衡量艺术表演团体财务状况的常用指标。如海尔布伦指出"收入差距"是衡量艺术团体面临的经济压力最有用的标准。[①]

收入差距 = 总支出 - 劳动收入≈非劳动收入 (1)

其中，劳动收入包括演出收入和非演出收入，非劳动收入包括私人捐赠和政府捐赠。例如在国外一个典型芭蕾舞公司中，劳动收入和非劳动收入、演出收入和非演出收入、私人捐赠和政府捐赠的比例分别为1.6:1、10:1、3:1[②]。与收入差距相对应，"经费自给率"（以下简称为"自费率"），则用来衡量艺术表演团体的自我生存能力。收入差距和自费率是两个互补的指标，两者存在以下关系：

自费率 = （总收入 - 非劳动收入） ÷ 总支出≈（总收入 - 收入差距） ÷ 总支出 (2)

我国"事业制"和"企业制"[③] 国有艺术表演团体的收入构成中，财政拨款和政府补助分别充当着艺术表演团体的主要非劳动收入来源，

① 参见詹姆斯·海尔布伦、查尔斯·M. 格雷《艺术文化经济学》，詹正茂等译，中国人民大学出版社2007年版，第145页。

② 同上书，第152页。

③ "事业制"和"企业制"分别指代：全国执行事业会计制度的艺术表演团体和全国执行企业会计制度的艺术表演团体；按登记注册类型将艺术表演团体分为国有、集体和其他，2004年至2011年，执行事业会计制度的国有表演团体由近80%上升到90%，而执行企业会计制度的国有艺术表演团体只占极少数，不到5%。

因此，收入差距$_1$≈财政拨款，收入差距$_2$≈政府补助。① 那么，

$$自费率_1 = （总收入 - 财政拨款）÷ 总支出_1 \quad (3)$$

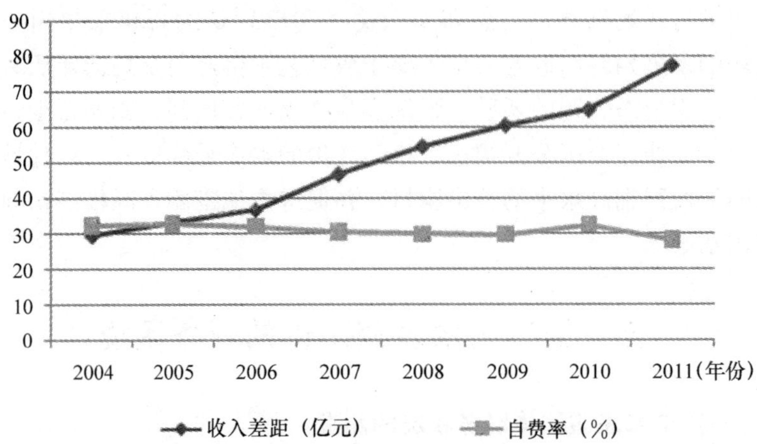

图 3-1　“事业制”国有艺术表演团体的财务状况

$$自费率_2 = （营业收入 + 营业外收入 - 政府补贴）÷ 总支出_2 \quad (4)$$

其中，总支出$_2$ =（营业成本 + 营业外支出）。

2. 国有艺术表演团体的财务困境

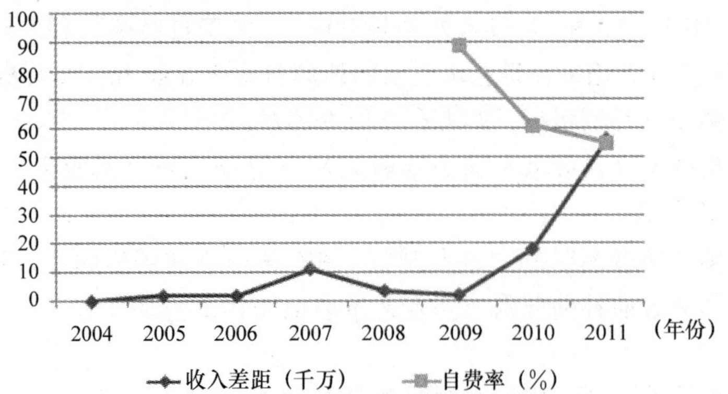

图 3-2　“企业制”国有艺术表演团体的财务状况

数据来源：《中国文化文物统计年鉴（2005—2012）》。

① 下标 1 和下标 2 分别代表“事业制”和“企业制”的艺术表演团体。

图 3 - 1 显示，“事业制”国有艺术表演团体，收入差距持续增加，2004 年[①]以来从 29 亿元增长到 77 亿元，自费率维持在 30% 附近。将上级补助收入、附属单位上缴收入和其他一些非劳动收入加入的话，收入差距更大，自费率更低，只有 20% 左右。图 3 - 2 显示“企业制”国有艺术表演团体的收入差距 2009 年开始急剧上升到 5 亿多，自费率[②]则从近 90% 下降到 60% 以下。

从图形上看，“事业制”国有艺术表演团体的收入差距和自费率两条曲线先相交后距离不断拉大，“企业制”国有艺术表演团体的两条曲线则不断靠近直至相交。因此，不论是“事业制”还是“企业制”国有艺术表演团体，都深受经济压力所累，自我生存能力不断降低，趋势难以扭转。

四 艺术表演团体财务困境的解释

（一）退化的 Cobb - Douglas 生产函数

舞台表演艺术的生产率不变的特征可以用退化的 Cobb-Douglas 生产函数进行刻画。技术进步不能导致单位产出的增加，技术进步的产出增长效应消失，因此，降低单场演出时间，增加演出场次、提升票价成为艺术表演团体获利的基本途径，而这样做的前提是，演出要有观众。不过，生产力滞后不必然导致生存困境的存在，餐饮、理发等服务业的发展便是一个很好的例证。

（二）流行文化的竞争及其对青年人社会资本构成的影响

尽管发展过程完全不同，但 20 世纪 80 年代后期在美国和我国几乎同时出现的表演艺术的衰退，都表明了表演艺术在吸引青年人方面的劣势。电视、电影、流行音乐、网络游戏等以其传播优势、消费的低货币、时间成本和更强的时空间表现力迎合并培养着现代观众的审美取向

① 以 2004 年为计算起始点的原因：《中国文化文物统计年鉴》2004 年起，对执行事业会计制和执行企业会计制的表演团体作了分类统计；另，在“企业制”国有艺术表演团体自费率的计算中，只选用 2009 年到 2011 年，统计口径一致的年度数据。

② 由于无法将有补贴和无补贴团体相区分，本文计算的自费率为国有艺术表演团体的总体平均意义上的自费率。其中，2004 年起，“事业制”国有艺术表演团体的补贴团数占比 95% 左右；2009 年起，“企业制”国有艺术表演团体中的补贴团数占比从 36% 增加到 54%，占比不断增加。

和消费方式。电子游戏、追星、点评娱乐时尚、KTV 等越来越成为大学生甚至工作人员生活的一部分，并进而以现代认同的方式将越来越多的人卷入对流行文化的消费中。年轻人对传统表演艺术的距离感越来越重，传统表演艺术日渐淡出一般消费者的文化消费选择范围，不再是青年人的社会资本的组成部分，而演化成少数人的业余兴趣爱好，这决定了表演艺术的边缘化趋势，需求不足也因此成为表演艺术发展的根本制约瓶颈。

（三）我国的特殊情况

首先，“西化论”和传统戏曲文化的断层。从辛亥革命到五四运动再到新中国成立后的“五五戏改”以及随后的“文化大革命”，在西方现代化思想和主流意识形态的影响下，传统戏曲遭受了前所未有的否定和破坏。20 世纪初话剧、歌剧等的引入，艺术演出市场上西方剧目、话剧和音乐剧的盛行与我国传统艺术演出的冷清，一些酒店、酒吧和旅游景点等的驻场演出以境外艺人演出为特色和吸引力的风格，都在一定程度上体现了本土文化的边缘化，挤得本土艺术演出往低端、往乡村走。其次，原有事业体制对生产和消费市场造成的影响。新中国成立后，艺术院团演出的体制机制发生了从市场到计划的根本转型。尽管自 1978 年后一直进行旨在重塑院团自负盈亏机制的渐进式改革，但生产和消费方式并未发生根本变化。生产上，在评奖机制和主流意识形态的影响下，逐渐形成与市场需求脱节、自我封闭的内向型生产创作的循环系统。消费上，赠票或组织邀请观众的消费特征，导致消费群体相对单一、市场消费意识淡薄。这些都为艺术表演团体的市场化发展埋下了隐忧。

五　非营利组织模式的引入

（一）营利和非营利组织的市场分工

少量营利组织、大量非营利组织是表演艺术的组织存在特征。营利和非营利组织在表演艺术领域的同时存在和数量多寡是与艺术演出人员的专用性人力资本积累规律和市场需求条件相适应的结果。关系如图 5－1所示。

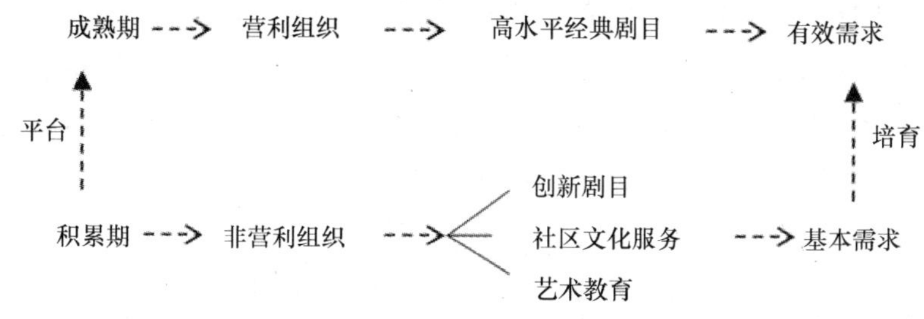

图 5－1 营利和非营利组织的分工

营利和非营利组织在表演艺术领域的同时存在和数量多寡是与艺术演出人员的专用性人力资本积累规律和市场需求条件相适应的结果。营利组织利用高能激励吸引少数高能力或专用性人力资本处于高水平的艺术演出人员的进入，通过高水平经典剧目的演出占领有效需求市场、赚取利润。而非营利组织则吸收处于专用性人力资本积累期的占绝大多数的艺术演出人员，为这些演出人员提供一个平台，作为一个艺术演出人员的蓄水池或储备库，向营利组织输送人才资源。在演出市场上，非营利组织进行创新剧目、小众化剧目或社区文化服务类的演出，发挥艺术教育和培养青年观众的功能，促进市场有效需求的增加，与营利组织互为补充，相得益彰。

（二）非营利组织在我国的发展

首先，原有事业体制的弊端。僵化的人事制度和相对平均的收入分配制度是原有事业体制的重要弊端。“能进不能出”的基本人事招聘制度，使得院团的财务负担越来越重，陷入“养人”的财务困境中。相对平均的收入分配制度，使得艺术演出人员在组织内部获取的货币收益和非货币收益跟其所拥有和耗费的专用性人力资本水平和艺术劳动时间不成正比，不符合艺术发展规律，抑制了艺术演出人员对专用性人力资本的投资，使得人浮于事的问题较为突出。同时，双重委托代理关系（纳税人委托政府、政府委托官员）和现有管理、监督的不力，助长了艺术演出人员进入院团时的逆向选择和进入后的道德风险，鼓励了艺术演出人员的外部寻租行为①。

其次，非营利组织的制度优势。与原有事业单位相比，对我国院团

① 艺术演出人员借助内部组织给予的身份，通过参加外部商业演出，积极寻求组织外部的货币和非货币收益。

的发展来说，非营利组织有以下制度优势：作为一种市场组织，所面临的产品市场和经理人市场的竞争、破产和辞职的威胁、非平均化的报酬使得非营利组织对演出人员的努力激励要高于事业单位；与政府部门相对独立，院团剧目演出与创作以市场需求为导向，有利于培育消费人群，从而缓解政府资金压力；自下而上的补贴申请，而非自上而下的财政拨款，有利于促进政府从官办艺术向服务艺术的职能的转变，从而促进表演艺术的市场化运作。长期看，受利润不可分配的约束，非营利组织的引进有利于促进艺术院团向营利组织和非营利组织进行自我分化，以形成营利和非营利组织共存、互为补充、相互促进的表演艺术发展模式。

最后，非营利组织的引入建议。第一，准入上，以现有国有艺术表演院团为基础，循序渐进。第二，管理上，在演出、创作等方面给予院团充分的自主决策权，简化相应的审批程序。第三，功能上，承担社区服务和艺术教育功能，发挥表演艺术在满足现实参与和社交需求方面的优势。第四，税收上，对私人捐赠制定税收优惠政策。第五，环境上，完善相应的法律环境和政府资金支持机制，如中央政府和地方政府的资助比例和上限，审批程序和标准等，中国国家艺术基金的成立标志着我国艺术补贴机制标准化的起步。第六，顺序上，优先资助历史文化价值、艺术价值大，生存能力差的院团，在资助标准上有所体现。目前来看，歌舞剧团表现出了较强的生命力，部分滑稽剧团、话剧团、儿童剧团等也表现良好，适合采用营利性企业组织，而对于戏剧、歌剧、交响乐等艺术性、专业性、地域性较强，与资本对接的能力相对较弱的剧种院团则易于采用非营利组织形式。

六　对表演艺术的资助

财务困境和需求不足是艺术表演团体面临的基本现状，因此借鉴非营利的组织平台、对其进行资助成为未来较长时间内表演艺术组织的基本发展模式。由于私人捐赠水平的高低主要受捐赠文化的影响和约束，具有自发性、自愿性和不稳定性。而作为发展中国家，受衣食住行、教育、医疗压力所累，我国居民对本土艺术文化的自觉关心意识尚未觉醒或经济支付能力有限，与发展文化、艺术的必要性和迫切性不相符合，因此现阶段对艺术表演团体的资助应以政府补贴为主，同时鼓励少部分富裕的企业和个人对其进行捐赠。

（一）政府资助的理由

首先，政府资助是对社会收益的一种成本补足。表演艺术的社会收益是宽泛的，诸如是有益品、留给后代的遗产、具有正外部性、传播正能量、具有教育意义、引发经济效应等。我国传统戏曲表演艺术历史悠久、民族色彩浓厚，其艺术文化价值大而市场价值小，更多地体现为社会收益而非个人收益，因此政府资助责无旁贷。

其次，政府资助促进了演出产品属性的转化。表演艺术的观看本身具有排他性和有限的竞争性，并且其精神收益也主要被观看者所受用，本质上不是公共物品。而政府补贴可以改变表演艺术的非公共物品属性，使之从非公共物品变为准公共物品，以扩大受众群体。比如我国目前实行的“送戏下乡”，此时的“戏”便是准公共物品。

最后，长期看政府资助有助于缓解需求和供给之间的紧张关系。文化消费被认为是一种逐渐养成的嗜好，因此捐赠或补贴有利于降低艺术演出的需求弹性，并增加供给。基于艺术供给无弹性和艺术需求有弹性的假设供给曲线和需求曲线分别表示如图 6 -1 中的 S_1 和 D_1。在捐赠的长期作用下，供给曲线从 S_1 右移至 S_2，需求曲线则从 D_1 移动到 D_2，发生旋转并右移。

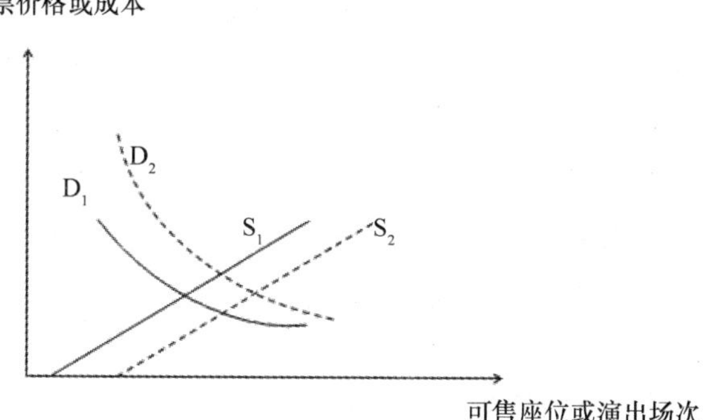

图 6 -1 捐赠对表演艺术供给和需求的影响

（二）补贴机制下院团的市场分工

以政府补贴资助为基础的财务支撑，促进院团进行竞争以形成良好的市场分工格局。盈利的民间职业剧团，主要满足县、区和农村以居民生活为依托的小型的商业演出需求。因此，国有院团应以服务高端艺术演出和公益性演出为主要发展方向，分别满足对艺术水平要求高和以基本艺术需求为主的消费群体的需要。补贴标准上，前者侧重演出质量和创新度，后者侧重演出场次和群众满意度。三个市场互为补充，相互促进，其关系可如表 6－1 所示：

表 6－1 补贴机制下演出供给的市场分工

	市场特征	主要活动院团	主要消费目的	是否补贴	补贴标准
市场 1	高质量的艺术演出	国有院团	观赏	是	演出质量创新性
市场 2	日常商业演出	非国有院团	生活需要	否	无
市场 3	社区公益性演出	国有和非国有院团	丰富文化活动	是	演出场次和满意度

（三）建立统一、规范的补贴标准

打破原有体制界限，鼓励私有资金的进入，在政府作为主要资助资金来源和买方资源的条件下，促进接受补贴主体之间的公平竞争，形成卖方市场内的“仿竞争”机制。审慎评判各个剧种（话剧、歌舞剧、戏剧等）的价值。国外接受资助的剧种相对单一，只有交响音乐会、歌剧、戏剧和芭蕾等少数几个剧种。而我国单是戏曲剧种就种类繁多，使得补贴的实行更为复杂。补贴中，应综合各个剧种的发展历史、艺术价值、文化价值，给予恰当的定位，制定相应的补贴方式和标准。

（四）处理好市场与政府的关系

首先，处理好政府和市场的关系。能由市场提供的就由市场提供，以免造成演出市场激励运行机制的扭曲，将购买资源主要集中于生存困难、有传承价值的一些剧种上。从改革经验看，歌舞类院团走向市场相对容易，而地方剧种则困难得多，挣扎在死亡边缘，补贴中应给予倾斜。其次，处理好中央政府和地方政府的资助比例限制和比例分配问题。资助比例上，如美国国家艺术基金会（NEA）立法规定，禁止对所支持的任何项目提供超过该项目成本50%的资助。资助分配上，对于京剧、昆曲这种民族艺术代表和珍品，应由中央政府补贴。越剧、黄梅戏、评剧、豫剧、沪剧、粤剧、吕剧、淮剧、河北梆子等地方戏曲的补贴由中央政府和地方政府共同承担，视地方经济状况分配比例大小。

七　表演艺术的创意性发展

《意见》指出："推进文化创意和设计服务等新型、高端服务业发展，促进与实体经济深度融合，是培育国民经济新的增长点、提升国家文化软实力和产业竞争力的重大举措，是发展创新型经济、促进经济结构调整和发展方式转变、加快实现由'中国制造'向'中国创造'转变的内在要求，是促进产品和服务创新、催生新兴业态、带动就业、满足多样化消费需求、提高人民生活质量的重要途径。"因此，表演艺术尤其是戏曲艺术的发展要循序渐进，走一条文化嫁接和拓展产业链的道路。

首先，借助流行文化，推广表演艺术。与流行音乐或影视相融合，不急于程式化戏曲演出的整体发展，局部渗入到流行文化节目中。如天津卫视的"国色天香"，尽管距离真正的戏曲艺术相差甚远，但是从有无的角度考虑，它却在戏曲的推广上迈出了重要的一步。戏曲艺术以及其他传统艺术也可以作为电视、电影的选题资源，从中得以体现和推广。表演艺术尤其是戏曲的欣赏需要一定的文化鉴赏或文化解码能力，因此，通过大众传媒和流行文化节目，让大众感知戏曲艺术的魅力，逐渐培养现代观众对戏曲演出的需求，提高对艺术质量的要求，有利于戏曲的传播和发展。

其次，与旅游相融合。随着居民可支配收入的提高，越来越多的人选择旅游作为一种文化消费方式。此时，地方传统演出，依托旅游景点，既提高了景点的吸引力，又传承和发展了艺术演出事业。

最后，坚持保护戏曲演出艺术的传承和创新发展相结合，拓展艺术产业链。促进融入戏曲元素的衍生产品、艺术授权产品的开发生产，加快工艺美术产品、传统手工艺品与现代科技和时代元素融合。

八　结论

收入差距和自费率曲线的水平和趋势表明，中国艺术表演团体深受经济压力所累，自我生存能力不断降低，短期内趋势难以扭转。文化资源丰厚的表演艺术深陷成本沼泽，严重制约了演出本身及其衍生品的发展。其中，技术进步的产出增长效应消失和流行文化的竞争及其对青年人的影响，在根本上制约了表演艺术的发展。中国的文化发展过程和原有事业体制进一步恶化了其市场化生存能力。

对此现状，本文从组织选择、艺术资助和创意性发展的角度作出分析和建议。

组织上，吸收借鉴西方非营利组织。营利和非营利组织在表演艺术领域的同时存在和数量多寡是与艺术演出人员的专用性人力资本积累规律和市场需求条件相适应的结果。在世界范围内舞台表演艺术尤其是高雅艺术（戏剧、歌剧、交响乐、芭蕾）需求式微的情况下，采取非营利组织，为艺术演出人员提供专用性人力资本积累的平台，与营利组织互为补充，相得益彰。

资助上，建立标准化的政府补贴机制。现阶段，传统表演艺术文化价值大而市场价值小，更多地体现为社会收益而非个人收益，因此在资助上，政府责无旁贷。同时，在未来的资助中，要建立统一、规范的补贴标准，打破原有体制界限，鼓励私有资金的进入，在政府作为主要资助资金来源和买方资源的条件下，接受被补贴主体之间的公平竞争，形成卖方市场内的“仿竞争”机制。要处理好市场与政府的关系，发挥市场在资源配置中的决定性作用，能由市场提供的就由市场提供，以免造成演出市场激励运行机制的扭曲，将购买资源主要集中在生存困难、有传承价值的一些剧种上。

发展上，做好嫁接式发展和拓展产业链。表演艺术尤其是戏曲艺术的发展要循序渐进，借助流行文化，推广表演艺术。与旅游相融合，传承和发展艺术演出事业。促进融入戏曲元素的衍生产品、艺术授权产品的开发生产，加快工艺美术产品、传统手工艺品与现代科技和时代元素融合、发展中，要注重知识产权的保护作用。

参考文献

[1] W. J. Baumol and W. G. Bowen, 1965, “On the Performing Arts: The Anatomy of Their Economic Problems”, *The American Economic Review*, 55 (1/2), pp. 495-502.

[2] W. J. Baumol, 1973, “Income and Substitution Effects in the Linder Theorem”, *The Quarterly Journal of Economics*, 87 (4), pp. 629-633.

[3] James Heilbrun, 2003, "Baumol's cost disease", repub. eur. nl.

[4] 詹姆斯·海尔布伦、查尔斯·M. 格雷：《艺术文化经济学》，詹正茂等译，中国人民大学出版社2007年版。

[5] James H. Gapinski, 1986, "The Lively Arts as Substitutes for the Lively Arts", *The American Economic Review*, Vol. 76, No. 2, pp. 20-25.

[6] Leo Bonato, Francesco Gagliardi, Stefano Gorelli, 1990, "The Demand for Live Performing Arts in Italy", *Journal of Cultural Economics.*

[7] Judith R. Blau, Laurie Newman, and Joseph E. Schwartz, 1986, "Internal Economies of Scale in Performing Arts Organizations", *Journal of Cultural Economics*, 10, 63-76.

[8] Marianne Victorlus Felton, 1994, "On the Assumed Inelasticity of Demand for the Performing Arts", *Journal of Cultural Economics.*

[9] Bruno S. Frey, 1996, "Has Baumol's Cost Disease disappeared in the performing arts?", 50, 173 - 182.

[10] Bonita M. Kolb, 1997, "Pricing as the Key to Attracting Students to the Performing Arts", *Journal of Cultural Economics* 21, 139 - 146, 1997.

[11] Paul DiMaggio, Toqir Mukhtar, 2004, "Arts participation as cultural capital in the United States, 1982 - 2002: Signs of decline?" *Poetics* 32, 169 - 194.

[12] Margee Hume, Gillian Sullivan Mort, Peter W. Liesch, Hume Winzar, 2005, "Understanding service experience in non-profit performing arts: Implications for operations and service management", *Journal of Operations Management* 24, 304 - 324.

[13] Margee Hume and Gillian Sullivan Mort, 2008, "Satisfaction in performing arts: the role of value?", *European Journal of Marketing.*

[14] Jennifer Radbourne, Katya Johanson, Hilary Glow, Tabitha White, 2009, "The Audience Experience: Measuring Quality in the Performing Arts", *International Journal of Arts Management*, 11-3, 16.

[15] Margee Hume and Gillian Sullivan Mort, 2010, "The consequence of appraisal emotion, service quality, perceived value and customer satisfaction on repurchase intent in the performing arts", *Journal of Services Marketing.*

[16] 魏明伦：《当代戏剧之命运——在岳麓书院演讲的要点》，《中国戏剧》2002年第12期。

[17] 马也：《当代戏剧命运之断想》，《中国戏剧》2003年第6期。

[18] 傅才武：《艺术表演行业的反市场形态及原因分析》，《湖北大学学报》（哲学社会科学版）2004年第31卷第3期。

[19] 傅才武、陈庚：《当代中国艺术表演行业的市场适应性问题及其对国家政策环境的特殊要求》，《艺术百家》2011年第1期。

［20］赵雪梅：《戏曲院团转企改制攻坚：几对突出矛盾的解决策略》，《中华艺术论丛》2010 年。

［21］杨谦：《国有院团的体制创新和机制转换——以广元市艺术剧院为例》，《四川戏剧》2011 第 3 期。

［22］王晨、李向民：《转企改制后国有文艺院团深化改革的动因和对策研究》，《广西经济管理干部学院学报》2013 年第 1 期。

［23］傅谨：《二十世纪中国戏剧导论》，中国社会科学出版社 2004 年版。

文化和科技融合　助推数字内容产业发展

曾繁文*

在文化产业领域，文化与科技历来都是相辅相成、共同促进的，融合科技力量的文化产业才更有发展潜力。近日，国务院印发的《关于推进文化创意和设计服务与相关产业融合发展的若干意见》明确指出，要加快数字内容产业发展，推动文化产品和服务的生产、传播、消费的数字化、网络化进程，而文化和科技的融合又可以促进创意设计与服务对数字内容产业的提升作用。

一　数字内容产业的内涵及特点

数字内容产业是信息时代科技助推文化发展的结晶。以数字技术、网络技术、信息技术为代表的现代科技，已交融渗透到文化产品的创作、生产、传播、消费的各个层面和环节，在颠覆传统文化产业生产方式的同时，也催生出了一大批新的文化产业业态，数字内容产业也因此应运而生。数字内容产业的发展可以进一步强化文化对信息产业的内容支撑、创意和设计提升。

（一）数字内容产业的内涵

数字内容产业是文化创意与信息技术高度融合的产物，是指将图像、文字、影像、语音等内容，运用数字化的技术手段和信息技术进行整合制作的产品或服务。数字内容产业涉及移动内容、互联网服务、动漫游戏、影音、数字出版、数字化教育和培训等多个领域。

---

* 曾繁文，中国人民大学文化科技园公司副总经理。

（二）数字内容产业的特点

数字内容产业作为文化与科技高度融合的新型产业形式，其运作方式决定了数字内容产业有其本身的一些特点，具体包括以下四个方面：

第一，内容生产的数字化。数字内容产业在生产过程中最重要的特征就是数字化，其产品以数字的形态呈现。无论是电子图书还是影像产品，都是通过数字化的形式表现出来的。

第二，管理过程数字化。内容生产的数字化和产品形态的数字化决定了数字内容产业的管理过程也应该是数字化的，通过运用电子信息技术来实现数字内容产品的数字化管理。

第三，消费方式的体验化。数字内容产品的吸引力在于其娱乐内容消费前的可体验性。随着数字技术的发展和人们生活方式的变化，人们对于数字内容产品的消费方式更加注重体验式的消费。通过消费者与产品之间良性的体验互动来加深消费者对于数字内容产品的印象，进而促成使消费者完成消费。

第四，传播渠道的网络化。数字内容产业发展的技术支撑就是互联网的迅速发展与普及，通过运用互联网技术可以实现数字内容产品的网络传输和信息共享，数字内容产品也正是依靠发达的互联网传播技术保证传播内容的实效性和传播方式的便利性。

正是基于数字内容产业生产数字化、管理数字化、消费体验化和传播网络化这样的特点，数字内容产业已然成为文化领域中的朝阳产业，数字内容产业的发展潜力有待进一步的深入挖掘。

二　文化与科技融合对于数字内容产业发展的意义

数字内容产业的发展不仅需要深厚的文化底蕴做支撑，更需要通过技术的进步来实现产业发展的与时俱进，技术的进步更重要的作用在于提高创意设计和服务作用于数字内容产业的水平，通过技术与文化的融合，实现设计与服务的不断创新，通过创新的力量推动数字内容产业的升级换代。因此，文化与科技的融合、文化创意与设计的改进对于数字内容产业的发展产生了举足轻重的影响。

（一）文化与科技的融合有助于提升数字内容产品的创作力

首先，文化与科技的融合能够多层次地提炼和利用丰富的文化遗产和素材资源，通过利用先进的技术水平来挖掘文化资源的价值，进而有助于各类数字内容资源的数据库、素材库、信息库的建设和共享利用，催生更多的数字内容产品；同时，文化与科技的融合可以创造出更多新的数字内容产品的生产方式，通过创意设计的多样化又使得数字内容产品的呈现形式更加丰富。

其次，文化与科技相互融合可以形成“集成创新”效应，加强现代科技在文化创意领域的集成应用，促进文化与科技双向深度融合，实现原本在空间和组织上分离的知识、技术、创意、文化资源等创新要素和文化创意者等创新主体之间的集成创新。因此，文化与科技的融合是数字内容产业得以迅速发展的基础，而创意设计与服务水平则是强化了文化科技融合的作用效果，用集成创新的力量提升数字内容产品的创作力。

（二）文化与科技的融合有助于增强数字内容产品的体验性

数字内容产品的体验性对于产品的营销至关重要，而科技运用到数字内容产业领域的一个非常重要的方面就是通过运用现代化的声、光、电、虚拟现实等展览技术，打造高端数字文化展览和体验馆，有利于提升数字内容展示和体验的趣味性和互动性，进而有助于数字内容产品的推广。另外，数字内容产品的多样化推广方式带来了更多的产品数字化体验终端，这不仅需要技术的支撑来设计便捷、智能和人性化的产品终端窗口，同时体验性更强的终端还需要具有较强创造力的创意设计来提升体验内容的品质，因此文化与科技的融合、创意与设计的加工有助于数字内容产品的体验性进一步增强。

（三）文化与科技的融合有助于提升数字内容产品的表现力

当前基于3D、MPR技术、高清、多媒体、虚拟现实等高新技术与文化内容融合形成的多种新型影视、展览等数字内容产品，大大提升了文化的号召力，也得到越来越多的消费者的喜爱，并给世界文化市场带来了巨大影响。融合了技术的数字内容产品在创意设计方面有着更高的要求，更需要高水平的创意设计服务在数字内容产品的界面显示、操作使用、信息传递等方面加强数字内容产品的所释放的感染力。因此，提高高新技术、文化创意与设计服务的有机结合、创新的能力，对于提升数字内容产品的表现力大有裨益。

三　文化与科技融合促进数字内容产业发展的作用机制

文化与科技是促进数字内容产业发展的两个重要抓手，缺一不可。一方面，文化是数字内容产品的创作的基础和素材的来源，拥有文化内涵的数字内容产品才能更好地提升产品的质量，增加产品的可读性和观赏性；另一方面，科技则是数字内容产品技术引擎，科技和技术的应用可以创造出更多的数字内容产品的形式，拉近数字内容产品创作和受众之间的距离，改变文化艺术创作的模式。文化与科技的融合是提高数字内容产业影响力、表现力、传播力的重要手段。

（一）文化显著提升数字内容产品的内涵和附加值

技术与时代的变迁推动文化进步，同时文化也在影响以文化为主体的数字内容产业的发展。文化在观念、技术、方法、习性、价值等多个层面上影响着数字内容产业的发展方向和发展速度。

第一，良好的文化氛围催生了数字内容产品的持续供给。通过创造例如全民阅读这样的社会文化氛围为数字内容产品的创作带来不竭的动力。同时，良好的文化氛围促使数字内容产品选择满足消费者需要的发展路径，文化的发展不仅为数字内容产业提供了创作素材，也引领着数字内容产业的发展方向，只有符合社会文化品味的内容产业才能够在行业中占有优势。

第二，文化能够大幅提升数字内容产品的内涵和附加值。在信息技术革命的影响下，各类高、精、尖的数字内容产品层出不穷，在技术区分度较小的情况下，文化能够赋予数字内容产品特殊的内涵，通过特色精品文化的植入，大大提升数字内容产品的附加值，进而增加数字内容产业的竞争力。

（二）科技使得数字内容产业创新和表现方式多元化

在新技术水平之下，科技对数字内容产业引领的重要表现在于数字内容产业的创作可以实现产品与受众之间的良性互动，突破以往传统的文化产业和文化活动的单一的表现方式，通过信息化和网络化增强数字内容产品的创新力、渗透力和感染力。

第一，科技创新有利于实现文化资源的数字化，进而将数字化的文化资源应用到内容产品中去。通过运用高新技术可以加强文化资源数字化的保护和开发利用，突破文化资源数字化的关键技术，在满足文物、典籍、民俗、宗教等各类物质与非物质文化遗产的传承和保护需求的同时，可以通过技术的应用加快文化资源数字化进程，并运用到数字内容产业的生产与发展。在保护和传承传统文化资源的同时，也拓展了数字内容产业的资源范围。

第二，科技创新有助于加强数字内容产品表现方式的多元化。技术的进步增加了数字内容产品的呈现手法，同时也提升了数字内容产品的互动性。通过手机数字图书馆、电子博物馆等数字内容产品的网络化和数字化建设，丰富了数字内容产品的展示渠道和体验方式。

（三）创意设计与服务增添数字内容产业的生机与活力

创意设计与服务水平的提升也是文化与科技融合的一个成果，文化与科技的融合大大增加了创意设计与服务的发挥空间。创意设计也是增加数字内容产品附加值的一个重要方面，优秀的创意设计可以使得数字内容产品在无关内容的前提下吸引更多的消费者。同时，创意设计与服务能够更好地推动民族文化元素与现代设计有机结合，形成有中国文化特色的创意设计发展路径，促进创意设计与现代生产生活和消费需求对接，进而将具有中国特色的创意设计路径和满足消费者需求的创意设计方法应用到数字内容产品的创作当中，推动数字内容产品设计的内容、形式、手段不断创新，使得数字内容产业能够始终紧跟时代的潮流，满足市场的需求，只有满足上述要求的数字内容产品才能够始终保持生机和活力，在激烈的产品竞争当中赢得一席之地。

四　文化与科技融合促进数字内容产业发展的趋势分析

文化与科技的深度融合是未来数字内容产业优化升级的动力所在，文化创意和设计服务与传统文化内容产业的融合也推动着数字内容产业的不断进步。充分利用数字技术、互联网、软件等高新技术支撑文化内容、文化装备、文化工艺、文化系统的开发和利用，以加快传统文化企业的技术改造步伐。

从数字内容产业所涉及的各个领域来看，结合文化和科技融合的特点和规律，数字内容产业正朝着规模化、集约化和专业化的趋势发展，其核心的特征突出体现在产业整个流程的数字化和网络化上，在这一过程中，创意设计与服务水平的提升也是促进数字内容领域不同产业方向优化升级的催化剂和助推器。

（一）数字影音服务业

数字化的摄影传放技术和高品质的音像体验追求是未来电影电视等影音服务业的发展趋势。推动传统媒体和新兴媒体协同发展，促进文化创意与传统影音服务行业的融合，可以提升先进文化通过互联网传播的效率。

在电影方面，从胶片到数字的转变已基本完成，信息技术全面渗透到电影制作的各个环节，包括前期拍摄追求更高分辨率和更快拍摄速度，放映技术追求大尺寸、高帧率、高分辨率和高亮度，发行和传输渠道向卫星和网络化方向转变。在电视方面，文化与科技融合推动广播电视将构建技术体系的发展趋势。一是内容层面的高清化，开发高清、3D、环绕立体声等关键技术，实现制作节目的高清播出。二是网络层面的互联互通，骨干网、接入网、家庭网互联协议与接口等技术，以提高网络承载能力，实现全国有线网络互联互通。三是服务层面的互动化，发展智能操作系统、智能终端、跨屏互动等技术，建立智能电视门户与不同用户和终端的互动平台。文化与科技的融合更多的是在数字影音服务行业的硬件设施方面提供技术支撑，而数字影音服务业的软件设施则需要文化创意设计与服务来提高产品的外观形象和表现手法，进而增强数字影音产品的吸引力。

（二）移动内容服务业

文化与科技融合促进了移动内容服务业的便利化和人性化。移动服务内容包括运用移动通信网络提供的手机短信、铃声下载、导航等数据内容及服务。融入科技力量的数字内容产品正迎合了人们对于移动业务的需求，也是高科技下创意与设计和传统的移动内容服务业融合升级的成果。

比如，人们在出行的过程中，通过手机上的实时导航系统就可以实现电子版地图和路线的查询，这样一项数字内容产品解决了人们对于出行过程中的地理位置实时查询的问题。越来越便捷的移动数字内容产品的开发，也体现了创意设计的不断推陈出新，比如个性化的移动数字内容产品的显示界面，创意十足的功能设计都推动着移动内容服务业的持续升级。

（三）动漫游戏服务业

文化与科技的融合最直接的作用就是优化了动漫游戏产品的视觉展示效果，而动漫游戏产品的更加多元化和层次化则要通过文化创意设计水平的提高来实现。目前来看，动漫游戏服务业的发展趋势，一是体验性产品的高质量化。通过向消费者提供高质量的体验性服务来增加动漫游戏产品的吸引力。二是三维动画与实景拍摄动画的一体化转变，加强虚实结合的文化创意设计与核心的技术设备研发。例如网络上流行的真人 CS 游戏，就是通过逼真的实景模拟再现真人游戏场景，运用数字化和网络化的技术将真实的场景应用到动漫游戏中来，通过更多的文化创意带动动漫游戏产业的优化升级，以高品质的游戏产品打造动漫游戏的民族品牌，以推动动漫游戏与虚拟仿真技术在设计、制造等产业领域中的集成应用。

（四）数字出版服务业

数字出版服务业未来的发展趋势是将数字技术应用到出版内容的编辑、加工等环节，更大范围地通过网络传播数字内容产品，提高数字版权集约水平，提高数字出版服务业的管理数字化水平。尤其是目前电子图书、数字报纸、网络原创文学、网络地图等多样化数字产品的涌现，体现了文化创意与科技的融合水平在逐步提高，数字出版产品未来的传播渠道也将朝着通过有线互联网、无线通信网和卫星网络传播的趋势发展。通过进一步提升创意设计表现力，数字化互动式新媒体展示将逐渐加强。数字出版服务业的快速发展的结果就是数字出版产品的终端实现多元化，传播终端不局限于屏幕，可以是任何介质，而且是跨终端的显示，文字、声音、图像、视频等内容广泛且多元化。

五　促进数字内容产业发展的建议

在当前文化与科技深入融合的背景下之，数字内容产业的发展引领着整个文化产业的潮流。为了更好地推动数字内容产业的进步，提升文化创意设计与服务水平，将文化与科技融合成果应用到数字内容产业的生产，促进整个文化产业的大发展和大繁荣，我们可以从以下两方面来努力。

（一）平台建设

数字内容产业发展的载体是文化科技企业，同时还需要政府部门的支持、投资人的信赖和消费者的认可，因此我们要搭建并完善以下四个平台。

1. 文化科技企业公共服务平台

首先，在信息交流服务方面，企业公共服务平台要打造若干个专业化、国际化、规范化和具有较强影响力的文化与科技融合产业博览会，让从事数字内容产业的文化企业更好地了解当前文化科技融合发展现状和创意设计成果。

其次，在品牌推广和市场营销服务方面，要为从事数字内容产业的文化企业建立专业的产品网络推广和销售平台，加大资金和技术的投入力度，增强平台运行的高效性和稳定性。

再次，在人力资源管理服务方面，要整合培训资源，充分发挥高校、院所、培训机构和企业自身在数字内容产业人才培养方面的优势，构建四位一体的有机培训体系，定期举办数字内容产业专业人才专场招聘会，设立数字内容产业高等教育论坛等以提供更好的人才管理服务，培养创意设计高端人才。

最后，在创业孵化服务方面，要建立一批从事数字内容产业的企业孵化器，包括大型的文化科技企业孵化器、大学文化科技产业园、留学人员创业园等。推动建立健全的文化科技企业的孵化制度，通过孵化器为文化科技企业提供专业资金支持、税收减免、房租补贴、创业导师等一站式服务，推动初创从事数字内容产业的文化科技企业的发展。

2. 政府管理部门公共服务平台

数字内容产业的发展离不开政府管理部门完善的公共服务平台，尤其是文化科技高度融合的新兴产业更需要政府部门的引导。鉴于数字内容产业竞争性较强、产品更新换代速度较快，对市场信息的监测显得尤为重要。一方面，要鼓励政府管理部门公共服务平台为从事数字内容产业的文化企业提供市场监测服务。通过国家级和省级的文化产业研究机构监测数字内容产业的发展数据，撰写数字内容产业重点发展项目报告，挖掘行业发展过程中的最新问题和不足，进而提出相应的解决对策和建议。另一方面，鼓励研究机构为政府管理部门提供关于税收、财政、金融和人才政策的研究服务，保证政策研究的针对性、可行性和可操作性。

3. 数字内容产业投资人公共服务平台

投资人公共服务平台的建设是吸引更多投资资金的重要保障，数字内容产业还需要大量的资金支持。第一，该平台要为数字内容产业投资人提供投资策略、评估投资项目、规避投资风险、产业宏微观分析等管理咨询服务。第二，为便于数字内容产业投资人根据相关信息高质量高效选择数字内容产业项目，应建立数字内容项目的在线展示平台，采用商业智能技术和3D虚拟现实技术，为数字内容产业投资人提供发布项目信息、直接展示项目、高效筛选项目信息、对比分析投资项目和给出投资建议等服务功能。第三，提供项目洽谈服务，实现基本的文字、语音沟通功能，通过洽谈平台实现投资人与数字内容文化企业之间的顺畅沟通。第四，平台要提供项目监管服务，在数字内容投资后的项目监管阶段，为投资人建立有效的报告制度和监控制度，通过公共服务平台进行项目的战略指导并参与项目的重大决策，为投资人提供企业信用情况查询服务。

4. 数字内容产品消费者公共服务平台

为消费者提供优质服务是保证产品销量的重要砝码。因此，要建立数字内容产品的消费者服务平台，以提供更加全面的服务。首先，平台要提供数字内容产品的售前体验服务。为消费者提供多维比较、立体展示、智能查询、深度分析和互动操作等功能，以达到完美的数字内容产品体验效果。其次，提供数字内容产品的售中服务，针对消费者反映的无法看到实物和了解产品准确信息的问题，采用虚拟现实技术优化网络网购环境，使消费者获得完美的购物体验。最后，要提供细致的售后服务，强化售后服务标准，为消费者提供维权服务。

（二）政策环境建设

良好的政策环境是促进数字内容产业蓬勃发展的助推器，也是支撑整个行业发展的定心丸。通过健全的政策体系的建立，可以推动数字内容产业的进一步发展。

1. 健全文化科技企业的市场准入机制

我国的文化产业准入门槛相对较高，从事数字内容产业的文化科技企业也存在着各种进入壁垒。政府包办的体制及政策的不确定性，使得民间投资数字内容产业的成本较高。外资由于文化市场准入方面受到限制也较难进入，致使投资渠道过于狭窄和单一。对文化产业的投资不足也制约着数字内容产业的发展进程。因此，我们要健全文化科技企业的市场准入机制，降低拥有高技术含量的从事数字内容产业的文化企业的进入门槛，减少文化科技企业的进入壁垒以及外资的投资壁垒，让更多的民间资本参与到数字内容产业的投资中来，完善文化科技企业的市场准入机制。

2. 对文化科技企业提供适当的扶持政策

数字内容产业是文化产业领域的新兴产业，也是设计服务与传统文化内容产业高度融合的发展结果，应加大对从事数字内容产业的企业支持力度，对符合条件的从事数字内容的企业支持享受高新技术企业优惠政策，包括税收、技术、资金、人才方面的支持等。通过税收的减免、资金技术的支持为数字内容产业的发展增强市场竞争力。把数字内容产业发展的重点项目和重点企业纳入国家相关文化创新发展规划和计划，并予以持续稳定的支持。同时，依托国家的各类人才计划，注重对数字内容产业领域高端科技人才的引进并给予政策项目的支持，为文化科技企业的可持续发展提供人才支持。

3. 完善文化科技融合项目的协调管理机制

数字内容产业的发展依赖文化与科技的深度融合，文化科技的融合涉及面广，既有跨部门、跨区域的共性技术研究，又有行业和区域协调的应用，既有文化产业相关问题，又有文化事业发展问题，因此需要各方面密切协作，文化科技融合的重点就是突破管理的界限，发挥政府、企业和研究机构的整体功能。我们要完善文化科技融合项目的协调管理机制，使政府、企业、高校相互之间统一步伐、协调工作，探索跨部门的合作新机制，通过充分的沟通来发挥它们的整体功能，让文化科技融合的项目管理更加协调，以促进数字内容产业的长足发展。

产业案例篇

强化服务意识　完善产业政策
奋力推进湖北动漫产业提档升级

陶宏家*

近年来在湖北省委、省政府的关心和支持下，湖北省动漫行业紧紧围绕文化与金融、科技融合发展这条主线，着力构建“大动漫”产业体系，创新发展模式，推进原创升级，整合资源优势，加强服务协调，有力促进了湖北省动漫产业提档升级和振兴发展。2013 年，湖北省动漫产业总产值突破 55 亿元大关，跨入全国第一方阵。

一　基本情况

——产业规模持续扩大。2013 年，湖北省动漫产业在经济下行压力加大情况下依然保持着强劲的发展势头。全行业总产值同比增长 25%。全年完成动画电视片制作 23 部 8971 分钟（其中 15 部在央视、地方电视台和新媒体播出），同比增长 1.5 倍；完成动画电影片制作 2 部，1 部签约海外院线。漫画期刊出版发行总量超过 1 亿册，销售收入近 10 亿元，占全国漫画期刊发行总量的一半以上，稳居中国第一。网络游戏实现销售收入约 3 亿元，20 余部汉产网页游戏、手机游戏及棋牌游戏进入游戏推广运营渠道。工程动画、虚拟技术应用实现销售收入约 6 亿元，在城市规划、数字展演、模拟仿真、数字教育和数字娱乐等领域市场占有率持续增长。新媒体动漫实现销售收入近亿元。

——产业格局初步成形。2013 年，湖北省动漫创意行业通过突出动画原创，巩固漫画期刊，提升应用动画，强化网络游戏，推广虚拟技术，拓展衍生品产销，打造新媒体动漫，初步形成了以影视动画为核

* 陶宏家，湖北省文化厅。

心、原创漫画为依托、新媒体动漫为先导，网络游戏、应用动漫及衍生品产销为支撑的湖北“大动漫”产业发展新格局，动漫在经济发展、城市建设和社会生活中的应用更加广泛，在推动文化产业转型升级、转变经济发展方式中发挥重要作用。

——企业实力逐步增强。2013 年，全省有 5 家动漫企业年产值过亿元，其中知音动漫全年销售收入近 10 亿元；银都文化、亿童文教登陆“新三板”，实现武汉动漫创意企业证券市场零的突破。目前全省已拥有国家动画产业基地 1 家，国家文化产业示范基地 4 家，国家重点动漫企业 3 家，国家级动漫企业 19 家，湖北省文化产业示范基地 26 家，动漫原创及其相关企业约 200 家，从业人员 1 万人以上，涵盖了动漫创意产业主要环节，动漫创意产业在激烈的市场竞争和行业大洗牌中，经受了考验，提升了素质，正在迈上快速、健康、高端发展之路。

——名牌战略呈现雏形。2013 年，全省动漫产业品牌建设取得突破性进展，治图文化的《招财童子》入选文化部“2013 年度国家动漫品牌建设和保护计划”品牌类名单，博润通的《UP 喵》和海豚传媒的《你好，米乐》入选“2013 年度国家动漫品牌建设和保护计划”创意类名单，显示出湖北省动漫创新和品牌打造能力上升到新的水平。全省动漫创意产业高端成果进入集中爆发期，动漫游戏行业共获得国家级政府和行业奖项 19 个，省级奖项 4 个，市级政府和行业奖项 32 个。

——产业模式创新发展。2013 年，湖北省动漫游戏行业继续加快转型升级步伐，协会协同企业积极探索有效运作模式、营利模式和商业模式，动漫产业模式日渐清晰。

全省动漫企业探索实践的“漫画出版—动画制作—电视播出—衍生产品开发生产—消费者”模式、“动漫创意策划—衍生产品制造商投资—衍生产品制造商互动形象开发—动画制作—衍生产品制造—媒体播放衍生产品销售同步—市场消费”模式、“以原创动画为核心，服务外包、版权经营、衍生品生产销售、国内市场和国际市场为支撑”发展模式、“动漫创作—媒体传播—品牌授权与自主经营并重—市场消费”模式以及新媒体动漫“动漫制作—传统媒体与新媒体传播—动漫形象品牌形成—品牌形象授权营销—动漫衍生产品开发—动漫产品营销与网上交易”五种运营模式，为多数同行所认同，也是一种比较成熟的企业运营模式。

二　突出亮点

——影视动画精彩纷呈。2013 年江通动画的泥塑动画电视剧《饼干警长 2》、动画电视剧《小戒别淘气》、大海信息的《动漫学法》、意美汇文化的《豆粒鼠》等 4 部原创动画电视片登录央视，博润通的动画电视剧《木灵宝贝之重回帆智谷》在央视黄金时段播出；漫迪动漫的《坦坦小动员》，浩瀚动画的《糖果虎》，天娱动画的《蔬菜精灵大冒险》、《蔬菜王国》、《向日葵》，治图文化的《童子传奇之大闹招财岛》，普润传媒的《断尾狗之螃蟹快跑》、《糖果英语》等 8 部原创动画电视片在各地方电视台播出；知音动漫的《偷心九月天 Q》、《橙子故事》、两点十分的《孝与法》等 3 部原创动画电视片登录网络视频播出渠道。玛雅动漫的三维动画电影《闯堂兔 2》与韩国院线及美国电视台签约在 2014 年展映。

——原创漫画引领中国。2013 年，湖北省漫画期刊出版发行总量超过 1 亿册，发行量继续保持中国第一的领先地位。《知音漫客》月发行量近 700 万册，销售总收入近 10 亿元，全年发行量 7800 多万册，较 2012 年增长 15%，继续领军中国，连续 2 年位居世界第二，系列产品涵盖漫画、绘本、小说（含杂志书）等四大类，总印量高达 3000 万册，成为我国漫画期刊最具影响力的知名品牌。银都文化出版的漫画杂志《淘漫画》聚集了大批忠实粉丝，整体市场规模不断扩大。楚天尚漫以打造中国最大的新闻动漫原创制作基地为目标，全年发布原创新闻动漫作品 1800 多篇，多种媒介综合点击量突破 500 万次。

——网络游戏稳步发展。2013 年，全省游戏企业约 50 余家，从业人员近 1500 人，全年总收入近 10 亿元。2013 年中国游戏年度大会在武汉东湖高新区举行，湖北省 2 家网游企业入选十大游戏新锐企业。九逸信息开发的网页游戏《妖娆西游》、《英雄计划》、《封魔录 2》，超玩在线的《神魔三国》、《神奇篮球》、《指点江湖》，聚网科技的《奥图核心》，天赋网络的《大师游》，炫游网络的《逍遥蜀山》，治图文化的《招财童子连连看》、《招财童子 POP》，铃空网络的《DYING ：Sinner Escape》、《Rolling Lion》、《Yes or No》，点滴在线的《热血萌主》、《神兵卷轴越南版》，鱼之乐的《Q 将水浒》、《指尖水浒》、《口袋江湖》等 20 余部汉产游戏产品进入网络游戏、手机游戏和棋牌游戏发布运营主渠道。

——应用动画异军突起。虚拟技术应用以雄厚的实力和出色的业绩展示了强大的竞争能力和巨大的发展前景。2013 年国庆，麦塔威光影秀产品技术亮相北京天安门广场，技术研发和企业收益双双取得骄人业绩；思耐普精心制作的嫦娥三号登月全程 3D 模拟动画，动态过程展示精美，虚拟场景引人入胜，获得业界和观众的高度评价；数虎网络、视纪印象、骄阳数字、英思工程等企业以其高端的数字技术、优异的视觉艺术和突出的市场能力，成为湖北省应用动画在数字展演、工程应用、市场服务方面的领军企业。

——高端奖项成就斐然。博润通制作的动画电视剧《木灵宝贝之重回帆智谷》获得国家新闻出版广电总局颁发的“2012 动画精品一等奖”，同时获评 2012 年度第四批优秀国产动画片；江通动画的《小喇叭之抱抱熊 365 晚安故事》、银都文化的《家有糨糊》、海豚传媒的《小鼠乒乒》获得“2012 动画精品三等奖”；玛雅动漫的《闯堂兔 2》获得杭州中国国际动漫节“金猴奖”最具潜力动画电影奖。两点十分的《孝与法》获得第九届全国法制动漫作品征集活动“动画类一等奖”和“动画类最佳法制故事奖”。江通动画导演鲁艺获得国家新闻出版广电总局“优秀动画创作人才优秀奖”。卡普士倾力打造的节庆主题作品“节庆守护者”获得“2012 年度中国节庆产业年度文化创新大奖·最具策划创意价值中国节庆”奖。东尼文化的《童年的味道》获得中国动画学会颁发的中国动画创投奖。

知音动漫的《知音漫客》入选“全国百强社科期刊”称号，继续引领中国漫画期刊的发展；麦塔威完成的第九届深圳文博会湖北馆设计获得“第九届（深圳）文博会优秀展示奖”，成为国家级展会新亮点。

超级玩家、武汉中媒在 2013 年度中国游戏产业年度大会上入选“十大新锐游戏企业”，这是我省网络游戏企业第一次入选；盛天网络的“易乐游平台”获得第十七届中国国际软件博览会金奖；有戏网络的“265G 网页平台”获得“2013 度优秀移动游戏媒体金玩奖”和“2013 年度优秀动漫游戏媒体奖”，成为我国游戏行业领域引领创新发展的佼佼者。

三 对策建议

湖北省动漫游戏行业虽然取得了前所未有的成绩和进步，但与发达国家和先进地区相比还存在较大差距。总体上看，湖北动漫产业发展规模还有待进一步扩大，知名品牌和龙头企业还较少，促进政策还需要进一步提升，发展环境还有待进一步优化，融资渠道不畅、高端人才缺乏、市场拓展乏力、促进机制有待进一步完善等问题依然困扰着行业发展。

——完善产业政策，支持企业做精做强。充分发挥政府相关部门的协调服务职能，在继续执行原有的各项文化产业优惠政策和文化企业资金扶持政策的基础上，重新编制了《湖北文化产业发展规划》，进一步明确湖北文化产业发展的总体目标、发展路径、空间布局和重点任务，进一步加大对动漫企业的资金扶持力度。政府的产业扶持资金是一种导向，是一种引导，对于引导行业的发展有着重要作用。我省动漫企业发展到今天的基础和规模很不容易，需要各方面的政策继续给予扶持。

——坚持以人为本，优化文化创意人才队伍。文化产业属于创意产业，对人才的依赖度高，人才是提升文化产业竞争力的重要支撑，因此人才的培养和引进显得尤为重要。首先要加大培养文化创意人才的力度，特别是动漫脚本创作和动漫人物形象设计人才的培养，争取在3—5年内形成5—10个有湖北特色的动漫脚本的创作群体和动漫人物形象设计团队，大幅度提升我省动漫产品内涵和档次。其次要健全人才激励机制，试探性地开展动漫企业从业人员专业技术职务评定工作，并将其列入艺术职称系列。做到既能留得住本土人才，又能吸引优秀的外地文化企业人才到湖北发展。再次要借助湖北省文化名家资助计划、青年英才培养计划、高层次骨干人才引进计划、“四个一批”，实现文化创意、研发、营销、管理等高端人才超常规培养，加强文化产业学科教育，建立健全文化产业在职人员业务培训和继续教育制度，与高校、科研机构、社会机构合作办班，努力造就一支政治强、品德好、素质高、业务精的人才队伍，为文化产业发展奠定坚实的人才基础。

——实行精品战略，培育名牌做大做强。针对湖北省动漫产业的发展现状，不能一味求全，要积极推进精品战略，集中力量创作一个脍炙人口的动漫人物形象，打造一批引人入胜精品动漫，塑造一位人气颇高的大师级漫画作家。选择全方位、多渠道的宣传广告投放，通过各类媒体，特别是利用互联网和移动互联客户端，对我省的动漫拳头产品和动漫作家进行宣传推广，提升动漫产品知名度，利用动漫形象和动漫作者双品牌，形成明星效应，占领市场，以点带面，带动整个湖北动漫产业中兴。

——创新发展，走有湖北特色的产业发展之路。牢固树立“开放、融合、创新、共赢”发展理念，扎实推进“创新、创意、创业、创赢”，进一步完善动漫创意产业发展规划和实施方案，力图在发展规模、综合实力、品牌打造、发展环境、人才结构、商业模式以及专业化、高端化、国际化发展等方面实现新的突破。以建设创意、制作、传播、消费、服务和应用相互渗透、相互合作的完善产业链条为目标，推进建设创意策划、技术研发、生产制作、影视播映、出版发行、衍生产品生产经营、会展交易、合作交流、教育培训、投资服务等服务平台建设，探索和确立政府引导、企业主体、行业服务、社会参与相结合的服务体系新模式。以影视动画、应用动画、新媒体动漫、原创漫画、网络游戏、虚拟技术、数字体验、网络增值服务等为重点，加快培育和引进一批高端人才，培育和引进一批知名企业，研发和引进一批高端技术，培育和引进一批知名品牌。经过3—5年的努力，培育1—2家上市企业。发挥行业资源优势，认真组织和实施跨行业、跨领域、跨区域资源整合和重大项目合作。在以动漫为核心的文化旅游项目开发、高端特效人才培训、游戏开发运营合作、虚拟技术应用设计、文化科技融合创新等方面，探索和确立动漫创意产业融合发展的实现途径。

企业经营模式要积极创新，除了继续发展原有的外包业务、原创动漫和动漫衍生产品生产外，还应积极利用自身的技术优势开发其他与信息服务、新媒体相关的产品，扩大市场份额，形成企业新的利润增长点，最终成为企业稳定的利润来源，走出一条良性循环的发展道路。

促进武汉文化产业转型升级的路径与措施

王国华*

一

随着科学技术的迅猛发展，社会、经济以及人类生活方式的变化也越来越快。尤其是在互联网技术高速发展的时代，经济增长模式的变化可谓“日新月异”。因此“产业优化与转型升级”已经成为产业领域甚至整个经济界、管理界以及相关学科领域所关注的头等大事。文化与经济的融合越来越紧密，经济对科技的依赖越来越显著，“文化经济化、经济文化化”趋势越来越突出。许多“传统产业”由于优化了商业模式、升级了经营手段与管理技术，在很短的时间内都成为典型的“品牌创意”企业。例如京东商城、雕爷牛腩、三只松鼠等品牌，都因为善于进行“商业模式创新”而带来“产业优化”和“转型升级”，使得企业几乎一夜成名。① 因此，大力发展文化产业已成为中国当下产业转型升级的国家战略。2014 年 7 月 2 日，国务院总理李克强主持召开国务院常务会议，确定推进文化产业大发展尤其是促进旅游业改革发展的政策措施。会议提出，要着力推动旅游业转型升级，使旅游开发向集约节约和环境友好转型，旅游产品向观光、休闲、度假并重转变，旅游服务向优质高效提升。文化产业界人士认为，在把旅游业明确为战略性支柱产业以后，国务院再一次对发展旅游业作出重大部署，必将推动文化旅游产业持续健康快速发展，对于实现“把旅游业培育成为国民经济的战略性

---

* 王国华，北京工业大学文化创意产业研究所所长，教授，主要从事创意经济旅游管理、产业集群建设等研究。

① 参见 2012 第六届中国南京文化创意产业交易会官方网站。

支柱产业和人民群众更加满意的现代服务业”的宏伟目标有着极大的推进作用。然而，就文化旅游产业自身的转型升级来看，它不仅需要完善的基础产业载体，更需要创造巨大的新市场需求和深厚的理论支撑。

国内外学者研究表明：任何“产业转型升级”不仅仅只是“产业”的本身问题，更多的是关系到产业主体——人的创造性发挥问题、人的生产方式结构问题和人的生产机制与社会劳动制度等诸多问题，尤其是人的生产理念与生产制度创新。美国哈佛商学院教授迈克尔·波特曾经撰写过关于竞争力研究的三部名著：《竞争战略》、《竞争优势》、《国家竞争优势》。[①] 这三部著作可以说是管理学上关于产业为何升级转型、如何提升企业竞争力以及如何创新商业模式的经典著作。任何一个企业在激烈的市场竞争中都会面临产业优化和转型升级问题，应对竞争和产业转型升级的根本路径就是不断地增强企业核心竞争力。如果不具备一定的竞争力，它就难以在市场竞争的环境下生存。而“竞争力”形成标志，关键取决于它能否给顾客或客户以产品或服务的显著增值，以及这种增值的大小。市场规律告诉我们：顾客面对着同一类商品或服务，将会选择同等条件下内涵更丰富和附加值更高的商品或服务。而这一切就是所谓的创造更多的“消费者剩余”，它是企业竞争力本质的内涵，是企业培育竞争力机制、发挥竞争力机制作用的最终目的。

研究如何促进武汉市文化产业的优化与转型升级，在当前有着极其巨大的现实意义和实际引领价值。对于武汉市来说，政府已将文化创意产业作为国民经济的主导产业，而文化产业也是武汉市的优势产业和最具潜力的现代产业。特别是当前的武汉市在空气与水资源状况不佳、持续雾霾天气等环境压力之下，文化产业是替代传统高耗能、高污染、高排放产业的最佳选择，也是拯救传统工业产业的最佳选择。从大量数据资料分析来看，当下武汉的文化产业大多属于传统的文化产业。[②] 会展业、休闲娱乐业、商业服务业、工艺品及饰品礼品业、广告业、出版业等文化产业占据了武汉市文化产业的绝大部分份额。而原创类的、具有现代数字化特征的文化产业，如文化旅游产业、电影业、文艺演出业、广播电视产业以及现代设计与电子软件产业等蕴含丰富内容创意的“原

① ［美］迈克尔·波特：《竞争战略》、《竞争优势》，华夏出版社 1997 年版；《国家竞争优势》，华夏出版社 1998 年版。

② 黄永林、袁堃：《武汉市文化创意产业发展报告 2013》，社会科学文献出版社 2013 年版，第 5 页。

创型”产业，目前在武汉市的文化产业中所占比重还严重不足。

在当前国际文化产业激烈竞争中，文化产品与文化服务原创能力的高低成为竞争制胜的根本动力。过去以 GDP 作为衡量一个地区乃至一个国家的竞争力标准，在今天的数字化时代已经显得很不科学了。关于中国文化竞争力的强弱以及未来发展问题，澳大利亚报纸曾经提出过三个令人深思的疑问：“什么时候才能使全球大多数国家的精英都愿意把自己的孩子送到中国来留学？什么时候才能使全球大多数人特别是年轻人更多地看中国电影、听中国音乐、读中国书籍？什么时候全球的消费者选购产品时，更多地选择中国品牌？”[①] 这三个疑问恰恰是我们如何建设文化强国所要认真思考的重点问题，也是我国建设文化强国所必须努力的方向。从当前国际文化产业发展趋势来看，世界优秀的文化产业集团在产业经营方面明显呈现出“产业业态数字化、产业空间国际化、产业地位主体化”的鲜明特征。武汉文化产业亟待朝着国际文化产业发展方向转型和升级。

众所周知，人类生产的发展与进步都是与科学技术的发展为动力的，几乎每一次的科学技术革命都促进着产业的优化与转型升级，使得产业进步获得巨大的发展动力。文化产业尤其如此，印刷技术的出现，人类才能大量地复制和传播文字与思想，它不仅优化了印刷技术，使得人类得以大批量地生产书籍、报刊等文化商品，而且直接催生出新闻出版产业的诞生；电子技术的出现，同样催生了以工业生产方式制造文化产品的行业出现；电影、唱片、照相、录音、录像等技术的广泛应用，使得电影业、电视业、广播业、音像业等文化产业迅速兴起；互联网技术的诞生，使得人类社会进入了全新的数字化时代。它不仅催生了软件业、网络游戏产业、动漫业等全新产业的出现，而且极大地推动了传统产业，尤其是传统的文化产业优化、转型、升级与结构调整和融合发展。互联网技术的出现，使得人类从工业经济社会迅速进入到信息经济时代。互联网打破了传统的印刷媒介的空间限制，也突破了广播电视媒介的时间限制，不仅具有极其巨大的储存空间，将图文、声音和视频等多媒体结合在一起，而且还具有互动性、参与性、体验性、及时性、跨国性等诸多优势。人们可以通过互联网随时随地地欣赏音乐、电影电视节目、自由地收发信息，还可以与海外远方的亲友谈话交流，甚至还能

① 参见花建《中国如何迈向文化强国》，《光明日报》2014 年 6 月 9 日。

够自由地在网上购买自己喜欢的产品……这些新技术的诞生，使得人类社会不断地进行着产业优化、转型、升级，不断地创新新业态、新产品以及新的生活方式。可以说，产业的优化与转型升级研究，关系到人们创造力的发挥和人类生活质量的提升问题，关系到一个国家、一个地区甚至每一个企业在市场经济条件下的竞争力问题。

我们从武汉市的文化产业园区建设和武汉市文化旅游产业发展状况来分析武汉市产业转型升级问题也许更具代表性和启示性。自2006年以来，“武汉市已建成并运营的文化创意产业园区（基地）已达21个，涵盖动漫、网游、创意设计、出版、传媒等多个行业，入驻企业1525家，吸纳就业人数近8万人，实际经营收入72.74亿元。各大文化创意产业园形成了各具特色，优势互补，错位式发展的态势。武汉光谷创意产业园、洪山创意大道、楚天181文化创意产业园以及‘汉阳造’文化创意产业园等便是这些园区中的翘楚”[①]。武汉市所创建的这些文化产业园区在产业规模、从业人数以及产业空间方面，占有武汉市文化创意产业的重要份额，为武汉市的文化产业发展起到了较好的示范引领作用；但是，近十年来的发展历程表明：武汉市的文化产业园区普遍存在经营业绩下滑甚至很多园区亏损严重的现象。据2013年统计数据表明，武汉的几十家文化产业园区的总产值和净利润不够理想，说明投入与产出比存在严重不对称。[②] 武汉市目前的文化产业园区在商业模式创新等方面存在以下亟待解决的问题：园区产品科技含量普遍弱小、文化与科技融合创新普遍缺失；市场化程度较低，创新能力以及管理与服务水平较差；缺乏市场主体建设意识，行政权力成为资源配置的主要力量；经营管理理念与赢利模式落后；只注重园区的硬件建设而忽略园区的软件建设；对知识产权保护不力，品牌意识缺乏；管理人才匮乏，人才培养严重欠缺、并且培训模式落后，园区建设等原创性理论研究滞后；开放与放开、建设与管理、资产与经营等方面存在诸多问题。

武汉的文化旅游产业尽管在这些年取得了长足的发展，旅游业绩也在年年攀升，但是，武汉旅游产业明显存在着转型升级问题。其突出表现主要在如下几个方面：一是景观游产品比重过大，严重缺乏人文历史

---

① 《湖北武汉建21个创意园区、打造国家级文化产业基地》，中国动漫网，2012年4月25日（http：www.cccnews.com.cn/2012/0425/6546.shtml）。

② 参见http：//www.sccif.com/tpxw2012/201209/t20120903_ 7393075.htm.

资源产品和休闲度假产品供游客消费；人们戏称武汉的旅游多年来依然是“三菜一汤”（黄鹤楼、归元寺、江滩和东湖）。二是“门票经济”特征明显。围绕地域文化所创造的旅游产品链太短、太小。三是过境游特点明显。大多数旅游团体都是将武汉市作为旅游“途径地”而非旅游目的地。四是武汉城市形象缺乏足够的入境旅游吸引力。国际旅游经验表明，真正意义上的国内外知名旅游胜地，年接待境外游客占游客总量比重至少应达到5%。其中境外游客中，来自欧美国家的游客应达到三分之一。按照这个标准，武汉差距很大。五是武汉缺乏具有针对性的高端旅游产品。据报载，中国目前富裕家庭已达到8000万户，富裕家庭数量超过了德国、英国和法国。这些富裕家庭有强烈的休闲度假需求，近年来他们在国内刮起了高端旅游消费的龙卷风，成为旅游企业创造暴利的顶级价值客户。六是旅游资源缺乏系统性整合。武汉市的很多自然景观和丰富的历史文化资源还没有通过富有创意的策划整合起来，呈现出“铁路警察，各管一段”的条块管理的格局。

有鉴于此，武汉市的文化产业转型升级已经成为促进文化产业发展的当务之急。

二

本文认为，要促进武汉文化产业不断地转型升级，应当着重以建设文化企业的强大主体、创新制度、优化结构为重点，瞄准国际前沿产业，对比自身的不足和优势，强调自身的比较优势，不断地实施产业的优化与转型升级。对于武汉市的文化产业园区和文化旅游产业，我们认为可以从实现文化产业的“四个创新”入手，促进武汉市文化创意产业迅速转型升级。一是文化产业资源创新；二是文化企业制度创新；三是文化经济结构创新；四是文化生产环境创新。

所谓“文化产业资源创新”就是要转变传统的资源观，以人的创意设计、创意灵感为文化产业发展的最核心资源。文化生产力最核心的资源是人才资源，是以优秀企业家为代表的人才团队。所有的先进理念、创新的商业模式、产品的核心生产流程的再造等，都是企业的创新人才所带来的成果。人类的才华与创意作为无形的资产，为推动文化产业发展提供了源源不断的动力。苹果公司的乔布斯，谷歌公司的埃里克·施密特等是这类人才的优秀代表。中国文化企业的竞争，必须在这个关键点上奋起直追。把“以人才为本”、“以优秀企业家为魂”作为基本理念，来指导文化生产力的提升。努力将传统工业时代依赖“自然资源”推进社会发展的价值观，转变为依赖“人的创意”、依赖“非物质符号”、依赖“人与符号的互动关系”等新时代的全新资源观与社会主流价值观。

所谓“文化企业制度创新”就是要探索最佳的文化产业发展机制。企业制度是发展文化产业的重要保障，一个好的制度能使文化产业有效合理地运行，相反，一个滞后的制度则会让文化产业的发展杂乱无章、效益低下。文化产业制度体系中的核心是企业制度，文化生产力结构的基础是企业结构，企业结构一定程度上反映着社会结构、社会公共政策和政治制度，一个文化产业采用何种企业结构会对其盈利模式与商业模式产生巨大的影响。传统的国有文化企业采用“单位制”，从生产到销售、从决策到资金来源等都要依赖行政化的配置，导致企业员工工作效率低下，创意消失殆尽。企业的架构与行政架构类似，企业行政化、官本位化、科层化，严重损害企业的竞争力。目前的国有文化企业在许多地方垄断着绝大多数经营领域和资源配置权（融资渠道、稀缺资源如准入许可证等），中小微文化企业难有平等的话语权和资源配置权。中国的文化企业制度创新要在四个方面有所突破：激励机制、竞争机制、评价机制和监督机制。只有在这样的基础上，中国的文化企业才能开发出创新型、效益型、国际化的优良经营模式，并且在激烈的国际竞争中，焕发出核心的竞争力。本课题将比较并借鉴国际优秀文化企业的经验，从企业与社会制度安排、企业与社会结构、企业文化与社会价值以及企业家与社会文化信仰等多角度，提出文化企业制度创新的多种路径与可实施的具体方法。

所谓“文化经济结构创新”就是要从产业构成内核上进行颠覆性的结构调整。一个国家的文化生产力结构，应该是一个随着经济、科技和社会进步，不断升级改善的过程。进入后工业化时代以后，美日欧发达国家越来越重视发展文化与科技融合的新兴领域，也鼓励注重文化产品科技和形态的“硬创新”与文化风格和情感魅力的“软创新”，推崇把文化魅力扩散到绝大多数的工业产品，也渗透到生产性服务业和生活性服务业中，从而推动了文化生产力结构不断向高端化发展，这对一个国家的文化生产力战略重点、资源投向、人才能力等，提出了更高的要求。因此，中国文化产业需要提升结构，鲜明地树立创新导向，从公共政策和政治制度的变革来改变现有的企业资源配置的游戏规则，引进现代企业制度，鼓励竞争精神，推动产业结构向高端化发展，特别是发挥知识型人才的创意和才华。产业结构问题不仅是一个企业内部制度的问题，而且是一个制度结构的问题。目前文化产业结构普遍存在低端化，依靠大量消耗不可再生的资源如土地等，损害社会整体文化实力，是一种不可持续的生产力结构。要让每个类型的企业尤其是中小微文化企业主感到活得有尊严、有希望，有社会与政治权利的平等，这样才能使得每个社会阶层迸发出创造的激情。

所谓“文化生产环境创新”包括人文环境和社会、企业的硬件环境。制度环境是促进文化生产力的重要因素，一个强大的文化生产力体系，离不开制度环境的培育。文化产业是利用人类的创意对文化资源的挖掘和再创造，是基于人性的需求不断地满足人类“喜新厌旧”基本特性而从事的一项全新的精神产业。[①] 它的宗旨之一就是无限度地发现人性的光芒、发掘与满足人性合理的欲望。而只有在一个自由的、富有激励性的企业环境中，人类的思维才会对一切保持好奇心，迸发出创意的火花。因此文化生产主体需要营造一种公平、公开、公正的法治环境和鼓励创新的法治氛围，这里不但需要有家的感觉，使人感到自在心安，同时也要令人兴奋、内心充满渴望，并产生动力，这是由简单的利益作为驱动力的传统企业力所不及的。企业创意人才的智慧火花迸发不仅仅来源于利益驱动，也来源于先进理念的驱动和对于科学真理以及美好愿景的好奇心。

三

在努力实现武汉市文化创意产业转型升级“四个创新”的同时，还应当采取如下几项推进措施：

第一，利用武汉高校和智力机构的创意设计资源，编制各种业态的文化产业规划，大手笔策划重大文化产业项目。

武汉所拥有的高校数量和智力机构数量在全国可以说名列前茅。如何充分运用这些资源是实现武汉市产业转型升级的关键。武汉市政府编制了许多规划，但是没有一个关于如何利用武汉智力资源的规划，没有

① 参见 http：//www. gongpin. net/news/item_ 30445. html.

一个关于武汉文化发展的规划，没有一个关于武汉城市形象传播的规划……这是发展武汉文化产业必须弥补的一大缺憾。古人言，任何事情必须“谋定而后动”、“预则立，不预则废”。没有经过精心规划的产业是难以持续发展的产业，文化产业更是如此。武汉的文化产业转型升级一定充分依赖个人的创造力、依赖全民创意的自由迸发，一定要“规划先行”。

例如武汉市的文化产业园区规划，应当做到如下“八要”：一要起点高，不能简单地等同于国民经济和社会发展的规划，必须充分体现发展文化产业的对策、重点项目和细化方法。二要定位准，结合文化产业园建设的特点，找准武汉的文化产业园区的定位。三要结合紧，注重以园区发展带动文化产业转型升级、促进武汉其他相关产品销售和城市营销等项目建设，推动文化产业园区发展结构升级。四要基础实，要重视文化产业园区的企业集聚，重视扶持龙头企业，培育上市公司。五要方向正，具体产业选择上应当突出数字文化产业、新媒体发展、武汉本土文化资源和产业资源整合、文化产业园区与活动经济、打造城市文化名片、塑造文化品牌的发展。六要项目新，建设若干个具有品牌效益的特色项目，如艺术产业基地、3D 技术与影视基地、网络文化产业基地、茶道文化产业基地、工艺美术产业基地、文化产业示范园区等重点项目。七要链条长，注重创意、策划、企业集聚、产品研发、产业配套、营销、出口、广告、品牌授权、对外连锁经营、文化产业园区、夜间娱乐、人才培训等产业链的打造。八要不跟风，避免硬件式思维、盲目跟风、重复建设、占用过多土地资源、个人艺术家为主、重点不突出、企业发展无力的项目。

第二，以创意设计带动产业项目创新，大手笔策划重大文化产业项目。

武汉市要实现文化产业的转型升级，通俗地讲就是要解决两大问题：一是武汉拿什么产品满足客户需求的问题；二是文化产品如何占领更多的市场份额。以武汉的旅游产业为例，目前武汉已经拥有欢乐谷等众多的文化产业园区。但是，如何让游客来了之后感觉到武汉有看头、有玩头、有住头、有吃头、有买头、有学头、有养头、有想头、有行头、有说头和有必要再回头是个问题。解决这两个问题主要靠什么？答案是靠创造具有核心竞争力的文化产业项目和文化产业产品。客观地讲，武汉文化产业资源虽较为丰富，但“散、弱、小”特征一直没有突破和改变，因为规模小，品质低，导致名气小，在市场上缺乏核心竞争力，因此武汉地接市场一直较为薄弱，严重阻碍了文化产业目的地的建设。据了解，全市目前投入20亿元以上的文化产业项目还没有一个。为此，必须实行大手笔资源整合，冲破“多头管理，地域限制”的瓶颈，对一些品质好、潜力大、分散型的文化产业资源实行“统一打包、统一策划、统一品牌、统一建设”，融合成一个大项目，使之成为文化产业项目建设的引擎。就当前及今后几年而言，武汉市缺乏“世界知名，国内一流，5A标准，上市定位”的特色旅游产业园区，如何打造成世界级的文化产业园区是目前武汉亟待思考的现实问题。

第三，以互联网思维理念大举措创新文化产业发展模式。

腾讯总裁马化腾说，现在是移动互联网的时代。移动互联网将更多的实体、个人和设备连接在一起，互联网不再只是新经济、虚拟经济，而已经成为主体经济不可分割的一部分。这是一个时代大趋势。企业家如果认为互联网与自己所在的行业没有关系，或者想结合互联网但没有考虑移动互联网的特征，未来都可能在竞争中被边缘化。所以，今天的国民应当尽快适应移动互联网的产品特征和精神，转变思路、跟上形势。马化腾十分强调互联网时代的产品特征，提倡企业家要采取立体式、放射式、复合式的互联网思维。因为互联网改变了人类的生产方式，改变了人类的学习方式，改变了人类的生活方式，改变了人类的价值观念，甚至改变了人类的商业逻辑……无数例证告诉我们：未来的竞争都是跨界的。实体经济正在部分地被虚拟经济取代，最典型的例证是：电商已经开始取代许多类型的实体商店。李宁实体店关掉一千八百多家，电商的销售额已经超过实体店的销售额。有专家估计，未来三年至五年全国有近百分之八十的书店将关门，服装店、鞋店有近百分之三十的将关闭。我们已经看到：机器人把工人废掉了，富士康机器人一上，38人的车间只要5人。云端网络电话已经推出，只要有流量就可以向全球通话，就有视频通话、传真机等功能。未来五年至十年的商业模式也许主要是“O2O模式”：线下（实体店）体验，线上（厂家系统网站）购买，由厂家亲自发货给顾客。聪明的企业家会将线上销售系统及物流仓储系统外包交给第三方公司解决，自己全力做好产品，然后顾客介绍顾客（直销），厂家直接给顾客广告宣传费。

以文化产业园区建设为例，近年来全国各地都在发展文化产业综合体建设，在很大程度上打破了文化产业项目“单一性”和投入散、乱、小的格局，极大地延长了文化产业园区发展链，提升了文化产业园区发展价值回报，探索出了一条文化产业创业转型升级的有效路径。例如，杭州市政府就提出了打造十大文化产业风情小镇，每个小镇以独特人文民俗风情和历史禀赋的特质文化相结合，形成独具一格的文化产业综合体。这种风情小镇的建设实现了政府、企业与个人的多赢，以此为载体结成了文化产业利益的共同体。“文化产业综合体”的出现，标志着文化产业消费模式从单一观光文化产业到综合休闲度假的升级、景区发展模式从单一开发到综合开发的升级、文化产业地产开发模式从传统住宅地产到综合休闲地产的升级，这三大升级推动了区域文化产业从观光时代走向休闲时代、从景区时代走向文化产业目的地时代、从单一产品时代走向综合体时代，从这个意义上讲，“文化产业综合体”已经成为推动中国文化产业园区发展转型升级的主力引擎。武汉的资源条件和区位条件，适宜打造以休闲度假和文化体验为主体的文化产业综合体。武汉建设文化产业综合体，应当以追求综合效应为指向。首先，文化产业综合体应涵盖创意文化、体育运动、生态农业、拓展体验、商务会议、休闲地产等在内的泛生态休闲文化产业园区发展的综合发展架构，成为城市特色功能区、文化产业休闲新地标、城市文化新名片。其次，文化产业综合体能集聚多种文化产业功能，既要突出某项功能，又能一站式满足游客全方位的文化产业体验需求，配套建设星级酒店和文化产业商业、文化街区，完善文化产业接待设施和文化产业服务功能。再次，文化产业综合体以创造差异化的吸引力与感召力为指向，整合自然文化产业资源、文化产业园区资源和社会文化产业资源三大资源，凸显放大比较优势，形成一个独特性的文化主题。另外，寻求专业化、落地化的高水平智力支持，选择特色化、创新化的高水准运营模式，确立具备全程化咨询服务能力的泛文化产业园区发展团队大构架，特别是文化产业产品、度假酒店、休闲地产、投资运营和土地综合开发的专业人才队伍。

第四，以建设世界知名的创意城市为目标，大创意培育夜市产业等新业态。

世界著名的创意城市都是可以旅游的城市，也是夜市产业十分发达的地区。一个城市的夜生活丰富多彩，至少说明这个城市的生活样态是丰富多样的，娱乐服务产业是繁荣发达的，游客是来自五湖四海的。国内文化旅游产业有一句老话叫作“白天看庙、晚上睡觉”。这种状况和夜生活项目的贫乏有关，同时也是因为白天看了一天的庙，晚上累了就只能睡觉。但是在今天，娱乐在文化产业活动中起着越来越重要的作用，甚至很多文化产业活动就是以娱乐为主要目的。在一些度假地，游客白天多在住处休息，晚上才出来活动，夜生活成为文化产业活动的核心内容。武汉文化产业园区发展必须顺应文化产业发展的大趋势，重点培育“白天看景点，晚上看夜市”的全天候景区文化产业文化消费模式。一是建设文化产业商品交易中心。这类交易中心应当是集展览、宣传、购物为一体的。同时还应当建设古玩及民俗旧货市场、文化产业购物步行街、文化产业小吃夜市。二是发展城市文化娱乐中心。建设诸如北京的后海、三里屯，上海的新天地，长沙的田汉大剧院之类景区文化娱乐中心。三是建设特色化的中央游憩区。根据条件建设高科技观光设施、蹦极、露天情景演出等娱乐休闲项目。四是结合现代声光电和数码技术在大容量空间范围内，打造出具有武汉历史文化特色的裸眼3D激光电影，免费播放，吸引游客驻足。五是文化产业演艺。培育当地的文化名人、文化商人和乡土艺术人才，编排、扶持和推广一台山水给力、演出精彩、视觉冲击、效果震撼的演艺项目。六是艺术品产业。这个产业的规模很大，全国每年公开拍卖和私下交易的工艺美术品价值大概有3000亿元，其中约有一半是属于私下交易的。武汉可加大对艺术家进行定位、包装与开发的力度，集展示、创作、收藏、交易、包装、培训、休闲为一体，形成艺术产业的集聚。七是活动经济。按种类划分，大力发展节、庆、会议论坛、展览、展示、展销、体育活动、培训、选秀、养生保健等活动经济。八是数字文化产业。中国移动的数字音乐一年产值就有180亿元，电信的两个网络游戏带动宽带消费年收入250亿元。在5—8年之内，数字文化产业可能会占中国文化产业总产值的一半甚至三分之二。武汉建设一个数字文化产业园，将为智慧文化产业带来有很好的前途。

第五，推进文化产业要素转型、打造产业链。

产业要素是实现产业价值的基础，创造性地整合文化旅游产业要素，将会构建系列的旅游产业链。随着文化产业活动的转型升级，“无景点文化产业”的模式开始出现，以前文化产业活动中不被关注的食、住、行、娱等要素变成了文化产业产品，逐渐走向休闲化，构成了文化产业的重要组成部分。武汉必须全力打造全要素的文化产业产品，给来武汉的游客提供最丰富的文化体验。一是餐饮要增加文化体验的含量。例如在武昌长春观等道文化区域推出的“抱朴菜系”、“道教养生宴”

及“风情舞宴”，使旅游者不仅能够品尝美食，还能够感受一种浓郁的文化气息。二是住宿要进行文化包装、彰显文化差异，建设文化主题酒店。三是文化产业交通注入文化体验的功能。武汉景区内所有缆车、电瓶车根据武汉文化主题进行文化包装，所有地接社的文化产业大巴也要根据武汉文化主题进行文化包装。四是娱乐民俗化。民俗在文化产业过程中能满足游客“求新、求异、求乐、求知”的心理需求，是一种高层次的文化产业园区 。武汉民俗中的端午赛龙舟、元宵节舞龙灯、各类民俗活动等都是很有特色的文化旅游产品，武汉各景区应开辟民俗娱乐广场，每天晚上进行参与性的民俗游艺、民俗竞技及民俗服务项目，吸引游客购买民俗商品，体验民俗生活。五是游玩中满足体验现代时尚的需求。现代人，尤其是受到国际时尚文化消费影响的年轻人，更突出追求心理刺激和感官体验的文化产业消费心理倾向。对于这种文化产业消费，我们要有相应的文化创意来进行引导，要善于创意，把熟知的东西陌生化，把单一的东西丰富化，把一般的东西奇特化。比如，东湖、磨山、马鞍山等地，具有环境容量大的特点，重点建设以青年人运动休闲为主的文化产业项目，如湖上滑翔伞、湖上摩托车、环湖自行车、吉普车越野、水上摩托艇冲浪等运动，倡导活泼、文明、开放的时尚文化产业消费方式，形成别具一格的文化产业运动休闲产品。

第六，以独特的城市形象营销传播吸引世界客商。

纵观世界著名的旅游城市，无一不是“城市形象独特”的创意城市和不间断地进行城市品牌营销的城市。我们许多城市为了提升产业的经济效益，往往只是盯着具体产品本身，只看见物质化的城市而看不到精神化的城市形象，往往忽略了对产品生产者和产品消费者的关注，忽略了显示产品生产地的精神氛围、审美情趣、给人感知形象的创造。当今世界最吸引人的城市并不是具体的城市物质产品，而是一个城市的独特形象。所以，城市形象的塑造与品牌传播才是真正实现产业转型升级的关键因素。英国学者保罗·斯通曼提出“软创新”（soft innovation）概念，认为技术和形态的硬创新，主要是产品物理形态的改造，而软创新是一种“主要影响产品和服务感官知觉、审美情趣、知识认知的非功能性表现”的创新。随着社会的发展进步，现代人越来越渴望象征内容。所有传统产业都必须导入内容战略，都要让自己的产品与服务成为内容的载体。城市文化形象塑造与传播策略正成为新的企业经营模式和区域发展模式。硬创新是针对具体产品的创新、是改变产品象征价值的创新。软创新则是以审美变革为主导的文化创新。一个城市的产业转型升级，首先是城市形象的不断传播与提升。产业转型升级要超越硬创新，关注软创新，实现硬创新与软创新的融合创新，达到真正意义上的“巧创新”。

从文化产业公关营销的角度看来，武汉的城市营销不仅要提高知名度（嗓门大，在重量级媒体做广告），还要有美誉度（声音好听，如优良的投资环境、美丽的人居环境等）。武汉要在国内外重量级媒体大嗓门营销武汉，要到一线城市和境外文化产业城市去营销武汉。必须建立“武汉文化产业形象代言人”和“武汉品质游代理人”制度，扩大武汉在国内外文化产业市场的影响。在武汉重点客源市场推行“武汉文化产业形象代言人”和“武汉品质游代理人”制度，形成武汉文化产业营销代理网络，完善武汉文化产业营销体系；建立和完善“武汉文化产业合作伙伴”制度，在上海、武汉、广州等国内重点文化产业城市，寻找合作伙伴，形成“武汉文化产业合作伙伴”营销网络；鼓励市内文化产业企业建立营销联盟，与市外、境外城市、文化产业企业建立良好的文化产业营销联盟关系；精心组织“武汉国际文化产业大篷车”和“日韩欧江城之旅”大型宣传促销活动。以差异化的文化产业产品丰富武汉的文化产业内容。达到分则流畅、聚则能留的目的，让游客留下来，留得住，留得长。

第七，品牌建设是产业发展的核心目标。

从目前武汉文化产业品牌建设的现状来分析，部分景区和局部区域的品牌效应十分明显，经过近五年的市场品牌运作，拉动了文化产业客源的急剧增长，成为推动武汉文化产业园区发展的品牌景区和品牌产品。但是这些局部的景区和区域品牌却不能表达为武汉文化产业品牌的整体现象，武汉亟须对文化产业品牌进行定位，亟须策划出独具个性的文化产业品牌形象。文化产业品牌形象策划是提高武汉文化产业园区发展的知名度和美誉度，推动文化产业客源市场对武汉文化产业进行整体认知、理性识别的必要过程。武汉文化产业品牌宣传，主要应完成以下几个阶段性的工作内容：一是准备性工作阶段，其主要内容有：整理具有武汉地方特色的并对文化产业者具有吸引力的民俗活动和文化艺术资源，完成武汉城徽设计，对武汉文化产业进行 CIS（理念识别、行为识别、视觉识别）设计，对品牌形象进行全面、具体的包装设计。二是整合性工作阶段，其主要内容有：恢复民间健康的民俗艺术表演活动，并对其内容围绕着文化产业产品进行相关的策划和包装（如武汉民俗文化节、武汉美食文化节、武汉戏曲文化节、武汉民间艺术夜游活动，等等），并进行武汉抗战文化等专题活动的组织和策划，从不同的层面立体地全方位地烘托武汉文化产业品牌形象。宣传部门牵头组织广电媒体完成武汉民俗风情、景观人文 DVD 制作。三是操作性工作阶段，其主要内容有：筹办武汉国际文化产业文化节，在一级客源目标市场和二级客源目标市场展开有针对性的推介活动，并在中央及目标市场的主要电视频道进行节庆活动的宣传；请中央、部、省有关领导以及国内外相关知名人士出席节庆活动，进行节庆活动期间各项展销、商贸、招商引资工作的准备。四是实施性工作阶段，其主要内容有：安全、有序地保障节庆活动中各项内容的顺利完成。通过强力推进武汉文化产业品牌化建设，努力打造一批具有武汉特色、彰显文化内涵的品牌文化产业线路、品牌文化产业企业、品牌文化产业商品、品牌传统美食、品牌文化产业节庆、品牌娱乐产品，以文化打造文化产业品牌，以品牌促进转型升级。

第八，树立人才第一的观念，聚集各路文化产业英才。

文化产业的发展离不开文化产业人才，尽管武汉高校数量处在全国前列，但武汉留住人才的力度和魅力不够，武汉为世界培养了许多人才，但留下来为武汉创造辉煌的人才不尽如人意。目前，武汉文化产业人才的欠缺，已经严重地制约了武汉文化产业园区的快速发展。建议政府在文化产业人才队伍的建设上下功夫，采取“产、官、学”三方合作的方式大力培养文化产业人才：政府制定政策支持人才培育，学界承担人才培养和产业研究，文化产业企业大力引进人才。武汉要着力从文化产业人才的引进、使用、考核、培养等诸方面建立市场运作机制，打造三支文化产业人才队伍：一是文化产业园区研究人才队伍。要深入研究国际、国内文化产业园区的先进经验和文化产业园区经营管理理论，探索武汉文化产业发展的规律性突破口和长期战略。建议成立武汉文化产业园区发展研究所，以整合武汉文化产业研究人才队伍。二是文化产业园区经营管理人才队伍。通过内培外引，建立多层次系列化的文化产业经营管理人才队伍，加强对行业管理人才升级的培训或培养，做到各级管理人员考试认证上岗。强化武汉文化产业协会职能，加强行业规范管理，提升武汉文化产业园区发展的整体服务水平。三是历史文化名人队伍。武汉历史文化名人不少，利用这些历史文化名人的影响力，组织举办相关的文化艺术活动，广泛开展区域文化交流，打造历史文化名人文化产业产品。武汉要用优厚的条件吸引世界文化名人来武汉游历、讲学、创作和度假，把他们作为武汉文化产业园区发展的活招牌。建议武汉各个景区对文化名流一律免费开放，“借名山、请名人、出名作、扬名气”，达到崔颢、王勃、范仲淹、雨果等名人名作造就文化产业胜地的效果。

文化产业园区是典型的个性产业，没有固定的模式，没有标准答案，只有鲜明独特的个性才能让人难以忘怀。但愿武汉的文化产业转型升级的探索过程对于全国的文化产业发展起到具体的启示与借鉴作用。

江城武汉具备许多文化创意产业建设的独特资源，如何发挥创意者的聪明才智，将个人的创意真正作为文化产业发展的核心要素，这是武汉和全国许多地方都要深刻反思的问题。

陆江统筹视野下长江文化产业发展对策研究

——以发展武汉长江文化产业为例

薛永武*

长江是亚洲第一长河和世界第三长河，发源于青藏高原唐古拉山主峰各拉丹东雪山，全长6300多公里。长江源远流长，与黄河一起并称为“母亲河”。“滚滚长江东逝水，浪花淘尽英雄”，长江以其漫长的历史和自然生态，孕育了华夏文明，孕育了中华民族，哺育了一代又一代中华儿女。在中国历史上，长江是重要的航运渠道和渔业资源；在现代，随着飞机和公路、铁路的建设，长江作为航运的功能在逐步减弱，但作为自然生态和发展文化产业的需要，长江愈加显示了不可替代的重要功能，具有了鲜活的生命力。

一 发展长江文化产业的原则

所谓长江文化产业，是指长江旅游文化以及长江历史人文产业化所形成的产业形态。发展长江文化产业，既要依托长江的自然生态，又要充分挖掘长江历史人文资源丰富的文化内涵，注重在陆江统筹中促进长江文化产业的科学发展和快速发展。

（一）陆江统筹的原则

发展长江文化产业，应该遵循陆江统筹的原则。陆江统筹是指通过对长江沿岸陆域与长江水域进行科学的统筹，促进陆地经济与长江经济

---

* 薛永武，中国海洋大学国家文化产业研究中心主任，文学与新闻传播学院院长，博士、教授、博士生导师，主要从事人力资源管理、文艺学和美学等研究。

的全面发展、协调发展，在陆江相互依托和相互促进中保持社会与经济的可持续发展。从理论的角度来看，陆江统筹体现了一种科学的思维方法和管理理念，也是唯物辩证法、系统论和科学发展观在处理陆江关系的具体运用。

1. 唯物辩证法与陆江统筹

唯物辩证法的对立统一规律客观上能够为陆江统筹提供理论的指导。唯物辩证法表现在思维方式上就是辩证思维，而陆江统筹则是辩证思维在实践中的具体运用。把唯物辩证法运用于陆江统筹，有利于克服形而上学的思维方式，既要保护长江丰富的生态资源，又要注意在开发长江资源中与开发沿江的陆地人文资源结合起来，避免非此即彼的二元对立思维方式，克服顾此失彼的片面倾向。

2. 系统论与陆江统筹

系统论认为，宇宙是由具有组织性和复杂性的不同子系统构成的，这就是宇宙系统观。系统论的核心思想是系统的整体观念，把系统论思想运用于陆江统筹，就是把长江与江岸以及长江两岸沿江城市的经济发展当作一个完整的系统和研究对象，关注长江的生态环境与长江两岸陆域所构成的整体系统，而陆江统筹恰恰是系统论在研究长江及其陆域环境过程中的具体运用。把系统论运用于陆江关系，就是坚持“陆江统筹”，树立正确的“陆”与“江”整体发展的战略思维，兼顾“陆”与“江”两个方向，把握二者之间的动态和谐与平衡。

3. 科学发展观与陆江统筹

关于科学发展观，胡锦涛在 2003 年 7 月 28 日的讲话中要求，“坚持以人为本，树立全面、协调、可持续的发展观，促进经济社会和人的全面发展”，按照“统筹城乡发展、统筹区域发展、统筹经济社会发展、统筹人与自然和谐发展、统筹国内发展和对外开放”的要求，推进各项事业的改革和发展。因此，科学发展观注重统筹与协调发展，这是一种科学的方法论，也是中国共产党的重大战略思想。科学发展观的具体内容包括：第一，以人为本的发展观；第二，全面发展观；第三，协调发展观；第四，可持续发展观。在科学发展观的四个内容中，后三个内容都可以运用于陆江统筹之中，即陆江全面发展、陆江协调发展、陆江可持续发展。这三个内容可以集中概括为陆江统筹。

陆江统筹发展长江文化产业，体现了一种科学的思维方法，体现了一种科学的管理方式，既是经济发展的重要战略，也是促进文化产业发展的重要战略。从政府管理层面来看，陆江统筹体现了一种科学的管理方式。从自然资源的优化配置、生态环境的保护、促进陆地经济与江域经济的协调发展等多个方面来看，只有通过陆江统筹，才能真正促进陆江的科学发展。通过陆江统筹，有利于实现陆江资源之间的互补性，促进陆江文化产业的发展，促进多种产业的联动协同，实现陆地经济与江域经济的相互促进，促进陆江各种资源的优化配置，有利于维护陆江生态环境，为陆江经济的协调发展创造良好的自然环境。

陆江统筹有利于促进陆江经济一体化的和谐发展，从整体上提高长江流域经济发展的竞争力。在陆江经济一体化的过程中，江域经济与陆地经济之间通过陆江经济一体化的融通，在陆江统筹中促进陆江经济的协调发展。陆江经济一体化就是要求综合考虑长江资源和陆域资源及其环境特点，系统考察陆域与江域的经济功能、生态功能和社会功能，要特别注意长江生态的承受能力，统一筹划陆域与江域两大系统的资源利用、经济发展、环境保护、生态安全和区域政策，促进长江流域沿岸经济的科学发展与和谐发展。

（二）生态性与人文性相融合的原则

发展长江文化产业，要维护长江的生态健康，遵循生态性与人文性相融合的原则，在挖掘人文资源的同时，注意保护长江的生态资源和可持续发展。

1. 生态性原则

所谓生态性，是指为了保护长江环境，维护长江生物的生态平衡等，长江产业开发应该确保生态健康与长江生态建设的和谐。发展长江文化产业，要以保护长江的生态为前提，切忌对长江资源的过度开发，预防可能对长江局部区域生态系统造成的破坏。其中，涉及长江产业开发和长江工程兴建、倾倒废物、船舶排放、旅游观光等人为对环境的破坏，都可能对长江造成各种污染，甚至能够对长江环境的影响产生叠加效应。

2. 人文性原则

所谓人文性，就是要求长江文化产业开发要具有人文内涵，善于挖掘和利用长江沿岸丰富的历史人文资源，彰显长江的文化底蕴。一方面，体现长江自然特色与人文精神的和谐统一；另一方面，赋予长江自然风光以人文的内蕴，把人文意蕴融合蕴含于长江自然风光之中，努力营造长江自然风光与人文精神相互融合的氛围，促进人文性与自然性的和谐统一，蕴含出天人合一、自然向人生成的基本规律，彰显长江风景巧夺天工、造化钟神秀之妙，通过自然景观与人文景观的相互辉映，最大限度追求长江人文与长江自然的和谐统一。

在人文性原则中，发展长江文化产业，还应该融入审美元素。所谓审美性，是指长江文化要体现出江面与江岸从内到外审美的整体性、完美性，都应该体现美的风格。第一，要维护江水的清澈洁净之美。第二，江坝与江岸在保障江水安全的基础上，注重总体风格与整体布局设计之美，如江岸护林、江边小路或公路的设计在风格上都要力求和谐完美。第三，优化促进沿岸的景观设计，注重造型、色彩和比例的观赏性，以增加长江文化的审美元素。

生态性与人文性不是彼此分离的，而是体现了相互融合、相互促进的和谐互动关系。生态性与人文性相融合的原则表明：长江的生态性已经在客观上具有了人化自然的内涵，不再是原生态的长江了；而人文性也是紧密依托于历史悠久的长江生态性，客观上体现了生态性与人文性的和谐统一。

二　发展长江文化产业的对策

发展长江文化产业，要注重对长江沿岸文化资源的整体把握。长江沿岸具有丰富的历史人文资源，客观上为发展长江文化产业提供了非常丰富的文化元素。

（一）加快长江历史人文资源的现代转换

长江沿岸具有丰富的人文资源，这是发展长江文化产业的重要文化元素和基础。以武汉为出发点，沿江而上，我们可以“沿波讨源，虽幽必显”[①]，在欣赏沿江美丽自然风光的同时，可以挖掘长江沿岸丰富的人文资源，比如沿江逆流而上，可以依次挖掘历史悠久的人文资源，通过科学先进的文化创意，把这些丰富的人文资源逐步转化为现代文化产业。

从武汉沿江而上，有号称我国著名鱼米之乡的“八百里洞庭湖”和岳阳楼的壮丽景观。李白、杜甫、白居易、孟浩然、刘禹锡等唐代著名诗人都曾先后登楼吟诗作赋，其中有很多诗句都成了千古绝唱，仅仅唐

① 刘勰：《文心雕龙》。

代吟咏岳阳楼和洞庭湖的诗歌现存就有168首。至于宋代范仲淹的《岳阳楼记》，更是脍炙人口，成为不朽的经典。爱国主义诗人屈原、王昭君、长江第一坝葛洲坝、长江三峡、诸葛亮隐居的隆中、白帝城、张飞庙、大足石刻、乐山大佛、峨眉山、杜甫草堂、九寨沟、都江堰等许多的人文遗迹和奇景奇境，也都极具文化内涵和观赏价值，具有重要的开发价值。

从武汉沿江而下，就逐渐进入长江三角洲。长江三角洲是长江入海之前的冲积平原，中国第一大经济区，中央政府定位的中国综合实力最强的经济中心、亚太地区重要国际门户、全球重要的先进制造业基地、中国率先跻身世界级城市群的地区，既有庐山、九华山、黄山等风景独特的历史文化名山，也有我国第一大淡水湖鄱阳湖和历史名城南京、扬州、镇江，直到黄浦江畔的大上海。

要加快长江历史人文资源的现代转换，需要挖掘长江沿岸丰富的历史人文资源，要有长江的整体思维，贯通上游、中游和下游整个长江水系，然后根据各种人文资源的不同特点，找到转换成现代文化产业的思路和方法。长江文明是文化创意产业发展的重要支撑，文化创意产业的发展只有依托历史人文资源，才能取得发展的动力和活力。对于有些历史人文资源，可以拍成电影电视节目，或者制作成动漫游戏等，如长江文化系列电视剧等。

（二）建构长江旅游文化的立体体系

发展促进文化产业一个很重要的内容，就是建构长江旅游文化的立体体系，注重从全方位、多角度对长江旅游文化进行挖掘、承传、拓展、深化与丰富，进而形成立体化的长江文化旅游体系。

1. 传统灌溉艺术表演

按照传统灌溉使用的灌溉机样式，仿制成体型比较巨大的灌溉机，在灌溉机的体积方面，既可以与古代的一样，也可以放大比例，以吸引游客的注意力，激发游客的兴趣。具体展演方式：可以在江边设置一台巨大的灌溉机，提前选择适合水流速度的音乐节奏，一边播放音乐，一边启动灌溉机从长江里向外引水；另外安排演员在设置的舞台上，随着音乐和流水的节奏，表演再现古代劳动场面的舞蹈，让游客理解古代灌溉的力学原理以及古代的水文化。在此基础上，还可以设置游客与演员泼水的体验互动情节，激发游客的参与和体验意识。

2. 船夫号子表演

川江船夫号子已列入国家非物质文化遗产。川江船夫号子流行于四川川江一带，是历史上船工们日常生活劳动中非常重要的组成部分。为了减轻疲劳和协调集体的动作，船工们拉纤时就用号子来统一劳动时的步调，传递信息，以及抒发各种丰富的情感。从发展长江文化产业的角度来看，选择长江某个特定的区域，艺术再现船夫号子，蕴含着深厚的历史人文底蕴，既要表现出船工坚忍不拔和顽强拼搏的精神，又要表现出团结协作的精神。通过船夫号子艺术表演，可以吸引更多的游客体验长江文化的内涵。

3. 横渡长江踩水表演

踩水也称“立泳”。表演人员直立水中，两腿交替上抬下踩的游泳方法。踩水主要分为：剪式踩水、蛙式踩水、侧踏式踩水（车轮式踩水）。首先，选择水性好的游泳健将作为表演者；其次，表演者在横渡长江踩水表演的过程中，伴随着音乐的节奏，双手可以做出各种具有一定难度的艺术动作，或者手举彩旗，艺术再现宋代潘阆《观潮》所描写的情景：“长忆观潮，满郭人争江上望。来疑沧海尽成空，万面鼓声中。弄潮儿向涛头立，手把红旗旗不湿。别来几向梦中看，梦觉尚心寒。”或者新创艺术动作，将表演的力与美融合起来，展现表演者的智慧、力量与勇气。从长江文化产业的角度来看，这种横渡长江踩水表演，有利于吸引游客的眼球，引发游客的澎湃激情。

4. 游轮沿江审美体验

根据游客的兴趣爱好，引导游客乘坐游轮沿江审美体验。这里所说的审美体验，具有三方面的内容：

第一，沿江欣赏长江之美，导游引导游客学唱《长江之歌》，激励游客体验长江的豪迈与澎湃，体验人生的丰富情感，引导游客体验长江“惊涛是你的气概”，“你用健美的臂膀，挽起高山大海”，聆听回荡在天外的涛声，培养游客对长江依恋的感情，体验长江“母亲的情怀”；引导游客学唱电视剧《三国演义》主题曲《滚滚长江东逝水》，激发游客感悟“浪花淘尽英雄”、大浪淘沙的历史沧桑感。

第二，引导游客欣赏沿江江岸自然风光之美。长江沿岸的自然风光琳琅满目，异彩纷呈，或婉约、优美、秀丽，或奇石参天、嶙峋陡峭，具有奇景奇境之美。

第三，在沿江欣赏的过程中，旅游组织者可以在游轮上设计一些供游客观看或直接参加体验互动的艺术表演节目，引导游客乐在其中、沉浸其中，以产生流连忘返的美学效果。

5. 直升机鸟瞰长江之美

在旅游文化中，人们往往是把飞机作为单纯的交通工具。其实，为了更好地欣赏一些自然风光，游客除了身临其境，进行实际观光以外，还可以直接乘坐直升机，在高空中鸟瞰自然风光。为了从整体上欣赏长江之美，传统的乘坐邮轮和小船，客观上很难看到长江的全景全貌，即使能够乘坐邮轮或小船，客观上由于视野的局限性，也难以看到江岸高处的自然风光，而且在江面上行驶的速度也不会太快，需要花费很长的时间，因此，借助于直升机沿江高空飞行，让游客从空中远近高低多个角度欣赏长江之美，也许会收到意想不到的艺术效果。

（三）做足江城大文章

武汉有“江城”的美称，源于李白“黄鹤楼中吹玉笛，江城五月落梅花”的千古绝句，这一称呼也是由于武汉的发展与长江、汉水的关系特别密切，所以在沿江的九大城市中，唯独武汉享有“江城”的雅名。从武汉长江文化产业的角度来看，特别应该做足“江城”大文章，才能更好地促进武汉长江文化产业的发展。

笔者通过对江城武汉的考察，认为发展武汉文化产业，可以研发以下类型的文化创意产业：

1. 设计开发《三国演义》全景画馆

以赤壁文化为核心，利用声光电现代技术，通过全景画馆的方式，艺术再现赤壁大战和夷陵之战等《三国演义》中著名战役的历史场面。以赤壁文化为例：据了解，武汉附近有五个赤壁：黄冈、武昌、汉阳、汉川和蒲圻。发展武汉文化创意产业，可以设计开发《三国演义》全景画馆或者赤壁大战全景画馆。全景画馆的特点是画面首尾相连成全周形，巨幅画面与逼真的地面塑型有机结合，配有特殊的灯光、立体音响，容易产生特殊的艺术效果。可以假设：设计赤壁大战等全景画馆，容易渲染浓烈的战斗场面，硝烟弥漫，烽火遍地，给人以身临其境的战争之感。

2. 设计武昌起义全景画馆

武汉在近代史上占据着光辉的一页，辛亥革命的武昌起义就发生在这里。辛亥革命改变了中国历史的面貌，结束了两千多年的封建帝制。目前，已经拍摄了反映武昌起义的纪录影片《辛亥风云》。为了把近代史教育与发展文化产业结合起来，可以考虑设计开发武昌起义全景画馆，利用声光电现代技术，通过全景画馆的方式，艺术再现武昌起义这一特殊而又重要的历史画卷。

3. 拍摄李白的电影或电视连续剧

李白青年时代，西出夔门辞亲远游，当他随一叶扁舟由蜀入楚时，曾经这样写道："渡远荆门外，来从楚国游。山随平野尽，江入大荒流。"在武汉黄鹤楼，则有李白留下的《黄鹤楼送孟浩然之广陵》的诗作。如果影视作品开头以李白黄鹤楼送别孟浩然入手，采取插叙等艺术手法，展开故事布局，把历史的李白与艺术夸张结合起来，可以有很好的文化市场。

4. 打造"知音"系列文化创意品牌

在我国古代成语中，一般人都知道知音难觅这个词语，也知道伯牙鼓琴、钟子期善听的故事。但大多人并不知道这个历史故事发生在江城武汉。相传龟山脚下有一个古琴台，战国时的俞伯牙在这里抚琴，琴声吸引了砍樵的钟子期，子期从琴声中听到了伯牙的心曲，领会出高山流水的意境，由此成为知音。子期死后，伯牙断弦毁琴，终生不再鼓琴，以谢知音。他们坚贞的友谊，一直被后人称颂。发展文化创意产业，可以打造"知音"系列文化创意品牌，发挥"知音"的品牌效应。

5. 打造黄鹤楼文化创意系列品牌

黄鹤楼具有很高的知名度。武汉要发展文化创意产业，可以借助于"黄鹤楼"这一历史人文景观的知名度，打造黄鹤楼文化创意系列品牌。如举办黄鹤楼诗会、黄鹤楼画展、黄鹤楼创意设计等。

6. 做好东湖水上产业创意设计

根据武汉市2012年发布的《文化产业振兴计划（2012—2016年）》，将"让文化产业成为全市先导性、战略性、支柱性产业"作为未来五年的发展目标，力争到2016年，将武汉建设成为世界"工程设计之都"、全国文化科技创新示范城市、国家文化产业发展基地和现代化区域性国际文化交流中心。在武汉这个振兴计划中，其中提到要发展文化旅游业，包括主题公园、自然生态、都市风情、滨江休闲、乡村观光、人文历史等旅游及相关产业。近五年文化旅游业增加值年均增长20%以上，到2016年，实现文化旅游总收入500亿元，将武汉建设成为具有滨江滨湖特色的商务会展型和都市休闲型旅游城市，成为中部地区旅游聚散中心、国家旅游中心城市和国际上有较大影响力的文化旅游胜地。由此可见，东湖作为武汉"江城"的重要依托，就具有特别重要的意义了。但是，东湖面积虽然是西湖的6倍，知名度却远比不上西湖，究其原因，除了武汉对东湖的宣传力度不够以外，还与武汉对于城市产业发展定位不准确有关，与没有充分设计东湖水上的创意产业也不无关系。

第一，可以设计在东湖水面上进行游艇艺术表演。所谓游艇艺术表演，是指把游艇排成特定的队列，伴随着特定的音乐或号子，表演者进行各种艺术表演。同时，提升游艇产业的文化内涵，增加体验性活动元素，积极发展文化休闲产业。打造游艇研发制造、展示交易、专业驾驶培训、配套维护、码头建设及服务基地，集合商务游船、会员游艇、会所餐饮、江域游艇俱乐部、水上观光和健身旅游、东湖文化资源开发等，形成和完善游艇文化创意产业链条。

第二，创设东湖梦之夜。建造一种特制的游船（类似邮轮，或称湖上移动宾馆、诗意宾馆），主办者在游船上营造一种诗情画意的氛围，吸引游客夜宿游船，而主办者根据创意设计，让游船在湖面上慢慢漂移，同时播放旋律优美的轻音乐，让游客体验东湖的夜之美、夜之魅，在不知不觉中进入东湖梦之夜，或美梦之夜、动感之夜。20世纪80年代一首校园歌曲《太阳岛上》，竟然激活了哈尔滨本来并不出名也没有特色的太阳岛的旅游业。而如今，武汉文创界可以组织作曲家创作一首《东湖之夜》的抒情歌曲，与东湖梦之夜相互促进。

7. 打造长江影视城

所谓长江影视城，是指在长江水面上模拟演出以涉江为主要内容的影视剧的片段，以此吸引观众和游客。打造长江影视城，可以依托武汉高校人才资源的优势，挖掘长江沿岸历史人文资源，利用万达的资金优势和技术优势，在促进世界原创影视节目创作、发行、影视产品及版权交易聚集的同时，打造长江影视产业品牌。尤其是打造长江影视城，这是促进江城文化产业与陆域文化产业融合的重要方式。

以上几种类型，只是江城发展文化创意产业的冰山一角。武汉作为江城，发展文化产业大有可为。对此，应该打破思维定势，创新思维方式，更新文化产业观念，通过融科学与文化、审美为一体的产业结构，促进江城文化产业的快速发展。

（四）与长江上下游沿岸城市建立旅游文化的联动机制

《国家“十二五”规划纲要》明确提出“加快构建沿长江中游经济

带”。由国家“十二五”规划可见，加快构建沿长江中游经济带，客观上必然包括对沿长江中游文化产业经济带范围的划定。为此，武汉发展长江文化产业，应该树立完整的、立体的长江思维，在思考长江文化产业的时候，要打破关于长江的区域与行政区划的局限性，通过建立长江沿岸城市旅游文化的联动机制，进而达到长江沿岸城市旅游资源的互惠互利、资源共享与优势互补。为此，武汉政府文化产业管理部门以及文化产业企业都应该树立开放的辐射思维意识，以武汉为中心，启发思维向四面八方延伸，发现武汉文化产业与周边城市文化产业的互动关系，特别是与沿江城市建立密切的交流互动关系，以实现长江文化产业的共生效应。

综上可见，为了更好地发展文化产业，需要实施陆江统筹的发展战略，通过对长江沿岸陆域与长江水域进行科学的统筹，促进陆地经济与长江经济的全面发展、协调发展，在陆江相互依托和相互促进中保持社会与经济的可持续发展。发展长江文化产业，要注重生态性与人文性的融合，既要依托和保护长江的自然生态，又要充分挖掘长江历史人文丰富的文化资源，加快长江历史人文资源的现代转换，应该建构长江旅游文化的立体体系，做好江城大文章，建立沿岸城市旅游文化的联动机制，在陆江统筹中促进长江文化产业的科学发展和快速发展。

参考文献

[1] 明庆忠、张瑞才：《推动文化产业与旅游产业融合提升》，《人民日报》2009 年 8 月 14 日。

[2] 周末、李东：《文化产业与南京区域经济发展》，《南京社会科学》2007 年第 5 期。

[3] 段钢：《长江三角洲文化产业共同市场呼之欲出》，《上海经济》2002 年第 9 期。

[4] 张金霞：《武汉城市圈旅游产业集群发展对策研究》，《华中师范大学学报》（自然科学版）2009 年第 3 期。

[5] 邓爱民：《武汉城市圈旅游产业联动机制研究》，科学出版社 2011 年版。

[6] 袁北星、黄南珊：《湖北长江文化产业带发展的前瞻性思考》，《湖北文理学院学报》2012 年第 9 期。

[7] 金雯雯、张玉景：《产业融合视角下的长江文化与水上旅游——以安庆市为例》，《科技和产业》2012 年第 2 期。

试论文化创意产业对台湾制造业转型的推动作用

张胜冰　王　播*

一　台湾传统制造业的转型

制造业曾经是中国台湾地区经济的重要支柱，长期以来推动着台湾经济的繁荣和发展，也确立了台湾在世界制造业中的地位。从 20 世纪 60 年代开始，利用西方国家向发展中国家转移劳动密集型产业的机会，台湾开始推行以出口为导向的战略，实施外向型经济，吸引了境外大量资金与技术，重点发展劳动密集型加工制造业，在短时间内实现了经济的腾飞，与中国香港以及新加坡、韩国一起并称“亚洲四小龙”。到了 80 年代，随着电子信息产业的发展又使得台湾制造业在全球（特别是亚太地区）的地位日益突出，但在经历了 1997 年亚洲金融危机的冲击之后，台湾的经济遭受了巨大冲击，台币贬值，出口呈现出衰退，岛内的生产成本不断上升。伴随着投资环境的恶化，台湾原有的劳动密集型制造业获利空间被大大挤压，已经成为微利行业，发展前景黯淡，在这种时候，台湾的制造业不得不谋求转型，寻找新的出路。

（一）从微笑曲线理论看台湾制造业的转型

1992 年，台湾宏碁集团创办人施振荣先生提出了著名的“微笑曲线”（Smiling Curve）理论，迅速成为台湾产业未来发展的方向，成为推动经济转型和制造业升级的重要策略。“微笑曲线”如图 1－1 所示。

---

* 张胜冰，中国海洋大学文学与新闻传播学院文化产业系主任，（文化部）中国海洋大学国家文化产业研究中心副主任，博士，教授，博士生导师；王播，中国海洋大学文学与新闻传播学院文化产业系硕士研究生。

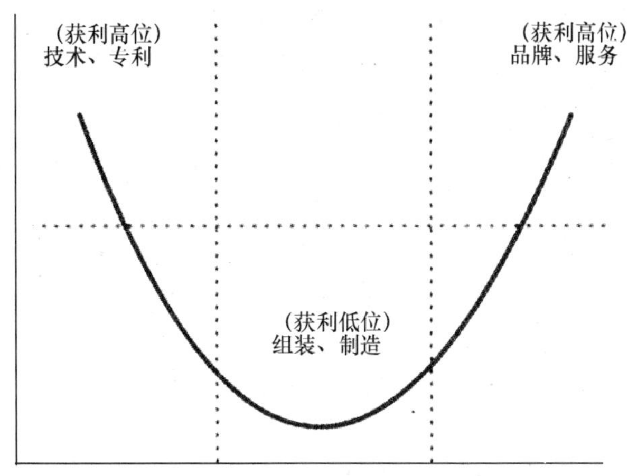

图 1-1 微笑曲线示意图

根据微笑曲线理论，在一条产业链中，产业价值利润最丰厚的区域集中在价值链的两端：上游的研发领域（技术、设计）和下游的市场领域（品牌、服务），而处于中间环节（中游）的制造领域（包括代理、代工）附加值最低。附加值是企业获利的重要因素，一般的制造业、加工业属于低附加值产业，利润空间较小，因而获利较少，属于低附加值的企业只有通过不断扩大产能，才能维持获得较低的利润，而一旦市场出现萎缩，产品销售下降，就会陷入经营困境，所以企业都在想方设法往高附加值方面发展，以提高企业的生存能力。而当时台湾的传统制造业则主要是做代工的，处在价值链的最低端，没有研发能力与市场能力。在劳动密集型制造业刚刚从发达国家和地区转移到发展中国家和地区的 20 世纪六七十年代，由于这类企业数量不多，制造的产品供不应求，因而处于中游的代工企业仍然可以获得相对较高的利润，上中下游附加值的差异尚不明显。这一时期台湾依靠制造业的优势在全球制造业格局中占据了一定的地位，但此时的台湾只能被称作是制造的中心，而不是制造业的中心，只是一个生产基地，没有自主研发的能力，对美国、日本、欧洲等西方发达国家和地区的技术依赖比较突出，仅仅停留在加工制造环节上的台湾距离真正的制造业发达地区还有一定的距离。①

① 王兴化：《世界制造业中心发展新趋势与台湾制造业转型问题研究》，《台湾研究》2006 年第 6 期。

到了90年代，随着第三次科技革命的到来，知识经济大量兴起，制造业行业进入了激烈竞争的阶段，不得不促使制造产业的不断升级，上游研发和下游市场服务的产业价值越来受到重视，其产业附加值也越来越高，而中游加工制造领域的利润却日趋微薄，与两端的差异逐渐拉大。同时，不断增长的劳动力成本也使得台湾制造业面临巨大压力。

通过微笑曲线可以看出，企业只有不断向附加值高的区域移动，才能保持高利润的持续发展。在这种时候，转型升级就成为台湾制造业发展的必然选择，这就需要将知识、智慧、创新等文化创意要素注入产业发展之中，注重研发、设计与品牌服务，向“微笑曲线”的两端发展。

（二）文化创意与制造业转型的关系

文化创意与传统制造业有着天然的联系。一方面，未来的制造业的发展趋势是“产业文化化”，即把产业赋予一定的文化品格，将文化创意融入产业之中。“文化创意产业不是单纯的艺术创造，它依附于商业和生活而生，其价值可以提升产品的附加价值。”[①] 文化创意是作为一种手段，可以使传统制造产业实现新的财富增长。文化创意不仅存在于传统意义上的文化产业领域（如影视、出版、戏剧等），还可以进入动漫、3D、3C[②] 等与制造业密切结合的文化创意行业。[③]对于制造业而言，设计服务是连接文化创意与制造业的桥梁。制造产品的美化、产品功能的人性化开发、产品文化理念的诉求等，都是文化创意通过设计服务与制造业相结合的成果，以此带动制造业通过文化创意实现转型升级。[④]

另一方面，随着第三次科技革命浪潮迅速席卷全球，必定要有一些传统制造业在知识经济时代被挤压和被淘汰，其结果就是产生大量人力资源、场地厂房、机器设备、基础设施等生产资料的闲置。尤其是场地厂房和基础设施，由于是不可移动资产，遵循成本最小化的产业转型效率原则，可以成为发展文化创意产业的最佳场所。北京的“798”艺术区、台北的松山文创园区、高雄的驳二艺术特区等，都是由旧厂房改造

---

① 周呈思：《“台湾创造”崛起的秘密——访台湾师范大学设计学系教授严贞》，《湖北日报》2013年10月27日。

② 3C指的是通信（Communication）、电脑（Computer）、消费类电子（Consumer Electronic）产品三大科技产业的简称。

③ 参见2013年6月24日举行的“创意产业与品牌建设”高端论坛上丁力的发言。

④ 谭军、顾江：《后危机背景下的产业转型与文化创意产业成长》，《江淮论坛》2010年第6期。

而成的文化创意产业园区。

（三）文化创意与台湾制造业相结合的必要性

首先，随着传统制造业陷入经济增长瓶颈，台湾不得不寻求新的经济增长点。此时随着高科技产业、资讯产业等日益发展成熟，与此密切相关的“内容产业”被视为新一轮经济增长的潜在动力，而作为内容产业重要支撑的文化创意产业必然成为增强产业竞争力的法宝。

其次，文化创意产业构成第三产业中服务业的重要核心，既可以单独发展，也可以与其他相关产业相互融合，为其他产业服务。通过发展文化创意产业，既可以使得“文化产业化”，兼顾传统文化遗产的保存与现代文化的勃兴，更可与其他产业相结合，使“产业文化化”，提升产业的文化内涵，借文化元素的导入创造出高附加值的经济利益。台湾岛内市场需求有限，若要提升产值、走向国际市场，就需要增加产品内容的丰富度与文化特质，强化产品的市场竞争力，借富有特色的产品内容与自身文化内涵增加产品的吸引力，以协助产业的升级与转型。而台湾传统制造业一旦与文化创意产业相结合，便可以提升其产业的附加值，获得更多的利润，从而顺利实现产业的转型升级。

最后，通过文化、艺术、产业等要素的相互融合，可以借经济利益的提升唤起人们对生活品质的向往，这不仅可以拉近人与文化的距离，还可以在全球化的背景下重塑台湾人对传统文化的自信心。

为了突破产业升级的困境，用文化创意和技术创新来提升产品的附加值，台湾开始大力发展文化创意产业（文创业），尤其是重视创意设计业的发展，以从根本上改变产品的性质和功能。从动手到动脑，从追求 GDP 到注重内容提供，台湾开始从“制造生产”走向了“文化生产”，传统制造业开始向新兴制造业、文化创意产业转型。

二 文化创意元素对台湾传统制造业的渗透

与我国大陆地区“文化产业”的称呼不同，台湾地区受英国创意产业发展的影响，将该类产业称为“文化创意产业”（简称“文创产业”或“文创”），并提出了文化创意产业的发展规划。从 1995 年开始，台湾文建会就在其所举办的“文化产业研讨会”中提出了“文化产业化、产业文化化”的构想。到了 2002 年，台湾将文化创意产业列入发展重点计划（2002—2007）中，仿照英国的模式成立了文化创意产业推动小组，运用行政力量为文化创意产业发展营造良好的环境。至此，文化创意产业开始成为台湾的新兴产业。计划一经实施，便取得了骄人的成绩，“2007 年，台湾文化创意产业经济组织总数增至 50667 家，较 2002 年增长了 13.32%，文化创意产业营业额由 2002 年 4352.6 亿新台币增至 2007 年的 6329.4 亿新台币”①。

（一）MIT：文化标章推高台湾制造身价

“MIT” 是 made in Taiwan 的缩写，MIT 产品验证制度，旨在通过对产品的台湾制原产地的认定，彰显台湾制造的价值，并针对每项产品的制造水准与设计美学工艺进行总体把关，确认其符合台湾或国际相关规范产品品质检验基准。只有制造商的品质管理达到一定水准，才能通过验证，并获得 MIT 微笑标章的菱形吊牌或长方形贴纸，悬挂在商品上进行对外销售。②

对于 MIT 的微笑产品而言，在贴上了 MIT 微笑标章之后，立马身价倍增。MIT 不只是一个标章，更是一个文化象征。它将“优质、安全、健康、物超所值”的文化内涵赋予了“台湾制造”，并借助政府力量的推广，使得 MIT 的消费理念迅速赢得人心。台湾民众已经有了这样一个认知：MIT 的产品都是好的，不仅设计精美，而且制作精良，使用放心。购买 MIT 的产品能让他们获得极大的民族认同感和自豪感，MIT 产品是他们的骄傲。

在 MIT 微笑产品验证制度在初期只是针对成衣服饰、建材、制药及家电等 17 类内需型、竞争力较弱、易受贸易自由化冲击的产业，2011 年开始逐步扩大范围，目前已经推广至一般产品为验证对象。截止到 2014 年初，台湾已有 2242 家厂商的 112605 款商品通过了验证③，民众对于 MIT 的认同与支持也日渐上升。根据 2013 年台湾《自立晚报》提供的市场调查资料显示，MIT 微笑标章在台湾岛内的知名度已达 74.5%，认知度已达 64.7%，而 MIT 微笑产品在连锁通路的累计销售金额已达 654 亿新台币（约合人民币 134 亿元），有效地从需求层面拉

① 陈伯礼、徐信贵、高长思：《台湾的文化创意产业营造及其启示》，《华东经济管理》2011 年第 11 期。

② 郭宜均：《标章加值 MIT 台湾制造最安心》，《自立晚报》2014 年 1 月 21 日。

③ 同上。

升了产业竞争力。

（二）设计服务业驱动台湾制造业的转型

设计服务是文化创意连接制造业的重要环节。依据台湾 2010 年颁布的“文化创意产业法”，台湾地区的“文化创意产业”指的是“源自创意或文化积累，透过智慧财产之形成及运用，具有创造财富与就业机会之潜力，并促进全民美学素养，使人民生活环境提升”，成为十六项重要产业之一，其中，直接以设计命名的产业就占了其中的四项，分别是：产品设计产业、视觉传达设计产业、设计品牌时尚产业和建筑设计产业。

1. 设计服务成就显著

设计服务是台湾从传统的制造经济走向文化经济的重要支撑，也是台湾制造实现高附加值的主要形式。2003 年，台湾创意设计中心成立，不断带领台湾企业走向国际竞争的舞台，推动了台湾设计业的发展。在展会方面，台湾创意设计中心成功打造出了全球历时最悠久、规模最大、以学生设计新秀作品为主的“新一代设计展”，前身为“台湾设计博览会”的“台湾设计展”，以及台湾国际创意设计大奖赛等品牌设计活动。[①] 2011 年，台湾还成功举办了“2011 台北世界设计大展”，这是台湾目前为止举办的最大型的设计活动，极大地提高了台湾设计在国际上的知名度。2013 年 11 月 18 日，台北更是获得了 2016 年世界“设计之都”的称号。台北是世界上继意大利都灵、韩国首尔、芬兰赫尔辛基以及南非开普敦之后第五个获选为世界设计之都的城市。这表明台北已经积极打造出了适合设计产业发展的环境条件，能够运用设计思考和创新创意的方法去解决城市所面临的重大发展问题。[②] 台湾正成长为一个以设计为创新驱动的地区。

在国际性的设计大赛上，台湾的设计尤其是工业设计屡创佳绩：2003 年，台湾在世界设计大赛中的获奖项目数为 16 件，到了 2011 年，累计获奖项目就数达到了 1332 件（包括德国 iF 奖、德国 RedDot 奖、

---

① 资料来源于“台湾创意设计中心”官网（http：//www. tdc. org. tw/about02. htm）。

② 世界“设计之都”的评审标准，一看城市是否积极打造出适合设计产业发展的环境条件；二看城市是否懂得运用设计思考；三看对于城市所面对的重大发展课题是否能提出令人钦佩的解决之道。见“WDC Taipei 2016”官网：《“世界设计之都”征选活动的简介》（http：//www. taipeidesign. org. tw/about. aspx）。

美国 IDEA 工业设计奖及日本 G-Mark 奖），设计师人数也在十年的时间里增长了一倍。[①] 得力于多元化的设计特色与设计中心的推动，台湾的制造业从中顺利实现了产业的转型升级。其中，台湾中小企业对于创意设计的运用最为活跃，是台湾设计业的主力军，获得的各种设计奖项也是最多的，这与其他地区都是大企业得奖有很大的不同。作为最广泛的经济体，台湾中小企业已经成为创意设计与新产品开发的重要力量。[②]

2. 以传统文化作为设计力的源泉

作为东西文化碰撞交汇的结合点，台湾的设计业既继承了中国传统文化的厚重底蕴，又吸收了台湾本土原住民文化的精华，同时还承接了西方现代美学的时尚精神。传统、自然、前卫、和谐这些词，都可以用在台湾的设计上。因此台湾设计的特点可以说是中西合璧、兼收并蓄。

台湾的设计服务在融贯中西的过程中，不忘根本，继承和发扬了中国传统文化精神，通过设计作品向世界展现东方文化的精髓。以台北申办 2016 年世界设计之都的宣传片《Design X Taipei》为例，从这部只有 7 分钟的短片里，我们可以很好地窥见中华传统文化在台湾设计中的重要地位。影片开场使用大量的古地图，将台北在历史长河中的变迁串联起来。期间大量的中国传统文化元素，尤其是书法艺术、龙的图腾、工笔画等，在平面和立体中进行着自由的转换，并融贯其中。在随后的台北设计人物访谈中，不同领域的设计师均表现出高度的文化自信，他们认为只有相信自己的文化，拿自己的文化去跟国际对话，才能走向国际。片中自始至终都洋溢着台湾中西文化激荡碰撞的设计理念，把东西方文化很好地结合在一起，做到了天衣无缝。

再以台北故宫博物院为例。台北故宫博物院不仅仅是一个陈列文物的博物馆，一个世界级的观光景点，更是一个现代化的以博物馆为主题的文创产业基地。这里汇聚了台湾文化创意商品的展示聚落，从创意、设计到工艺、营销应有尽有，俨然一个具有中华文化特色的创意设计园区，蕴含着绝佳的传统与现代完美结合的文化氛围，使古老的古典文化焕发出新的时代生机。

在文化创意产品的开发方面，台北故宫博物院以三种形式进行其文

---

① 张慧：《台湾设计产业的觉醒》，《中国社会科学报》2012 年 5 月 7 日。

② 陈庆佑：《台湾设计借助 3C 产业走向国际》，《中国企业报》2010 年 5 月 26 日，第 005 版。

化创意产品的开发:[①] 第一是图像授权，就是将故宫藏品图像授权给有知名度和值得信赖的商家。第二是双品牌，与知名品牌合作，在文化创意商品上标明台北故宫博物院与合作方的名字。2013 年，台北故宫博物院与超过 90 家厂商合作品牌授权，仅这一年的文创衍生产品收入就达到了 9 亿新台币，而故宫的门票收入也不过是 10 亿新台币。[②] 第三，也是最有效的合作方式，就是开放征集设计方案。一是通过举办台北故宫文物“衍生商品设计竞赛”，向全社会公开征集优秀的文创提案。如果合作厂商同意，那么获奖作品半年后就可上市。二是商家自己提案，再由台北故宫博物院“文创开发商品审查委员会”审查。目前，台北故宫博物院的文创综合能力在世界博物馆中高居第四位，仅次于法国卢浮宫、英国大英博物馆和美国大都会博物馆。[③]

在台湾设计师的手中，传统文化转化成了新的创意元素，沉淀出了新的基因，绽放出勃勃的生机。厚重大气的传统文化遗产与恣意随性的流行文化相碰撞，必然催生出符合市场需求又具有教化意义的文创精品。

三 台湾发展文化创意产业对大陆的启示

制造业目前仍是我国国民经济的核心和支柱性产业。借着新一轮全球制造业的转移，中国大陆逐渐成为世界头号制造业大国，与台湾地区曾经走过的经济发展道路极其相似。同样，在经历了最初的制造业经济腾飞之后，我国大陆的制造业也面临着一系列问题。虽然我国制造业基础十分庞大，对我国宏观经济的发展做出了巨大贡献，使我国在较短的时间内迅速成为世界第二大经济体，但我们也要看到，我国的制造业技术含量低、创造力不足，资源消耗大，缺乏有实力的品牌，产业结构也不合理，我国的制造业仍停留在微笑曲线的低端，产业附加值较低，只是依靠规模和数量推动着我国经济的发展，随着发展越来越表现出它的

① 裴闯、文赤桦:《脱销的“胶带”掀开台北故宫文创商机》,《经济参考报》2013 年 11 月 11 日。

② 刘海燕:《台北故宫文物再创作　年入 9 亿新台币》,《第一财经日报》2014 年 1 月 28 日。

③ 裴闯、文赤桦:《脱销的“胶带”掀开台北故宫文创商机》,《经济参考报》2013 年 11 月 11 日。

不可持续性，转型升级迫在眉睫。台湾的制造业通过文化创意产业的带动和创意元素的植入，成功实现了突围，推动着台湾经济的持续发展，也为大陆制造业的转型升级带来许多重要的启示。

（一）重视知识产权的保护，保障著作权人的利益

文化创意的核心资产是知识产权。文化创意产业，尤其是其中的设计服务业，其产品创造成本高、投入大，需要创作者付出极大的智慧劳动，创作过程艰辛，但复制却相对容易，成本很低。在复制技术与网络技术飞速发展的今天，这个特征就更为显著，使得文化创意产业成为很容易受到侵害的产业。如果没有有效的知识产权保护措施，创意主体的合法权益就得不到保障。利益受到侵害，也就不会有创意动力。失去创意动力，与文化创意相关的产业的发展就会受到阻碍。

在台湾，知识产权被称为“智慧财产权”。台湾也曾经历过盗版猖獗的时期，但自20世纪90年代以来，随着经济转型的迫切需求，台湾开始愈加认识到知识产权的重要性，注重从各方面予以维护。在立法方面，台湾数次修订“著作权法”，加大了对侵权惩罚的力度。比如设立智慧财产局，集中运作相关事务。2008年，又成立了台湾智慧财产法院，专门审理知识产权纠纷案件，与高等法院和高等行政法院级别相同。在行政司法方面，“保护智慧财产权警察大队”于2003年成立，清理打击各种仿冒盗版行为，台湾当局有关部门还积极对社会公众进行教育宣导，向公众说明侵犯知识产权的危害，明确规定需要支付版权费用的各种活动，推动业界自律。在民间，相关民间团体也相继成立，和原有的同业工会一起参与到保护知识产权的浪潮中来。①

我国大陆虽然拥有包括《商标法》、《专利法》以及《著作权法》在内的知识产权法体系，能够满足大部分的知识产权保护的需要，但是仍有许多的缺陷与不足。首先，由于侵权成本低、维权成本高，著作权人的原创作品与创意很容易遭到盗用；其次，由于知识产权执法难度大、打击力度不够，再加上社会公众对知识产权的认识不足，致使盗版猖獗，原创动力不足。

知识产权法律制度不是一成不变的，应随着社会需要的发展作出及时的调整，不断弥补法律中缺失的情况，以适应日新月异的各行业（尤

---

① 王尧：《看台湾知识产权保护》，《人民日报》2014年5月22日。

其是目前国家大力发展的文化产业）的变化发展。同时，应加大侵权的惩罚力度。只有让侵权者付出极高代价，并对维护者的赔偿高于其维权成本，才能有效打击侵权行为，保护原创者的积极性。[①] 此外，也可以考虑成立保护知识产权的法庭并明确其职责，使侵权行为的查处落到实处。对于民间和公众，则更是要普及知识产权知识，提高维权意识，同时加强媒体的社会传播与舆论监督职能，有效推动知识产权意识的传播。

（二）挖掘传统文化的文化创意开发潜力

对于适应市场的传统文化遗产而言，对其进行开发的过程也是一种保护，这方面也需要一定程度上的创新，通过市场化开发使传统文化得到传承、获得利益，在市场中获得认可和认知，这样才能使传统文化获得更旺盛的生命力。

台湾与中国大陆文化上同宗同源，五千多年的中华文明是海峡两岸共同拥有的宝贵财富与精神遗产，这些传统文化资源为台湾的创意设计提供了源源不竭的动力。根据台湾相关法律规定："为促进文化创意产业之发展，当局得以出租、授权或其他方式，提供其管理之图书、史料、典藏文物或影音资料等公有文化创意资产。但不得违反知识产权相关法令规定。"在有关知识产权的表述中，也提出"未经登记的文化创意著作财产权，不得对抗善意第三人"[②]。同时还规定：在制作文化创意产品时，就已公开发表之著作，因著作财产权人不明或其所在不明致使无法取得授权时，向立法著作权专卖机关阐明并经其查证后，经许可授权并提存使用报酬的，可以在许可范围内使用该著作。[③] 法律既灵活又严厉的规定使得台湾的设计者可以有很大的自由从传统文化中汲取力量，发挥文化资源优势，为设计增添灵感来源。

对于大陆而言，传统文化不应只是博物馆和历史书中陈旧的历史遗产，文化开发也不应仅仅是复建与重修一些没有意义的仿古建筑。并非所有的物质性传统文化都需要复建，许多仿古建筑、名人故里打着弘扬传统文化的旗号发展旅游，但实际上并未产生太大收效。这些仿古的建

① 周雅：《中国工业设计知识产权保护——以深圳工业设计知识产权保护为例》，江南大学，2013 年。

② "文化创意产业发展法"第二十三条。

③ "文化创意产业发展法"第二十四条。

筑既没有文化经济意义，也没有提高公民素质的社会意义。因此，对于传统文化而言，如何为其赋予新的生命活力，使其变成丰富的文化创意资源，是我国政府、企业和个人应好好思考的问题。

（三）注重研发指导，促进产业跨界融合

创意创新是制造业发展的动力。尤其是现在，高新技术的迅速发展为文化创意的价值实现提供了技术保障和实现路径，但同时也面临着技术种类、数量、结构最优化选择以及产业跨界合作等难题。[①]

与台湾地区相比，我国大陆地区比较缺乏把创意转化成多元产品、实现多次价值的意识和能力，很多创意产品都是一次性开发，价值链较单一。台湾很注重扶助创意设计转化成生产力，根据台湾有关法律，当局需致力于推广文化创意有价之观念，充分开发、运用文化创意资产。同时，制定各种奖励辅助措施，协助民营企业及文创事业，将创意成果（设计、专利、策划、知识产权等）及文化创意资产，真正用于价值转换，转化为实际之生产运用，提高产业附加值。[②] 为了强化当局对产业研发的指导功能，2010 年文建会成立了“文化创意产业专案办公室”，对研发和跨界合作进行宏观规划和指导，取得了非常明显的成效。

（四）加快培育文化创意人才

制造业转型升级离不开创造型人才，而文化创意相关产业更离不开具备创新能力、人文素质和技术过硬的人才。2003 年，台湾制定了《大学院校艺术与设计系所人才培育计划》，选定五所高校建立创意人才培养平台。同时，推动“青年艺术家培植计划”，通过多种方式为文化创意新人的挖掘创造良好环境。另外，台湾也很注重中小学生创新能力的培养，将文化创意课程纳入学校教育中，培养学生的创新能力。

我国大陆地区的学科体制较为僵化，应试教育受到重视，束缚了创意教育的发展。必须尽快建立新的人才培育机制，全面提高国民的创造素质，激发国民的创造活力，为创意人才的培养提供良好的社会环境。在这方面，无论是政府还是教育机构，都担负着神圣的职责。

---

① 孙东方：《台湾地区文化创意产业发展的政策模式》，《中国党政干部论坛》2012 年第 8 期。

② “文化创意产业发展法”第十条。

文化科技创新融合语境下的科技园区转型路径

——基于中关村科技园区的案例研究

向　勇　陈娴颖*

科技是文化创新的核心动力，文化是科技创新的第一创造力，文化科技创新融合是科技创新与文化创新的逻辑统一。国家大力实施文化科技创新工程，面临双重任务。一方面，推动国家文化创新体系的发展，促进文化与科技的广泛融合；另一方面，让文化为科技创新提供创造力源泉。文化科技创新融合是扭转科技创新方向的重要举措，文化科技创新融合是科技园区的转型之路。中关村科技园区在产业结构、消费市场、政府推动和文化创意等诸多因素的影响下，通过发展高新科技与文化艺术相结合的产业、扩大政策扶持覆盖面、营造区域内利于创新的特殊社会文化环境、注重完善多层级国际化服务体系等多种途径，实现文化科技的融合转型。

一　文化科技创新融合的基本特征

（一）文化科技创新融合的内涵分析

2014 年 2 月，国务院提出："实施国家文化科技创新工程，支持利用数字技术、互联网、软件等高新技术支撑文化内容、装备、材料、工艺、系统的开发和利用，加快文化企业技术改造步伐。"[①] 科学技术与文化之间存在着相互依赖、相互影响的互动关系。这种互动的生长态势

---

* 向勇，管理学博士，北京大学艺术学院副院长，文化产业研究院副院长，副教授；陈娴颖，文学博士，中国传媒大学文化发展研究院教师。

① 参见《国务院关于推进文化创意和设计服务与相关产业融合发展的若干意见》（2014 年国发 10 号文件）。

表现在两个方面：一方面，科技对文化的影响体现在物质和精神两个层面，科技的发展改变了人类的生存状况与思维方式，并作为社会系统中的一个基础因素深入到文化演化过程中；另一方面，文化对科技起着重要的引导作用，不同的社会文化和思维方式会导致科学技术发生有所差异，而不同的文化模式和文化传统将导致科学技术发展路径与模式的不同。从整个社会的发展史上看，文化是科技发展的土壤，决定了社会系统对科技的接受、消化与吸收程度，甚至还从社会建制、民族心理上滋养着科技（见图 1－1）。

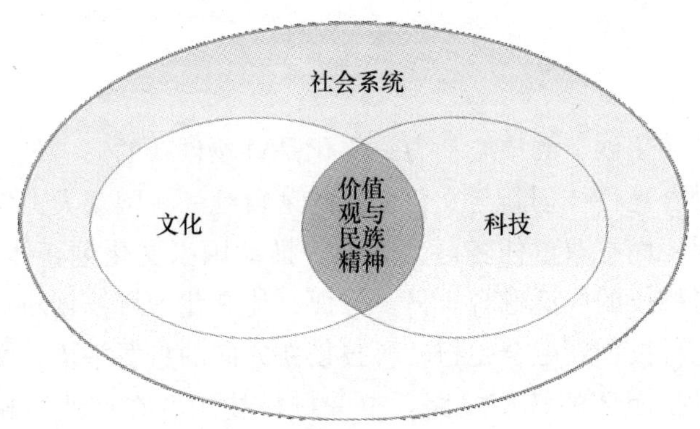

图 1－1　科技与文化互动关系

科技与文化的交汇部分是社会系统的核心——价值观与民族精神。一般来说，民族精神与价值观总是社会文化的核心部分。人类文化三大永恒母题是：真、善、美，科技与文化包括艺术之间的分立从内容或性质看，主要也是上述终极共性下不同个性特点的自我展现。科学技术主要是“求真”的过程，这不仅是科技本身内在逻辑的必然延伸，也是科技与社会发展的现实需要；文化的“行善”功能则是社会情感、旨趣或主体价值取向不断锻造的结果；艺术的目标则是“为美”，艺术立足于真实和人文，又超越了科技与文化，在更高的意义上达到了美。而科技文化融合发展，是将科学的求真、人文的求善和艺术的求美三者高度融合，是通过艺术与科学的结合，推出有深厚人文内涵的产品和服务。从创新的角度看，文化创新的目标是人文、价值与多样性；技术创新所追求的是对客观世界的有效利用；艺术创新的追求是在传承历史文化资源的基础上，通过建立新的审美方式和审美对象来表现人类对于美的追求。科技创新、文化创新、艺术创新有着明显的区别，也有深刻的内在联系。正如叶朗教授所说："艺术和科学的融合，艺术和高科技的嫁接，乃是创意的灵魂，再扩大一点说，艺术与科技的融合，乃是我们这个创意时代的灵魂。"①

（二）文化科技创新融合的战略定位

文化科技融合战略可从国际国内两个层面来理解：第一，从全球发展的层面来看，以日本、韩国为代表的亚洲国家提出了"文化立国"战略，以英美为代表的国家则致力于发展"创意产业"。例如：韩国于1998年提出"设计韩国"战略，把文化创意产业视为21世纪最重要的产业之一。英国近年来致力于以"创意产业"国家战略的方式启动产业领域文化和科技融合。2009年，英国公布了《数字英国》白皮书，为数字化通信传播确定了方向，旨在打造"数字之都"。美国则称之为"知识经济"、"版权产业"战略，从1973年开始全面推动文化和科技融合的国家经济增长方式转变，美国的乔布斯被称为"开拓未来经济新领域"的启蒙者。

第二，从中国发展的层面来看，进入21世纪以来，随着文化体制改革的进一步深化，文化的地位得到了极大提升，文化产业提升到国家战略的层面，文化和科技融合的重要作用越来越凸显。2007年10月，胡锦涛总书记在党的十七大报告中强调指出："运用高新技术创新文化生产力，培育新的文化业态，加快构建传输快捷、覆盖广泛的文化传播体系。"这是国家初步提出推动文化和科技融合的命题，要求培育新的文化业态，提高文化产业的技术含量。2011年10月，党的十七届六中全会深入阐述了"文化科技创新"，并提出"依托国家高新技术园区、国家可持续发展实验区等建立国家级文化和科技融合示范基地，把重大文化科技项目纳入国家相关科技发展规划和计划"。2012年11月，党的十八大报告提出"促进文化和科技融合，发展新型文化业态，提高文化产业规模化、集约化、专业化水平"。可见，党中央越来越重视文化与科技的融合创新。

（三）文化科技创新融合的实施路径

文化科技创新融合的发展战略，除了满足建设文化强国和科技强

---

① 向勇、陈名杰主编：《文化创新战略，创意与科技》，北京联合出版公司2013年版，第5页。

国、提升整个社会的文明素质和精神追求、改造和提升国家软实力的需求之外，同时也建立在国家经济建设的需求之上。这一战略落实到区域发展可以从三个维度去剖析：

第一个维度是核心价值观系统创新的层面。如上文所述，科技和文化及艺术的融合，其核心部分落在社会系统核心——民族精神和价值观上。党的十七大报告在谈到小康社会的建设目标时提出，要使我们国家成为一个“具有更高文明素质和精神追求的国家”。这意味着全面建设小康社会要改造和提升国民性，重铸民族精神。这个要求终其本质即是国家核心价值观的创新，是对科技、文化、艺术融合发展的要求。否则国家经济再繁荣，物质生活再富裕，科技再发达，但没有高远的精神追求，没有以和谐、行善为核心的价值观体系，没有以追求美为目的的艺术修养和素质，那么物质生产和社会发展最终会受到限制。

第二个维度是公共文化事业发展的层面。硅谷一项有关创意社区指数的研究显示，参与文化活动能产生新思维和表达，从而增加整体的创意。而文化资产（文化设施）为大众参与文化艺术活动提供了基础，而“这些参与的累积结果是一些可量度的成果，例如增加了与邻居联系一起的感觉，或是在具有美感的环境下生活，强化了对社区的归属感”①。因此加强公共文化事业建设对区域的可持续发展尤为重要。其文化和科技融合的主要形式体现在用现代科技推动传统公共文化服务设施设备升级换代。

第三个维度是文化产业发展的层面。在这个层面上，文化和科技融合是指通过现代信息技术、互联网技术、数字技术等高新技术在文化产业领域的研发与应用，改造、提升传统文化产业层次，培育高科技含量的新型文化产业，实现文化产业的转型与升级。也是通过艺术和科学的结合，推出有深厚人文内涵的产品和服务。简而言之，文化和科技的结合，一方面将极大地提高文化产业的科技含量，丰富文化产品的表现形式，提高文化产品的附加价值；另一方面也将使高科技找到新的应用领域，提升科技产品的文化内涵，拓展市场空间，降低发展风险。

总之，在当前知识经济时代的世界格局下，“文化和科技融合”的论述主要有两大重要主张：科技是文化创新的核心动力，文化是科技创

① Cultural Initiatives Silicon Valley. *Creativity Community Index Study*：*Measuring Progress Toward A Vibrant Silicon Valley*（2003）（http：//www. ci-sv. org/index. shtml，2014-06-01）.

新的第一创造力。这种发展战略有两大任务：一是推动国家文化创新发展，促进文化和科技广泛而深刻的融合；二是让文化为科技创新提供创造力源泉。目前，中国的科技创新始终停留在学习引进模仿的阶段，从未有引领世界潮流的新思想新主张出现。而文化是创造力的重要源泉，东方文明可以为未来的科技创新提供重要的创造力源泉，因此本质上，文化和科技融合是扭转科技创新方向的重要举措，文化和科技融合发展也是科技园区转型的必经之路。

二　中关村科技园区的发展状况

（一）中关村的发展历程

中关村被誉为“中国的硅谷”，是第一个国家级高新技术产业开发区、第一个国家自主创新示范区、第一个“国家级”人才特区、第一个国家级文化和科技融合示范基地。中关村科技园是中国体制机制创新的试验田，其发展历程可以分为四个时期（见图2－1）。

萌芽期
(1980—1988)

- 1984年，有40多家高科技公司中关村注册落户，虽然公司规模较小，但这是我国高科技企业的先导。
- 1986年，各种以微电子产业为主的高科技公司纷纷出现，科技企业达140家，始有“电子一条街”的提法。

起步期
(1989—1999)

- 1988年5月，国务院批准成立北京市新技术产业开发试验区（原海淀园），这是中关村科技园区的前身。其时由中关村科技园区管理委员会作为政府派出机构对中关村科技园区实行统一领导和管理。
- 1994年4月，国家科学技术委员会批准将丰台园、昌平园纳入实验区政策区范围。
- 1999年1月，中关村科技园区由“一区三园”发展为“一区五园”，包括海淀园、丰台园、昌平园、电子城科技园和亦庄园。

发展期
(1999—2009)

- 1999年8月，北京市新技术产业开发试验区管理委员会更名为中关村科技园区管委会。标志着中关村由起步实验阶段转入高速发展阶段。
- 2006年中关村科技园区最终演变为“一区十园”的高端产业功能区，包括海淀园、丰台园、昌平园、电子城、亦庄园、德胜园、石景山园、雍和园、大兴生物医药产业基地和通州园。

转型期
(2009年至今)

- 2009年3月，国务院明确了中关村科技园区的新定位是国家自主创新示范区，目标是成为具有全球影响力的科技创新中心。
- 2012年5月，中关村被认定为首批国家级文化和科技融合示范基地。

图2－1　中关村科技园区的发展历程

自1988年中关村电子一条街建立以来，中关村经济总量二十多年来一直保持高速增长。从1988年至2010年的统计数据可以看出，中关村科技园区各项指标都有快速的增长（见图2－2）：中关村科技园区企业从1988年的527家增加到2012年的14929家，从业人员从1988年的0.9万人增加到2012年的158.595万人；实现总收入从1988年的14亿元增加到2012年的25025亿元；上缴税费从1988年的0.5亿元增加到2012年的1445.8亿元；出口创汇从1988年的0.1亿美元增加到2012年的261.7亿美元。[①] 其中总收入、上缴税额和出口创汇这三项主要指标年均增长超过40%，对北京市经济发展的贡献日益显著。

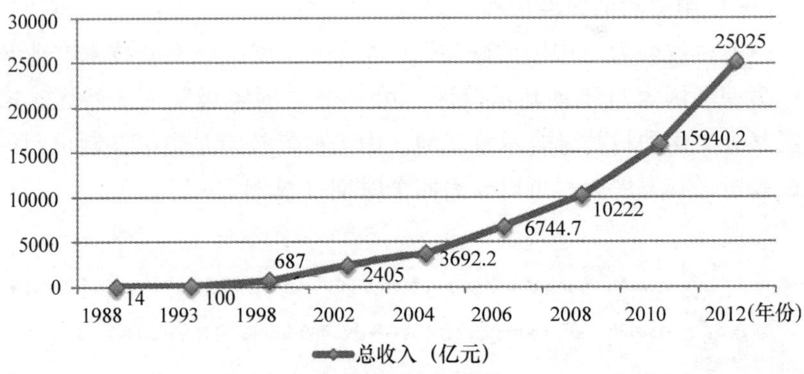

图2－2　中关村科技园区1988—2012年总收入

（二）中关村的产业结构

从产业结构的转变来看。从1988年到1997年，中关村作为北京市新技术产业开发试验区，培育了四千多家新技术企业群体，创出一批拳头产品，形成了以电子信息产业为龙头的四大支柱产业，包括电子信息业、光机电一体化产业、新材料和新能源及环境科学产业、新药物及生物技术产业（见图2－3）。[②]

---

① 数据源自中关村国家自主创新示范区网站（http：//www. zgc. gov. cn/tjxx/nbsj/）。

② 根据1996年各产业增加值计算。各产业增加值数据源自北京科技咨询业协会，《中关村十年之路》，改革出版社1998年版，第25页。

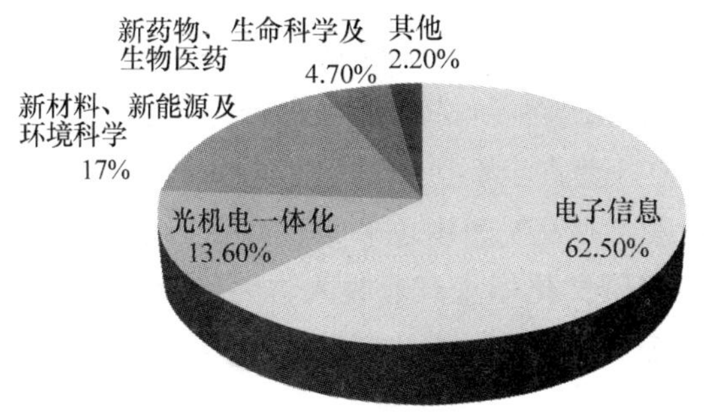

图 2－3　1996 年中关村科技园区的产业结构示意图

到 2012 年，中关村已成为我国战略性新兴产业策源地，新的产业业态和新经济增长点不断涌现。作为国家自主创新示范区，中关村的多项技术如节能环保领域多项技术、生物产业研发和产业化水平、先进制造技术、新能源和新材料技术达到国内领先的水平（见图 2－4）。

从 1996 年到 2012 年，中关村的产业结构保持了以信息产业为重心，其他战略性新兴产业同步发展的格局，但各产业比重也发生了一定

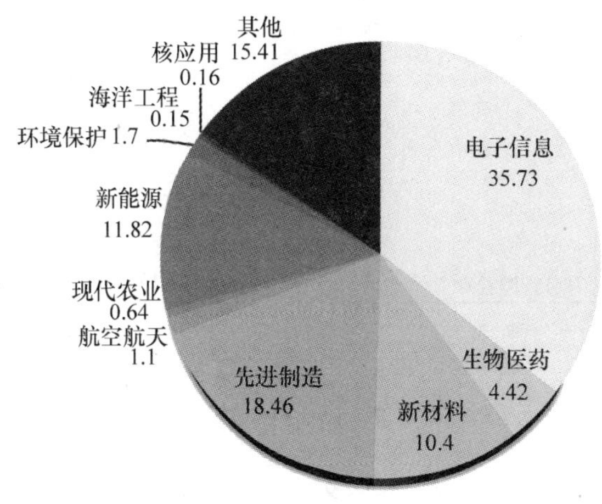

图 2－4　2012 年中关村科技园区的产业结构示意图①

① 根据中关村国家自主创新示范区 2012 年数据报告（http：//www. zgc. gov. cn/tjxx/nbsj/2012nsj_ nb/89996. htm）。

变化，例如信息技术产业虽然依然是中关村产业园的最核心产业，但其占全部比重从62.5%下降到2010年的46.3%然后继续下降到2012年的35.73%。先进制造业、新材料和新能源、生物医药等产业所占比重变化不大，而其他产业占全部产值的比重由2.2%提升到15.4%。未单独分类的文化创意产业发展速度也非常迅猛，以中关村的核心区海淀园为例，2010年海淀园文化创意产业收入占海淀园总收入近40%。[①] 这种产业结构的调整意味着中关村的转型已经悄然开始。

三　中关村科技园区转型的影响因素

中关村的战略目标侧重于在科技研发方面突破一批与世界同步或领先的关键核心技术，文化对科技园区产业升级与发展的推动作用及其影响被长期忽视。而当今世界已经从一个矿产驱动的时代、技术驱动的时代、管理驱动的时代进入到一个创意驱动的时代。[②] 文化产业被提升到国家战略的高度。创意已被承认为制造财富和就业机会、世界级城市的持续发展、科技创新、商业变革和加强城市与国家竞争力的经济推动力（Landry，2000；DCMS，2004，2002，2001）。中关村也开始了从单纯的科技创新中心向文化和科技融合示范区的战略转型之路。

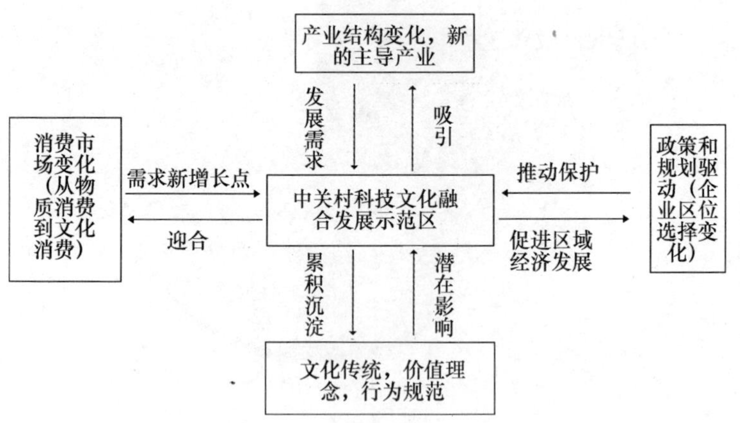

图3－1　中关村转型的影响因素

① 根据中关村科技园区海淀园统计中心提供的数据计算。

② 向勇：《文化立国》，华文出版社2012年版，第10页。

中关村转型的影响因素有很多方面（见图3－1）：

一是产业结构的变化。技术进步不仅仅导致高科技产业崛起，同时带来了服务经济质的提升。整个中关村周边区域的产业结构形成了以高科技产业、文化创意产业和现代服务业（金融保险业、贸易业、交通通信业、信息咨询业和旅游服务业等）为主导的局面。周边区域的产业结构变化对中关村园区的发展提出了新的需求。

二是消费市场的转变。随着经济水平的提升，消费观念的转变，人们不再满足于单纯的物质消费，开始转向追求不同层次的文化消费。尤其是中关村周边区域的居民以及园区工作人员的收入水平相对较高，继而产生了一些较高层次的生活艺术需求。而随着当前城市文化与休闲产业结合程度的日益加深，构建区域文化市场必须引导各类消费模式集聚，这样才能形成综合性产业链条，这是中关村产业发展的一个新的增长点。

三是政府的推动。中关村园区的形成和发展始终离不开政府的相关政策及措施。中关村园区的建设已不仅仅是单纯的生产性园区的建设，政府需要考虑与周边地区的土地开发制定一体化发展战略。此外，目前中关村园区的发展经历了从传统单中心格局向多中心发展的转变过程。“一区十园”的格局对政府政策的制定提出了新的要求，而国家从战略高度提出的将中关村建设为文化和科技融合发展示范基地的提议也是中关村转型的新挑战。

四是文化的影响。中关村特有的人文精神和人文智慧形成了科技园区发展的内驱力。中关村的海归创业人员从硅谷将西方“鼓励创新，容忍失败”的创业文化引入中国，而这种创业精神又与中国传统文化中的“吃苦耐劳”的精神结合在一起，形成了中关村特有的以创新、务实和开放为核心的文化。另外，文化产业蕴含的人文智慧也为中关村园区的可持续发展提供源源不断的智力支持，并形成一种新的文化内涵。即其科技创新所带来的积极、务实、超越等内涵，这种不断沉淀发展的精神内核对中关村的发展起到了潜移默化的作用。

在这四种影响因素的推动下，中关村从单纯的科技园区发展转向文化和科技融合示范区建设。在这样一个文化和科技融合的语境下，中关村应该如何转型？根据上文对文化科技融合战略的分析。首先，应以创新、务实和开放为核心构建中关村的核心价值观体系，从精神内核的层面明确中关村的发展方向。其次，为促进文化和科技融合发展构建公共文化服务体系，主要举措如下：一是搭建既懂文化又懂科技的人才培养平台；二是注重现代科技在文化创作、生产、表现、传播等方面的应用，以及在文化遗产考古、保护、资源开发等方面的应用，构建文化和科技创新平台；三是用现代科技推动传统公共文化服务设施设备升级换代；四是注重培养新兴文化业态，包括网络文化、手机文化等。最后，要重视文化创意产业对中关村探索文化科技融合发展路径的重要作用。下文将重点从产业的层面对中关村的文化和科技融合发展路径的可行性进行分析，并尝试探讨科技园区的转型举措。

四　中关村科技园区转型的战略分析

（一）优势

第一，拥有高度密集的科教与文化资源。中关村地区集聚了 30 多所国家重点高等院校和 100 多家国家骨干科研院所，60 多家国家重点实验室，60 多家国家工程中心，是一个智力密集、人才集中、科研力量雄厚的“人才智力库”。此外，中关村核心区所处行政区海淀区历来有文化大区的美誉，以圆明园、颐和园等皇家园林为代表的历史文化，以卧佛寺、大觉寺、碧云寺、五塔寺等为代表的宗教文化，以北京大学、清华大学为标志的教育文化；此外还有各种国家级艺术机构，多家新闻媒体和影视机构，各类图书馆、博物馆和剧院等现代文化，共同积淀起海淀雄厚的文化底蕴。

第二，高端人才和创新要素聚集优势显著。中关村科技园区已经吸引了 100 多万名各类人员投身到创新创业的事业中来，很多都成长为熟悉高新技术项目孵化、风险投资和高新技术企业管理等方面的科技型企业家和科技专家。2010 年，中关村企业本科及以上学历从业人员达到 58 万人，占从业人员比重达到 50%。留学归国人才 1.5 万名。[①] 在人才队伍的可持续发展方面，中关村科技园区已完成了对引进人才知识、学历的要求到实用与竞争方面的转变。

第三，拥有融合发展的金融体系。中关村特有的多层次资本市场体系建设及产业组织建设，有效地促进了技术与资本的对接，极大地推动

① 《中关村科技园区“十一五”发展的主要成就》，北京市科学技术委员会网站：（http：//www. bjkw. gov. cn/n1143/n1240/n8894032/n8894137/8895359. html）。

了区域技术创新和产业发展。目前园区已经形成了以信用体系建设为基础，包括担保贷款、保险贷款、信用贷款、创业投资、企业债、改制上市、技术产权交易、天使投资、企业并购等多层次科技金融服务支持体系。

第四，初步形成了有利于创新创业的体制机制环境。中关村积极探索与国际接轨的评价机制、技术转移机制，吸引高端创新人才从事科研活动。2010 年年底，国务院同意搭建中关村创新平台，在中关村开展科技成果处置权和收益权改革试点、股权激励个人所得税政策试点、中央单位股权激励试点方案审批、科研项目经费分配管理体制改革试点、建设统一监管下的全国性场外交易市场、高新技术企业认定试点等“1 +6”系列政策措施。

（二）劣势

20 年来，中关村从电子一条街发展成全国最大的高科技园区，但是仍未形成有代表性的新兴产业集群，文化科技融合程度不高，究其原因，还存在着以下问题：

第一，管理条块分割，难成合力。各个政府主管部门之间沟通和协作较少，缺乏资源分享的渠道，政府文化管理机构和科技管理部门几乎没有沟通。虽然资源分散于各个政府主管部门、行业协会、企业的格局能使企业增加更多享受政府政策的机会，但将直接制约着政府对整个行业情况的了解和快速反应能力，不利于信息的传递和沟通，严重时将直接制约整个产业和园区的快速发展。

第二，政策体系和体制机制急需完善；众多政策“养在深闺”，政府扶持资金不到位，效率不高。“十一五”期间，北京市和海淀区相继出台了一系列的文化创意产业扶持政策，极大地促进了文化创意产业的发展，但政策普遍存在适应性差、效果有限等问题。一方面，对于内容原创、知识产权保护、商业孵化、产权交易等重点环节尚缺乏雪中送炭式的政策扶持；另一方面，各种文化创意产业政策协调性不足，特别是各部门、各级政府的扶持政策重复和缺位现象并存，影响政策的实施效果。

第三，文化和科技融合能力较弱，文化资源开发程度不够。中关村的文化创意产业中科技比重较高，对传统文化资源的深度挖掘和利用不够充分。一方面，集中表现为科技力量对文化资源的整合力度有限，尚存在创意能力不足、版权授权难度大等问题；另一方面，体现为区域内的文化资源的科技创意与提升不足，导致区域内文化资源利用程度不够，还有很大发展潜力。同时因为产业链的不完善，技术研发环节和内容运营环节相对缺失，使得科技与应用、技术与内容等对接不畅。内容原创性不足与文化创新力度不够的问题尤其严重，这导致文化产品无法充分满足居民的文化生活需求，也在一定程度上制约了科技的发展。

第四，中关村文化创意产业的影响力和产业优势正在逐步被削弱。中关村的文化创意产业如软件、互联网等产业在全国范围内具有明显的优势，形成了较好的产业影响力，部分文化创意产业园区和企业也建立起了很好的全国品牌。但各地的文化创意企业开始成熟，并且在各自细分领域处于全国的领先地位，如上海的盛大、深圳的腾讯等都已成为各细分行业的领头羊。

（三）机遇

2012 年 5 月 19 日，中关村更是被认定为首批国家级文化和科技融合示范基地。这标志着中关村面临着从国家科技创新转化基地向推动国家经济结构调整、发展方式转变的内在动力源的转型。这种向更高层次的跃升是中关村内外两个系统共同作用的结果。一方面，外部环境的变化推动中关村向更高层次跃升。进入 21 世纪，中关村面临三大背景：一是北京的城市转型，由生产型城市向服务型城市转变、从工业化向后工业化阶段转型、从传统经济中心向新经济中心转型，这种转型对中关村的建设提出了新要求。二是创新型国家建设对中关村创新体系建设提出了新的要求。三是国际化新阶段的要求。另一方面，经济结构调整和发展方式转变也是中关村进一步发展的内在需求。首先，产业发展需要新的突破，其次，中关村的增长模式目前正处于从要素驱动向投资驱动、从投资驱动向创新驱动，从政府驱动向市场驱动的变迁过程之中。

（四）挑战

第一，在全球化的大背景下，中关村必须面对来自国际化的挑战。因此，中关村要从注重引进来、面向国内市场为主向注重引进来与走出去相结合、大力开拓国际市场转变，避免成为国际技术工场。中关村目前面临着“工场化”[①] 的威胁，大量的软件外包业务以及文化产品和文化服务的供需失衡使得中关村日益成为国际大公司的工场。

第二，虽然中关村科技园的软件、网络及计算机服务业目前仍处于优势地位，但其他软件园正在缩小与中关村的差距。中关村科技园是全国最成熟的软件园区，但目前也面临着中国近30家软件基地竞争，领先优势在进一步被缩小。

第三，中关村的公共文化基础设施建设还存在差距。政府之前过于重视硬件基础设施的建设。应当从注重硬环境建设向注重公共文化基础设施建设和优化配置科技资源和提供优质服务的软环境转变。

第四，中关村的资源短缺问题突出。中关村的发展模式急需从主要依靠土地、资金等要素驱动向主要依靠技术创新驱动的发展模式转变。要从主要依靠优惠政策、注重招商引资向更加注重优化创新创业环境、培育内生动力的发展模式转变。

五　中关村科技园区转型的实施措施

因此，中关村科技园区或其他相似的科技园区，要实施文化科技融合的创新转型，以下相关建议可做参考。

第一，在产业结构调整方面，大力发展高新科技与文化艺术相结合的产业。发挥科技园区现有的产业优势，围绕数字内容这一核心，发展网络文化、手机文化、动漫游戏、软件、出版、影视作品、数字化文化装备技术等细分领域；并结合周边区域的文化资源特色和区域产业结构调整方向选择发展的重点产业。旨在将园区打造成为文化与科技融合的创新展示地、成果转化地和交易实现地。

第二，在政策驱动方面，要完善政府激励机制，扩大政策扶持覆盖面。还要吸纳国际发展经验，适时出台知识产权保护、人才服务政策、文化金融扶持政策等一系列切实高效的措施，进一步降低文化和科技融合发展门槛，激发和释放企业的生产力、人才的创造力。要在现有知识产权法的基础上进一步细化对文化创意产业知识产权保护的具体措施，

① 美国克里夫兰市由于过度的“工场化”，把城市变成了许多工业场所和世界诸多公司总部商务办公场所，缺少与之相适应的文化商品和文化服务的供给，最终导致众多厂商和公司总部撤离，全市经济破产。

保护自主知识产权。要扩大政策扶持覆盖面，扶持原创、优质、成长型小企业的快速成长，培养出若干创新型企业集群。对行业和企业的资金扶持可以直接到企业的工作室，甚至可以对在促进产业发展过程中做出突出贡献的企业、作品和个人进行必要的奖励。

第三，在文化资本提升方面，营造区域内利于创新的特殊社会文化环境，打造独特的科技园区文化。例如，硅谷文化的主要特征可归结为：鼓励冒险、善待失败、乐于合作等。剑桥网络协会的“剑桥思想改变世界”的口号反映了剑桥地区的独特氛围。中关村的文化核心则在于创新、务实和开放。要注重园区文化资本的积累和文化潜力的培养，推动园区公共文化服务设施建设，鼓励企业广泛参与文化活动，使之形成适宜创意生长与创新的环境。

第四，在技术创新方面，依托大学院校和科研机构不断提升自身的科技创新能力。制定鼓励高校师生积极创办或参与创办园区企业的政策。并出台改革措施，完善政产学研模式，优化园区内政府、企业和大学间的协作效率。将高校人才培养资源、企业技术项目研发优势、投资公司资金实力等要素结合起来，形成市场和人才聚集效应，构建同步全球的文化创意产业体系。并积极探索创新工场模式，通过人才培养方式创新，集中力量培养富有创意头脑的人才。

第五，在国际化方面，要注重完善多层级国际化服务体系，加快园区文化创意产业“走出去”。首先，提高国际化服务环境，支持企业海外业务拓展。建立与国内外专业机构组织、协会、联盟的长期联络机制，帮助企业充分利用中介服务机构资源，为企业国际化发展提供专业性的咨询、培训、认证等服务。其次，建立信息平台，提供国际化信息。提供专业信息收集、科技数据与文献查询、行业动态跟踪等方面的公共服务，及时收集国外技术法规、产品标准等方面的变化，提供最新最全的国际化发展相关信息。再次，建立与世界科技园区、科技创新城区的友好合作关系，增加合作机会，借鉴学习国际化发展经验，营造园区国际化发展氛围。最后，与国内外知名媒体建立稳定的合作关系，建立海内外宣传渠道。

结　　语

打造“长江文化产业带”促进文创设计产业与长江文明协同发展

傅才武*

一 战略背景：国家经济发展战略升级

（一）长江经济带——“黄金地带”效用凸显

2012年11月，李克强总理在九江召开了中部四省会议，提出要加强长江中游各省之间的区域联系；2013年5月，习近平总书记来湖北武汉视察，指出要依靠长江黄金水道，推动上下游的区域协作，发挥长江经济纽带作用。2014年4月28日，国务院总理李克强在重庆主持召开座谈会，研究依托黄金水道建设长江经济带，为中国经济持续发展提供重要支撑。长江横贯东中西，连接东部沿海和广袤的内陆，依托黄金水道打造新的经济带，有着独特的优势和巨大的潜力。贯彻落实党中央、国务院关于建设长江经济带的重大决策部署，对于有效扩大内需、促进经济稳定增长、调整区域结构、实现中国经济升级具有重要意义。

依托长江水道打造中国经济升级版的“支撑带”，已经成为国家经济区域发展布局的重要一环。2014年“两会”期间，李克强总理在政府工作报告中勾勒出了中国区域经济发展的新棋局——“由东向西、由沿海向内地，沿大江大河和陆路交通干线，推进梯度发展”，“要依托黄金水道，建设长江经济带”首次正式出现在政府报告之中。长江经济带建设开始成为国家区域发展整体战略，具有重大现实意义：长江流域土地面积占全国的15%，人口占38%，GDP占46%，是目前世界可开发规模最大、影响范围最广的内河流域经济带。不过，长江流域整体上

---

* 傅才武，武汉大学教授，博士生导师，武汉大学国家文化创新研究中心主任，主要从事文化经济史、文化体制、文化产业研究。

仍处在从传统农业社会向现代工业社会的转型阶段。除长江三角洲部分城市外，长江流域大部分地区处于第一次现代化阶段。长江流域具有优越的区位条件、丰富的文化资源和良好的经济基础。应当抓住工业化、城镇化逐步推进但对生态环境尚未造成致命破坏的契机，借助文化创意产业的价值溢出效应和对历史文化资源的“赋值效应”，转变思维方式和经济增长方式，卓有成效地解决以持续发展权为核心的代际公正与代际伦理的矛盾，大力推进资源节约型和环境友好型社会建设，以深化改革启动“新的制度红利期”，促进进入“拐点”期的文化创意产业以点轴结合集聚融合的态势健康持续地发展。因此，长江经济带的沿江带际开发功能就是把东中西三部联系汇通起来，从印度洋到太平洋，通过长江黄金水道，形成一个全流域的经济带。长江经济带建设上升为国家战略，为长江文化创意设计与相关产业融合发展奠定了“战略制高点”和“发展支点”。

（二）国家文化战略发展新要求

文化产业发展业已成为中国“文化强国”战略的重要内容，党的十八大和十八届三中全会都有明确阐述。2014 年 2 月 26 日，国务院发布了《国务院关于推进文化创意和设计服务与相关产业融合发展的若干意见》（以下简称《意见》），意在推进文化创意和设计服务等新型、高端服务业发展，促进与实体经济深度融合，培育国民经济新增长点、提升国家文化软实力和产业竞争力。3 月 21 日，文化部发布了关于贯彻落实《意见》的具体实施办法。《意见》及相关具体实施办法的发布，引起政界、学界和企业界的高度关注，《意见》的出台标志着由单个主管部门发文升格为由国家发布政策指导性意见的转变，显示了国家对推进文化创意和设计服务与相关产业融合发展的高度重视。文化创意和设计服务与相关产业融合发展业已成为国家发展创新型经济、促进经济结构调整和发展方式转变、加快实现由“中国制造”向“中国创造”转变的新引擎。

在此大背景下，7 月 4 日，首届“长江文化创意设计与相关产业融合发展学术研讨会”在武汉大学召开。来自文化部文化产业司、湖北省文化厅、武汉市文化局、武昌区委区政府等政府机关和北京大学、清华大学、上海交通大学、中国人民大学、山东大学等高校科研机构以及卓尔集团、香港国际城市设计有限公司（UDI）、武汉新港集团、武汉设计产业联盟等国内文化产业领域的著名专家、学者及文化企业家等70余人参与讨论。武汉大学人文社会资深教授冯天瑜先生和武汉设计产业联盟秘书长金志宏先生分别就“长江文化”和“武汉设计产业概况”作了大会主题发言。

二 战略共识：文化创意设计产业与长江文明协同发展

与会专家学者在深入研讨如何贯彻落实《国务院关于推进文化创意和设计服务与相关产业融合发展的若干意见》，积极响应国家关于建设“长江经济带”战略构想的基础上，结合湖北省委、省政府提出打造文化大省和武汉市提出建设世界“设计之都”目标，围绕“长江文明：引领21世纪中华文明发展走向的支点”、“我国文化产业发展的阶段性转型”、“文化创意设计产业与长江文明的协同发展”等议题进行了深入交流和讨论。

研讨会达成如下基本共识：长江经济带和长江文明是推动文化创意和设计服务与相关产业融合发展的两大战略驱动；在这两大战略驱动下，可利用发挥湖北省和武汉市的“战略支点”作用，打造“长江文化产业带”，积极推动长江文化创意设计与相关产业融合发展。这一共识有利于为“十三五”我国文化创意和设计服务产业与长江经济带建设相融合作出战略布局的理论准备。

第一，长江文明是文化创意产业发展的重要支撑。与会专家认为文化产业是以文化为立足点，以文化核心为内容，文化创意产业的发展只有依托历史引领，才能取得发展动力、活力。在当今仍然“活着”的7个世界人类文明中，长江文明既是中华文明的两大来源之一，也是世界大河文明的重要代表。世界古代文明在北纬30度线自西向东（从埃及吉萨、耶路撒冷到中国河姆渡）横跨90个经度，长江文明占据30个经度，而且是唯一延绵至今、充满活力的文明。考古学的证据表明，长江文明是独立起源的，其形成受夏商时期黄河文明的影响。长江流域是自宋迄今中华文明的经济文化重心。因此，可以说，长江文明在相当程度上集约了中华文明。长江文明是中华文明的根源之一，是中华民族智慧与文化创新的源泉，文化创意产业发展若能借力于长江文明，必能取得源源不竭的动力。应该大力促进长江文明核心内容与文化创意产业的发展协同创新，以长江文明发展为支撑推动文化创意产业发展，用文化创意产业的发展促进长江文明的传承和创新。

第二，当前我国文化创意产业发展已经进入重要转折阶段。与会专家认为，长期以来，我国文化产业发展大多在行政力量推动下进行，这种行政力量推动对文化产业初期的发展有着重要的支撑作用。当前，文化市场已从总体“短缺”转向“短缺”与“过剩”并存；文化产业正从“分业发展”走向融合发展，从区域性竞争发展走向统一市场条件下的整体协调可持续发展。推动文化产业发展的政策效应正在日益递减。业已进入“拐点”的文化产业处于“转型”和“发展”的双重变奏之中。随着文化产业的逐步深入，其发展轨道必须回归市场。总之，我国文化产业发展已经进入重要的历史转折时期，由改革牵引发展转向市场驱动的重要发展阶段。

第三，文化创意和设计服务是具有蓬勃生命力的朝阳产业，是推动文化产业转型升级的重要力量。与会专家认为，文化创意和设计服务已贯穿在经济社会各领域各行业并呈现出多向交互融合态势。应充分发挥市场的作用，打破行业和地区壁垒，以市场为导向，以创新为驱动，调动社会各方面积极性，促进技术创新、业态创新、内容创新、模式创新和管理创新，推进文化创意和设计服务产业化、专业化、集约化、品牌化发展。促进文化创意和设计服务与相关产业深度融合，催生新技术、新工艺、新产品，满足新需求。发挥文化创意和设计服务的高知识性、高增值性和低污染、低能耗的特点，发挥其对生产和服务业的积极作用，加快推动文化创意和设计服务发展是培育国民经济新的增长点、提高国家文化软实力和文化产业竞争力的重要途径，是推进文化产业和相关产业持续发展、健康发展的重要抓手。国务院发布关于推进文化创意和设计服务与相关产业融合发展的若干意见，意义重大，影响深远，对于优化提升我国产业结构，推动“中国制造”向“中国创造”转变具有划时代的价值意义。以文化创意和设计服务为引擎，将为打造中国经济升级版提供强大的动力。

第四，融合发展是文化创意产业发展的必由之路。当前，国际国内环境正发生广泛而深刻的变化，资源环境约束和科技竞争压力日趋突出，经济转型升级要求日益迫切。文化创意和设计服务处于产业链的高端，应大力推进与相关产业融合发展以及全方位、深层次、宽领域的融合发展格局基本建立，更好地为经济结构调整、产业转型升级服务，为扩大国内需求、满足人民群众日益增长的物质文化需要服务。与会专家认为，应当充分发挥文化创意和设计服务产业“三高二低”的产业效应，促进文化创意和设计服务产业与实体产业的深度融合，着力推进文化创意策划、文化产业规划、文化软件服务、建筑设计服务、专业设计服务、广告服务等文化设计服务与装备制造业、消费品工业、建筑业、信息业、旅游业、农业和体育产业等重点领域的融合发展，在融合过程中寻找文化创意和设计服务产业新的增长点，在融合过程中为实体经济注入新的内生发展的动力。当然，选择了装备制造业、消费品工业等作为与文化创意和设计服务相融合的重点行业，是出于直接对接居民日常生活需求、行业融合潜力以及前期工作的集成强化等考虑，这样，一方面可以强有力地拉动国内内需；另一方面通过融合发展，占领产业链高端，加快实现产业结构调整和优化升级。

此外，推动文化创意和设计服务发展要充分尊重市场作用，尊重文化企业在市场的主体地位，避免盲目建设、重复建设，要科学规划，合理安排，避免产生资金、资源和人才的浪费。

三　战略实施:引领、融合与理性发展

长江文化产业带建设除了具有长江经济带和长江文明两大战略导向外，还具有现实和实践基础。上午的研讨会结束后，与会专家学者下午前往湖北日报集团（泛亚光电、大楚网）、昙华林艺术区和楚河汉街文化展示中心等文化企业和文化街区，对武汉市武昌区具有代表性的文化创意产业项目进行了实地考察并继续展开讨论，肯定了武汉市、武昌区文化创意设计产业与相关产业融合的发展思路。根据 2013 年的统计，武汉市工程设计产业总体规模已经达到 800 亿元，成为武汉市重要的支柱性产业。其中，许多工程项目设计水平处于国内或国际领先位置。与会专家和企业家认为，在贯彻落实国家关于推进文化创意和设计服务与相关产业融合发展的国家战略方面，武汉市已经形成良好的基础，且发展空间巨大。“十三五”期间，若能使文化创意设计产业发展战略与长江经济带的建设实现有机融合，武汉市将会在长江经济带和长江中游城市群的建设中发挥核心引领作用，有利于尽早实现湖北省建设“文化大省”和武汉市建设世界“设计之都”的目标。

与会专家认为，在具体战略实践过程中要坚持文化产业引领发展、

融合发展和理性发展的理念，并提出如下建议：（1）探索建立国家文化创意与设计产业融合创新区；（2）研究出台促进文化创意设计和相关产业融合发展的具体政策支撑体系；（3）建立健全使文化市场在资源配置过程中起决定性作用的法律保障机制；（4）发挥高校和专业机构在引领文化创意和设计与其他产业融合中的独特作用；（5）建立以中华传统文化为内涵的中国文化创意与设计产业的特色优势。

此次学术研讨会取得了一系列重要成果，不仅仅是对国务院发布《意见》的简单学术解读，而是在探讨长江经济带和长江文明两大战略的理论基础上，结合湖北省和武汉市关于长江文化创意设计与相关产业融合发展的实践前提下，集与会专家学者的集体智慧，创造性地提出了“长江文化产业带”建设目标。回顾历史：世界上几乎所有比较古老的文明都不约而同地诞生在北半球和南半球的纬度20°—40°的广阔地区。所有古老文明都在距今6000—4000年间先后兴起和发展，而到距今3000年后，除中华文明之外，几乎所有的古老文明相继衰落下去。当黄河流域生态环境不断恶化之际，长江流域就接过了继续发展文明的重任。因此，长江文明和黄河文明的汇合交融、互补互济是中华文化经久不衰的重要原因。展望未来：21世纪的长江文明，将成为中华民族全面实现经济、社会、政治、文化、生态以及人的现代化的最强劲的引擎，推动中华文明从世界边缘走向中心最有力的战略支点，同时又将成为以生态文明为基础又驾乎生态伦理、经济伦理、政治伦理、文化生活之上的具有包容性、可持续发展的新型文明模式。因此，在国际国内形势发生巨大而深刻变化的背景下，在促转型稳增长调结构的时代使命的召唤下，旗帜鲜明地提出建设“长江文化产业带”，既是对长江文明“世界文明”潜质及其辉煌历史的充分肯定，又是对其所蕴含的深厚的人文基因在新形势下实现创造性转换的殷切期盼。

就国家战略而言，沿海战略和沿边战略，带动能力有限，作为平衡全国经济的布局重点亦有所不足。伴随着国外和东部的产业梯度转移，长江流域必将成为外资进入和产业转移的重要区域，成为中国对外开放的热点地区；与沿海和其他经济带相比，长江流域拥有我国最广阔的腹地和发展空间，是我国今后经济增长潜力最大的地区。国家战略赋予了长江文明艰巨而光荣的历史使命。长江文明承担时代使命正当其时！“长江文化产业带”包孕了经济发展和文化发展的双重使命，秉持绿色环保可持续发展之道，能够卓有成效地推动长江文化创意设计与相关产业融合发展。“长江文化产业带”既是在闳阔的文化视野下对“十二五”文化经济发展的实践总结和理性升华，又为“十三五”文化创意设计服务产业发展与长江经济带建设实现有机融合作出了必要的理论准备。换言之，“长江文化产业带”是既长江文明焕发生机和活力实现腾飞的重大抉择，又是长江文明和文创产业协同发展的重要现实路径。

总之，打造“长江文化产业带”对构建长江文明新型文明模式，突破“中部塌陷”的困局，全面对接世界经济体系，支撑“中部崛起”和梯度发展国家战略的实现具有非同寻常的现实意义。